"粤派教育"丛书　　熊焰　高慎英　于慧　主编

追寻教育的美好

熊　焰　李晓娟 编

·广州·

版权所有　翻印必究

图书在版编目（CIP）数据

追寻教育的美好/熊焰，李晓娟主编．—广州：中山大学出版社，2022.12
（"粤派教育"丛书/熊焰，高慎英，于慧主编）
ISBN 978-7-306-07442-3

Ⅰ.①追…　Ⅱ.①熊…②李…　Ⅲ.①中小学—师资培养　Ⅳ.①G635.12

中国版本图书馆 CIP 数据核字（2022）第 026110 号

ZHUIXUN JIAOYU DE MEIHAO

| 出 版 人：王天琪
| 策划编辑：张　蕊
| 责任编辑：张　蕊
| 封面指导：李冬梅名教师工作室
| 封面设计：林绵华
| 责任校对：周昌华
| 责任技编：靳晓虹
| 出版发行：中山大学出版社
| 电　　话：编辑部 020-84110771，84113349，84111997，84110779
| 　　　　　发行部 020-84111998，84111981，84111160
| 地　　址：广州市新港西路 135 号
| 邮　　编：510275　传　真：020-84036565
| 网　　址：http://www.zsup.com.cn　E-mail：zdcbs@mail.sysu.edu.cn
| 印 刷 者：广东虎彩云印刷有限公司
| 规　　格：787mm×1092mm　1/16　15.75 印张　330 千字
| 版次印次：2022 年 12 月第 1 版　2022 年 12 月第 1 次印刷
| 定　　价：48.00 元

如发现本书因印装质量影响阅读，请与出版社发行部联系调换

总　序

教育与文化总是相伴而行、共荣共生的。与文化相比，教育的内涵和外延要更明晰具体。可以说，文化是一种内涵非常丰富、外延又极其宽泛的社会现象。人类在长期的社会历史发展过程中，形成了不同的大文化圈，大文化圈中又存在着许多的小文化圈。某个特定文化圈中的文化既保持着所属大文化圈的共同特质，又具有鲜明的民族特色和地域特色，置身其中的人类既创造文化，也深深地受文化的滋养与约束。当代著名作家梁晓声在解读"文化是什么"时，用一句话涵盖文化的内涵品质——文化就是植根于内心的修养、无须提醒的自我、以约束为前提的自由、为别人着想的善良。可以说，文化之根浸润教育之根，文化对教育具有巨大影响和价值引领作用。

作为省属师范类高校，广东第二师范学院在中小学教师和校长培训领域有着诸多思想理论和实践模式创新。在党和国家高度重视教育问题、多次强调发展教育的重要意义的形势下，基于对广东基础教育的责任感、使命感，广东第二师范学院教师研修学院研究团队最先提出基于岭南文化的"粤派教育"理念，努力为广东教育发声。他们不断改革创新、奋发进取，坚定粤派教育的文化自信，提炼粤派教育的成功经验，创新素质教育的广东范式，建设南方教育高地，以新的更大作为开创广东基础教育改革发展新局面。教师研修学院于2018年分别在肇庆和广州番禺举办了粤派教育高峰论坛，产生了开创性的效应。在这样的背景下，以挖掘岭南文化之根、探寻滋养教育的动力之泉、从文化视角看教育的现实样态与应有之义为宗旨的"粤派教育"就非常值得从理论和实践两个层面进行深入的分析与探究。

这里，有三个关键词需要澄清，即"文化""化""教育"。"文化"是"人文化成"一语的缩写。此语出于《易经·贲卦·彖辞》："刚柔交错，天文也；文明以止，人文也。观乎天文，以察时变；观乎人文，以化成天下。"按照《现代汉语词典》（商务印书馆，第7版）的解释，"文化"就是指"人类在社会历史发展过程中所创造的物质财富和精神财富的总和，特指精神财富，如文学、艺术、教育、科学等"。"化""教化"和"化育"三个词的意义大体相同，就是"感化、滋养、养育"。由此看来，教育其实就是一种使人"文"化、在文化的浸润中实现文化认同与文化理解的过程。"教育"做动词时的意思就是"按一定要求培养""用道理说服人使照着（规则、指示或要求等）做"。

一

关于"岭南文化"有多种理解，我们可以把岭南的概念想象成"粤派"，两个概念可以互换，岭南文化和粤文化有一点差别，粤的范围较岭南小，但精神上是一致的。

岭南文化是在兼容中迅速崛起的，有学者认为，岭南文化主要经历了古代、近代和当代三次大的兼容,也出现了三次发展高峰。① 能够称得上岭南文化名片的重要历史人物有：唐代的六祖慧能,明代的陈献章（陈白沙）、湛若水（湛甘泉）,清末民初的康有为（康南海）、梁启超、孙中山等。

历史上岭南地区被称为"南蛮之地",陈白沙是岭南地区唯一获准从祀于山东曲阜孔庙的文人,故被称为"岭南第一人"。陈白沙出生于新会县（今属江门市新会区）新会村,他开启了明儒心学的先河,创立了"以道为本,以自然为宗,学贵自得,学贵知疑"的"白沙学说"（或称"江门学派"）。后经湛若水的完整化、精致化、思辨化的发展,岭南形成了一个异于正统理学的理学新派——陈湛学派。湛若水,字元明,号甘泉（明代时期的增城县新塘镇叫甘泉都）,他师承陈白沙,在"以道为本,以自然为宗"的学说上,提出"随处体认天理"的主张,深得陈白沙的赞赏。陈白沙临终前将其讲学场所——钓鱼台,交与湛若水,以示衣钵相传。

湛若水考中进士,被任为翰林院庶吉士,赴京就任,而王阳明正在吏部讲学。当时王阳明34岁,湛若水40岁。湛、王的相遇,对于二人来说,都是人生发展的重要标志事件,并相互成就了对方。王阳明遇上湛若水,成为王阳明研究心学的重要转折点,开始归正于圣贤之学。之前王阳明涉猎广泛,兴趣多样,被湛若水称为"五溺"：一溺于任侠之习,二溺于骑射之习,三溺于辞章之习,四溺于神仙之习,五溺于佛氏之习。

湛若水与王阳明在维护各自学术主张的前提下,又共同推进明代心学的发展与完善。35岁时,王阳明遭贬,在贵州龙场悟道,悟出"本心"强大,"心即理",内心强大与意志力是最重要的。5年后,王阳明遇赦,他与湛若水誓约终生共同求学,致力于圣学的昌明。50岁时,湛若水回到增城。57岁时,王阳明平定宁王之乱后,到增城与湛若水相见,为湛若水撰写诗文《甘泉居记》。在回浙江余姚的途中,不幸去世。湛若水为王阳明撰写墓志铭。

其实,儒学的这种心学传统并非始于陈献章。在唐代,韩愈感慨"道之不传久矣",提出要维护儒学"道统",当儒学面临佛老之学的冲击时,韩愈坚决拒斥。北宋时期,儒学家不再简单排斥,而是既深入研究佛老学说,又着手重建新儒学。南宋时期,形成"陆王心学"和"程朱理学"两大流派。到了明代,陈白沙上承宋儒理学的影响,下开明儒心学之先河,在中国哲学思想史的发展上,具有承前启后的地位和作用。加上湛若水和王阳明对心学体系的系统化和精致化研究,二人的主张各有侧重,但都致力于彰显和弘扬明儒的心学传统。到了清代,广东南海人康有为同样选择了心学之路。

岭南文化是如何延续、承接中国历史上的心学一脉的呢？一个重要的文化源头就是要探寻六祖惠能的《坛经》。六祖惠能,南派禅宗的创立者,广东新兴人,史称

---

① 参见黄明同《岭南文化的三次大兼容与三个发展高峰》,载《学术研究》2000年第9期,第98～101页。

"六祖",中国禅宗杰出大师。他生于岭南,长于岭南,弘法于岭南,圆寂于岭南。其弟子集其语录编为《六祖大师法宝坛经》,它是南禅顿教形成的标志,是唯一一部由中国人撰述而被称为"经"的佛教典籍,曾被列入"中国最有代表性的十本哲学著作",而惠能本人被欧洲人列为"世界十大思想家"之一,与孔子、老子并列为"东方三圣"。

惠能对岭南心学的影响主要体现在方法论上。他的一个信念就是"自我解脱"。这种自我解脱,有时需要借助外缘的启发,如所谓的禅机、机锋,但关键的一步全靠"自修自悟"。自修自悟,如人饮水,冷暖自知,听别人说千万遍不如自己亲身感受的亲切、深刻。

禅宗思想中国化,首先在于它在生活方式和生产方式上的中国化。禅宗在经济体制上与中国封建社会融洽一致,不劳而食的习惯有所改变,减少了被攻击的口实。其他宗派的寺院经济来源多是靠别人的劳动,与地主和政府有一定的利益矛盾,其发展和生存受到较多限制。在生存竞争中,禅宗的优势更明显:自食其力,可以不受经济来源断绝的威胁,一代一代传下去。修行之人,除了不能结婚生子外,与常人生活没有太多差别。僧人们在日常生活中体悟,在亲身劳作中自修自悟、自我解脱。六祖惠能强调"自度""自悟"的方法论意义被陈献章所吸取。

陈献章融合儒、释、道三教精义,强调"静中养出端倪",以"宗自然"与"贵自得"为基调,既有庄子"坐忘"的影子,又有佛者"坐禅"的路数,倡导"心在万物上""贵在自得""彻悟自省"。湛若水沿着"宗自然"与"贵自得"的路径,进一步提出"随处体认天理",鼓励"学贵自得"。

影响岭南文化与教育改革的重要文化之源,就蕴含在强大的心学传统之中。当我们把心学传统与学校教育和人的学习与发展相联系时,就会发现,心学所倡导的"内心强大""意志""自得"和"静悟"等自我修炼和治学方法,对一个人的学习、发展是非常重要的。

由此,岭南文化与粤派教育所强调的第一个纲领,就是想尽一切办法让学生学会"自学"。第一步,要尽可能做到"静"。静能生慧,凝神静气,宁静致远,要安静、沉静、宁静,从身到心。第二步,要努力拓展"能"。要丰富知识、提升能力、增长本领、培养多方面兴趣。第三步,要整体感悟,融会贯通,自成体系,"取之左右逢其源",超越一切具体知识和细节知识。

二

岭南文化的第二个源头就是南洋精神。"闯关东""走西口""下南洋"都是近代中国老百姓外出务工、人口迁徙的重大历史性事件,而"下南洋"是中国近代史上规模最大、路程最远的一次跨国大迁徙,其路途危险程度和谋生的难度远非国内迁徙可比。与"闯关东""走西口"相比,"下南洋"更为壮观,经历的时间更长,历史影响更深远。

中国人下南洋的迁徙历史,打造出中华民族伟大的"迁徙精神",这是中国人的现实主义、英雄主义和浪漫主义情怀的集中体现，是支撑着中国人追求美好生活、跨越任何艰难险阻所需的勇气、信心和力量。中华民族的发展史，总是与大规模的人口迁徙纠缠在一起。每当成千上万的人们开始打点行囊、准备远离故土的时候，历史就将从此翻开新的一页。

下南洋的岭南人用自己的勤奋与努力，改变了岭南人的命运。中国人在近代大规模向海外迁移的同时，也将中华文化传播到异域，在侨居地形成以中国为认同取向、以儒家思想为价值体系核心，同时兼容吸收异域文化的华侨文化。在中国文化地图上，华侨文化是岭南文化结构的独特形态，广东"侨文化"特色鲜明，它形成于异国，反哺于祖国，集中体现为敢为人先、爱国爱乡、兼容中西、包容开放的文化特质。

近代岭南文化的兼容性和开放性，带来中国思想文化尤其是岭南文化的又一次大飞跃。康有为融古今中外文化为一体，创立近代中国第一个以变革为主旋律的维新思想体系。孙中山在传承中国传统文化的同时，大量地"撷取"西方文化，从而创立最具时代精神的"三民主义"学说。康有为、孙中山二人由兼容而创立的思想学说，不仅是近代岭南文化的丰碑，而且是近代中华文化最高成就的体现，岭南文化正因此而取得主流文化地位。

康有为系统地提出"三世说"，即据乱世、升平世（小康社会）、太平世（大同社会），构筑别具特色的大同理论。康有为在继承中国传统文化的同时，又大胆地吸取东方与西方各国文化之精华，熔古今中外文化于一炉，树起了中国文化向近代转换的丰碑，建造了近代社会变革斗争的强有力的理论武器，其影响远远超出岭南而及于全国乃至世界。康有为与梁启超组成"康梁学派"，推崇"心学"，推崇《春秋》，重新发现"三世说"。

康有为的"三世说"对岭南文化与教育改革具有重大的意义与价值。他认为据乱世、升平世和太平世不只是时间概念，还是空间概念，这是康有为独特的发现。

如果用康有为的"三世说"来解读学校教育与学生成长，可以这样理解：据乱世需要的是刚性气质；太平世需要的是柔性气质；升平世居于中间状态，需要的是双性气质。相应地，据乱世需要刚性教育，需要强调体育、劳动、道德与法制的教育。太平世强调柔性教育，强化的是智育、美育、德育等，倾向于浪漫主义教育学派。也就是说，如果在据乱世与升平世阶段，不恰当地实施柔性教育，则很容易从文明走向文弱。例如，宋朝文教政策强调"重文抑武"，历史教训就是发达文化和文明并没有带来国力的增强。升平世要求的是努力奋斗、艰苦创业，同时要有忧患意识。升平世需要的是刚柔相济，倡导"新六艺"教育，即"文武双全"（智育+体育）、"劳逸结合"（劳动+美育）、"通情达理"（德育+情感）。升平世既有据乱世的艰难，又有太平世的追求，要德、智、体、美、劳全面发展。教育要同时抓两个方面：一方面，要有文化教育，让学生变得文明，让学生学会游戏，学会享受情感生活，可以称之为柔性教育；另一方面，要有野性教育，要重视体育和劳动，让身体保持一定的野性。通过刚柔相济的教育，让国家保持长期的强盛。

三

如何用岭南文化精神引领教学改革的方向与路径？岭南文化的重要组成是心学，当我们站在心学立场之上，用岭南文化的风格解读和设计教学改革时，就会发现：处理好知识学习中的情理关系、学思关系和知行关系变得特别重要。在情与理之间，情比较重要；学与思之间，思比较重要；知与行之间，行比较重要，这不仅包括学生行动，还要参与真实的社会实践活动，更重要的是体验职业生涯规划，用生活志向和职业理想带动学生学习。

基于心学立场的教学改革的方向与相应路径主要有三个方面。

第一，激发自信与自学的兴发教学。注重情感教学、整体探究学习、生涯教育与自学。让学生自信，这是情感，"情"通则"理"达；让学生自学，这是思，以"思"促"学"；生涯教育是行，用"行"兴发出"自学"和"自悟"。由此，粤派教育的典型特征之一就是，想尽一切办法让学生自信，想尽一切办法让学生自学，想尽一切办法让学生自食其力。

第二，动静相宜，劳逸结合。睡眠是最好的静修，《黄帝内经》把充足的睡眠当作头等大事，认为"心藏神""肝藏魂"。白天的意识行为尤其是"聚精会神"的意识行为一直在耗神、费神，使得心神或灵魂处于被驱使的劳役状态，只有进入睡眠之后，"神"才成为主角。"静坐"接近于睡眠，是人在无法睡眠时让自己暂时处于类似睡眠的催眠状态。"静"可以让躁动的生活重新归于从容淡定。从这种意义上讲，睡眠比运动和学习更重要。动生阳，静生阴。吃饭运动生阳气，睡觉休闲生阴气。动静相宜、劳逸结合的理想状态就是，从容不迫，张弛有度。

第三，勇毅果敢，意志力强大。人是否强大，主要指人的精气神、意志力是否强大，身体强壮、知识丰富、能力高超并不等同于意志力强大。孟子倡导"浩然之气"，讲"天将降大任于斯人也，必先苦其心志，劳其筋骨，饿其体肤，空乏其身……"，陈白沙提倡"心在万物上"，等等，都是强调一个人只有内心强大、志向坚定，才能拥有强大的意志力，才能成就最好的自己。

置身于粤派教育中的学校、校长、教师和学生，需秉承岭南文化精神，弘扬心学优秀传统，致力于教育实践改进，深化学校教育研究，凸显粤派教育特色。广东第二师范学院教师研修学院结合广东省与广州市"百千万人才培养工程"名校长、名教师培养项目，提出编写校长和教师培训成果系列丛书，并将其命名为"粤派教育"丛书，一方面期望凝聚广东中小学校长、教师优质资源，深化岭南文化与"粤派教育"的系统化研究，生成"粤派教育"理论内涵与实践范式，让"粤派教育"发出应有的声音；另一方面旨在总结、研讨和探究粤派校长和教师专业成长路径，开启粤派校长和教师成长密码，探寻培养"一大批新时代好校长、好教师"的路径，"创新体制机制，激活一批校长和教师"。

遵循习近平总书记"讲好中国故事"的指示和要有"文化自信"的启示，教师研修学院在汇编"粤派教育"丛书时力求突出区域文化特点,讲好广东校长和教师成长的故事,要求校长和教师总结提炼自己的教育主张、办学特色或教学风格。同时,组织相关专家就案例写作进行系列化指导、整体讲座、分组评审、分科答辩等,期望校长和教师在写作过程中,探寻自我成长的规律、路径、特点,以此振兴杏坛作为,为其他校长和教师"六个下功夫"和夯实专业素养提供范例,也为建设广东教育高地、培养德智体美劳全面发展的社会主义建设者和接班人略尽绵薄之力。"粤派教育"整个丛书大体分几个系列,以校长/名师/骨干教师群、区域/项目/学科/幼儿园等为分类线索。设总序,突出"粤派教育"和岭南文化特色;设分册序,内容包括项目介绍、与总序的衔接回应、板块导读语、供稿教师姓名罗列(按内容顺序);等等。

"教师系列"分为学段、学科、区域,各分册独立成书,采用教师叙事研究方式,致力于找寻一些规律性的"粤派教育"的优势特色。各分册既保持统一体例,又允许呈现自己的特色。体例主要以学科板块的形式呈现,每个学科板块包含5~8位教师的成果,同时分为5~8个学科板块,每个学科板块包括以下几个方面:

(1)导读语:教师肖像、教师成长要素、学科特色及教师风格归类小结。

(2)名师成长档案:自拟主标题,以"我"的成长历程为蓝本,在成长中,生活、求学、教学所在地域风俗文化对自己的影响,在文化认同的过程中如何处理文化冲突与文化理解。凸显教师的成长要素和关键事件:文化浸润、热爱学习、勤于实践、重视研究、善于反思和注重写作。

(3)学科教育观:自拟主标题,由"我的教学风格解读、我的教学主张与他人眼中的我"整合完善而成。可添加真实的教学案例、教学过程材料等补充说明,如助力学生成长、课堂教学改进、师生关系培育等。

(4)育人故事:自拟主标题,以学生喜欢的教育方式为主线,讲述"我"与学生的故事,如激励学生、指导学生个体学习或班级管理智慧等。

附录——教学现场与反思("我的教学实录",增加本节课的自我反思)。重点反思三个方面:一是课程(文化,含地域文化)资源开发与教学设计,二是课堂教学对话与教学生成,三是教师教学风格与教学艺术。

"校长系列"根据学段、区域、任务驱动,既保持统一体例,又允许各分册呈现自己的特色。主要通过行动研究、叙事研究、案例研究,致力于在以下几个方面找到一些规律性的"粤派教育"的优势特色:校长成长的地域文化影响,校长关注、思考、研究的主要问题,校长的办学思想、教育哲学,学校改进实践的关键要素与路径等。根据校长专业发展阶段和成果类别,主要从"校长学习力——我眼中的名校成长基因""校长思想力——办学思想的探寻与凝练""校长行动力——学校改进与教育实践创新"三大子系列呈现粤派教育和岭南文化的特色。

本套"粤派教育"丛书努力做到三个超越:第一,超越教学风格或管理风格,打造粤派教育;第二,超越课堂教学或办学经验,展现教育智慧;第三,超越常规培训成果体例，凸显启发性和可读性。

  本套丛书之以所以能够成书，得益于各方力量的聚合和支持。首先，感谢广东第二师范学院闫德明教授，本套丛书"教师系列"的体例设计有所选择地采纳了其主编的"我的教学风格"丛书的基本框架，并在此基础上进行了创新。其次，感谢华东师范大学刘良华教授，其对"粤派教育"的开创性研究成果被充分运用到本套丛书的顶层设计之中。最后，感谢长期以来关心支持教师研修学院培训工作的领导、专家和同事，感谢各位主编和供稿的广大中小学校长和老师的辛勤付出，感谢中山大学出版社的鼎力支持。

"粤派教育"丛书编写组
2019 年 3 月

序一：心学教育的核心精神

刘良华

孔子之后，儒学逐渐分化为法家倾向的博学派和道家倾向的心学派。心学源自颜回，孟子发扬光大。孟子之后，心学一度湮没，成为"绝学"，唐代岭南人惠能则以南派禅宗延续心学。宋代程颐、朱熹等人倾向"我注六经"之理学，陆九渊等人视程朱理学为烦琐之学，重续孟子"绝学"血脉。陆九渊之后，心学断断续续，至明代岭南人陈白沙、湛若水，心学复兴，影响当世之王阳明和后世康有为、梁启超、孙中山诸贤。

由此观之，岭南心学在心学发展史上地位甚高，气质独特。惠能开创第一代岭南心学，惠能之学貌似禅宗，实则儒家心学。陈白沙、湛若水寻找儒家、道家与佛家之内在关联，融汇而成第二代岭南心学（简称陈湛学派）。康有为、梁启超、孙中山等人上远续孟学（孟子儒学），近取惠能与陈湛学派资源，发展出第三代岭南心学。三代岭南心学虽有各自时代特色，却有一以贯之的核心精神。

岭南心学主要围绕三个关系，做出三个表态，汇聚三个核心精神。

第一，在知情关系中，站在情感这边，重视自信与自我意志，开发出一条"有自信的意志学"的新方向。一般人以为意志力的训练就是让学生坚持学自己不感兴趣的东西。在心学尤其是岭南心学看来，这是搞错了方向。意志很重要，但意志仅仅来自爱好与自信而不来自简单机械的强迫与努力。当意志力形成之后，努力很重要，但是，当意志力尚未形成时，兴趣比努力更重要。

在意志力训练这点上，心学尤其是岭南心学为中国文化提供了源远流长的教育学贡献。现代教育有种种优势，恰恰在意志力训练上捉襟见肘，这是现代教育的死穴，心学则以意志力训练为现代教育提供了强心剂和解毒剂。

不仅如此，心学为意志力训练开发了有效的方法和策略。心学末流固然可能走火入魔而陷入狂禅、狂儒的极端，但心学正宗并不因此而改变鼓励和保卫学生自信心的初衷。就此而言，心学精神始于自信，终于意志。或者说，心学的核心精神是经由培育学生的自信心而发展学生超强的意志力。

第二，在学思关系中，站在思考这边，倡导主见与怀疑，发展出一门"有主见的自学"的自得之学。心学重视自学，这是显见的事实，但心学更重视有主见的自学。如何让学生有主见地自学，心学的办法是怀疑或质疑，由怀疑而提出自己的主见。

自学已经不易，心学也为之辩护。但是，自学并不成功，心学更进一步，将自学发展成为自得。自得也还是自学，但它更重视自学过程中的自我主张与创见。自得之学源自孟子，唐代惠能，宋代陆九渊，明代陈白沙、湛甘泉、王阳明，一代又一代心学大师，莫不念念不忘、念兹在兹。现代人提倡自学与研究性学习，可视为中国古典心学的千年回响。

第三，在知行关系中，站在行动这边，强调实践与实学，开创一条"有行动的实学"。有行动的实学不仅重视练习和训练之类的行动，更重视直接开展生活的"在事上磨炼"和"随处体认天理"的实践精神。传统教学重视书本知识，尤其重视四书五经等经典文本的学习，而心学更重视在日常工作中的自我体验和自我修炼。

岭南心学为何珍视"随处体认天理"？其秘密正在与"在事上磨炼"而不在书本磨炼。书本知识自有书本知识的重要性，但心学经由岭南哲人淘洗之后，书本世界之外的生活世界也变得愈发重要。

总体而言，心学的核心精神显示为三大教育学纲领：一是有自信的意志学，二是有主见的自学，三是有行动的实学。三者之中，有自信的意志学对于人格发展最有益处，有主见的自学对于课堂转型最有帮助，而有行动的实学将为现代教育提供彻底改造的新方案。

序二：肇庆书院的历史文脉

  中国书院的历史悠久，至今已有1200多年的历史，它起源于唐，繁盛于宋，明清时期遍布天下，成为聚徒讲授、研究学问的场所，是很多知识分子的理想栖息之地，传于艺，致其道。在漫长的发展过程中，书院形成了自己独特的内涵和精神特质，为国家人才的培养和学术思想的活跃，做出了突出的贡献。有志于道的封建士大夫以极大的社会责任感传播博大精深的中华文化，造就了中华民族千年不屈的民族脊梁。

  肇庆有书院亦始于宋。康定元年（1040）知端州军州事的包拯在宝月台设星岩书院，后来兴废无常。宣德六年（1431）知府王莹将城东石头庵改建为崧台书院。嘉靖四年（1525）知府曾直改城东天妃庙为濂溪书院。

  由于书院讲学渐涉政治斗争，明末有禁毁书院之议。但由于嘉靖年间支持办书院的名臣王守仁、湛若水在两广有较大影响，书院在肇庆仍有开办。嘉靖十八年（1539）兵巡道周相在分守道署西侧建斗南书院。嘉靖二十五年（1546）知府胡纯废崧台书院侧之东隅社学，扩大崧台书院。

  嘉靖四十三年（1564）两广总督吴桂芳将崧台书院东侧之预备仓改建为仰湖书院。此时，肇庆书院有4所。隆庆至万历初，支持办书院和主张禁毁书院的两派权臣斗争白热化。隆庆四年（1570）两广总督李迁首将斗南书院撤销，改为分守道署。万历元年（1573）分巡岭西道副使李材创办端溪书院于兵巡道署左侧。次年，两广总督殷正茂强行落其榜，改为监军道。李材负气辞职离开肇庆。万历七年（1579），宰相张居正不满地方官借书院讲学非议朝政，下令封闭全国书院，肇庆3所书院全部被迫停办。崧台书院与濂溪书院改为兵营。仰湖书院改为吴桂芳生祠。万历十年张居正死，濂溪书院与崧台书院复办。

  万历二十五年（1597年）总督陈大科改城东僧纲司署为庆云书院。万历二十七年（1599）两广总督戴耀建景星书院。万历二十九年（1601）知府陈濂办铎阳书院。万历三十五年（1607）知府叶修建萦梧书院。万历三十六年（1608）知府江中楠建瞻淇书院于萦梧书院左。

  天启五年（1625），太监魏忠贤因东林党人借书院"讽议朝政，裁量人物"，下令禁毁全国书院。肇庆的崧台、景星、铎阳、庆云、萦梧、瞻淇、行素7所书院被迫停办。

  康熙末年，在两广总督的严密控制下陆续开办书院。清代肇庆新办、续办的书院有星岩、嵩崖、天章、宿国、崧台、铎阳、三都、龙图、桂林9所。

  在肇庆的所有书院中地位最高、规模最大、影响力最大的当属端溪书院。由广东按察司佥事李材创建于明朝万历元年（1573）；1708年，清朝康熙四十七年，改建为天章书院；1757 年，清朝乾隆二十二年，复名为端溪书院；1905 年，清光绪三十一年，改为肇庆府中学堂，此为现代肇庆中学的正式开端；1912 年，民国元年，改名为省立肇庆中学；1949 年 11 月，学校正式定名为广东肇庆中学。

端溪书院为什么影响力这么大呢？原因主要有如下几点：一是地位高。它是两广地区最高学府，可以择优录取广东广西的生源。二是受重视程度高。从嘉靖四十三年（1564）到乾隆十一年（1746）182 年间，肇庆一直作为两广总督的驻节之地，是岭南的政治文化中心，相当于现在广州的地位，雍正皇帝曾钦赐端溪书院办学经费，广东获取殊荣的书院只有两家。总督、知府等各级官吏更是竭力支持，甚至亲往授课。三是书院山长均学高为范，名声卓著。

山长为古代书院之主讲兼总院务者，既是书院的管理者，也是书院的主讲人。山长的水平高低，直接影响着书院的发展。端溪书院的山长大多数有功名在身，或有任官经历，具有深厚的官方背景，学术功底扎实。更有探花山长张岳松、状元山长林召棠，师资力量非常强。

端溪人重才学，更重品节，历任院长中多忠介、耿直之士。如苏廷魁在御史任上直言敢谏，弹劾权臣穆章阿；林绍年谏阻慈禧动用海军经费修葺颐和园；梁鼎芬弹劾李鸿章六大可杀之罪；朱一新在陕西道监察御史任上因弹劾李莲英。端溪人这种以身许国、抱道忤时和忠言敢谏的高贵品格获得后人由衷的称赞。端溪书院的山长们学问、人品、魅力名重一时，光耀千秋。以下是几个代表人物。

李材，端溪书院创始人，世家大族、家学渊源、高干子弟、能文能武、执着教育。万历元年（1573），在广东按察司佥事任上的李材闲暇之余向弟子们讲授学问，最后蒙弟子所请，决定建立书院，取名端溪。端溪本来是烂柯山下的小溪，以盛产端砚石而闻名。李材能文能武，是绝对的人才。李材为官多地一共建立了 12 所书院，有着深厚的教育情怀。

李材的思想传承于阳明之学，后进一步钻研得出自己的见解。尽在"止修"二字，以为得孔、曾之真传。以"知止"为原则，以"修身"为目的，是为止修。止即"止于至善"。"知止"是言行尺度，是非标准。以"知止"为原则，以"修身"为目的，为归宿，达到个人的目的，教育学生以家国为念。

全祖望，清代浙东学派的重要代表人物，著名的史学家、文学家。应广东巡抚苏昌之请，1752 年到广东端州出任端溪书院山长。全祖望掌教端溪书院一年，虽然任期短，但对南粤学风影响很大。全祖望提出明经行修。所谓明经，是指明经史之学。他认为"六经皆载道之书"，"穷经"是为了明治世之道，明经是为了经世；学习就是汲取百家之所长，再经过自己细心揣摩，加以融会，从而获得属于自己的真知，也即"行修"。全祖望还提出四条学规，分别是"正趋向""励课程""习辞章""戒习气"，力求培养对社会有用之才。

冯敏昌（1747—1806），乾隆四十三年（1778）进士，一生著作颇丰，是中国历史上最高产的壮族诗人。他现存的诗作共 2200 多首。他提出："书院之设，所以育才，尤以蓄德为先，士苟有才无德，则亦无足观矣。""士人读书，先宜洗心向善，敦本力行，以为四民之表率。"

道光十三年（1833），状元林召棠受聘肇庆府端溪书院主讲，连续15年，弘扬文化，培养不少人才，为教育事业立下不可磨灭的功绩。他提出"修身践言，读书经世，他日处为端士，出为良臣"，提出正确的培养和选拔人才，书院教育是首要。做社会有用的人，作为晚辈后学，今天看来依然很有现实意义。

古代书院"育德为先"的教育理念与"传道济民"的教育宗旨，是当代教育首先应该继承的；学养深厚的大儒是决定书院办院理念与高度的重要因素，书院山长、教师，以自身学养和人格魅力影响着每一位学员，这是传统书院最为珍贵的财富。

书院代表着一种文化、一种品位、一种精神、一种气质，是中华民族的精神标识。书院的价值在于提醒改造现代教育，克服体制教育功利化、工具化、短视化的弊端，真正落实涵养心性、陶冶性情、变化气质的成人教育。发挥地缘优势、传承书院优秀文化基因是肇庆教育的光荣使命和责任担当。

（部分资料参考《肇庆市志》）

前　言

　　肇庆是一座具有两千多年历史的文化名城，被誉为岭南文化的发祥地。在这片山环水抱、钟灵毓秀、文化璀璨的土地上，曾涌现出李材、林召棠、张岳崧、苏廷魁、全祖望等杰出的教育家。广东第二师范学院与肇庆有着很深厚的缘分。在"文化大革命"运动中，广东第二师范学院的前身广东教育学院被迫停办，主体部分下放至肇庆地区新兴县，并在新兴县先后创办了肇庆地区师范学校（现为肇庆学院）和肇庆师范专科学校。近年来，广东第二师范学院与肇庆市教育局有过多次成功的合作，包括肇庆市中小学名校长、名教师和学科带头人培养工程、粤派教育高峰论坛等，取得了良好的社会反响。广东省教育厅于 2019 年 5 月发布《广东省教育厅关于公布省中小学教师培训专家工作室入室学员培养名单的通知》，广东省培训专家（熊焰）工作室正式成立。工作室致力于深化职后教师培训改革，培根铸魂，注重教师教育理念更新和顶层设计，首倡"粤派教育"理念，为教师培养注入文化基因和底色，提升文化自信。

　　教育是国之大计、党之大计，同时也是重要的民生工程。党的二十大报告指出："坚持以人民为中心发展教育，加快建设高质量教育体系，发展素质教育，促进教育公平。"构建高质量教育体系必须建设高素质教师队伍。2018 年，中共中央国务院颁布并实施的《关于全面深化新时代教师队伍建设改革的意见》和《教师教育振兴行动计划（2018—2022 年）》，更是为教育的改革与发展指明了方向。其中，《关于全面深化新时代教师队伍建设改革的意见》提出，"要培养数以万计的教育家型教师队伍"，"要支持教师和校长大胆创新，创新教育思想、教育模式、教育方法，形成教学特色和办学风格，营造教育家脱颖而出的制度环境"。2019 年 9 月 17 日，国家主席习近平签署主席令，根据十三届全国人大常委会第十三次会议表决通过的全国人大常委会关于授予国家勋章和国家荣誉称号的决定，授予于漪、卫兴华、高铭暄人民教育家国家荣誉称号。近年来，北京、江苏、上海等地纷纷启动"人民教育家培养工程"，积极为加快中小学教师和校长成长创造条件、提供平台，并取得了良好的效果。在肇庆市教育局的支持和指导下，我们坚定了肇庆不能只有过去的教育家，也不能只知道省外的教育家，肇庆市人民教育家培养项目要打造肇庆自己的教育家，围绕"立德树人"的根本任务，回归教育本真，创新教育实践，凝练"粤派教育"领导管理风格，培养造就一批具有较大社会影响力、能够在基础教育事业发展中发挥示范引领作用的教育家型校长，实现教育家办学，并通过引领性教育思想与成果进一步领航实践。

　　2019 年 7 月，肇庆市人民教育家培养工程顺利启动。基于对肇庆基础教育的责任感和使命感，我们整合学院资源和培训专家工作室团队力量，研制并实施了"肇庆市人民教育家：基于学校教育重大实践问题研究的个性化培养项目"。我们认为，培养教育家型的校长必须从中国教育的现实出发，回归教育的本真，回到"人的培养"这一基点上。"人的培养"既是一个重大的理论问题，又是一个重大的实践问题。作为一线的教育工作者，只有透过对教育本质的再认识、对教育规律的再认识、对教育文化的再认识，基于持续的解读和理解教育、研究和创新实践、革新和积淀文化的进程，才能更好地履行立德树人的责任，担负起推动教育返本归真的时代使命。肇庆市人民教育家培养工程突出呈现以下三个特征。

一是激发专业自觉，提升专业自信。行稳致远，找寻促进教育家型校长及教师专业发展的有效支持策略，要充分发挥高端培训项目的专业引领、同伴互助和自我反思功能，使教育家型校长及教师立足个人专业发展实践史，在梳理、叙说和感悟中自省自得，进行深度反思与实践审视。这种立足自我专业发展实践史研究的更深层的意义就是激发专业自觉，提升专业自信。

教育实质上就是使人"文"化，在文化浸润中实现文化认同与文化理解的过程。挖掘岭南文化之根，探寻滋养教育的动力源泉。通过强调"粤派教育"倡导的"自信""自得""力行"的研修路径，帮助肇庆市人民教育家培养对象在实践史反思中述说、在述说中研究，凝练教育智慧，感悟粤派教育的文化渊源，提升教育自信和专业自信，使其内隐的教育信念外显于形，外化于声。通过搭建主题研讨、论坛沙龙、示范带学、现场宣讲等多样化展示平台，让低调务实、开拓创新、行胜于言的广东教育人"勇于讲、愿意讲、能讲好"教育故事，为"粤派教育"发声。

二是有行动的实学。讲好教育故事并不容易，关键要做好两项工作，一要学会书面讲述，二要行动改进。针对肇庆市人民教育家培养对象撰写的专业发展实践史研究案例，组织专家进行精准有效的专业指导，通过线上线下互动沟通方式，系统讲解、分组指导、个人答疑等形式，讲好肇庆校长和教师的成长故事、教育故事，帮助探寻自我专业发展特点、路径和关键要素，努力找寻成长的文化基因，形成"学、悟、行、思"一体化教师教育新样态，注重生成丰富多样的系列化培训成果。

行动改进则是一个持续不断的过程。学校教育的优质均衡和高质量发展，并非"同质化"和"有限度"的发展，在扩大优质教育资源辐射效应的同时，应该挖掘肇庆教育独有的文化资源，充分利用肇庆文化资源优势，走内涵发展和特色建设之路，形成肇庆教育品牌和学校内涵特色。浸润在浓郁的岭南文化传统中，肇庆区域教育和学校教育都应将岭南文化元素融入其中，以岭南文化精神引领学校改革实践和教师专业成长，实现以"文"化人，特色育人。

三是有主见的阅读。教育家型校长和教师的培养离不开读书。有主见的阅读就是要达到陈白沙所倡导的"以我观书"，要有自己的想法和主见，要让书为我所用，形成个人化理解。这种读书方式也可以概括为"以写带读"。也就是说，要有自己的思考维度和问题视角，做到由博返约，将书本知识融入个人理解和知识结构中。只有在写作的时候，只有在带着问题去阅读的时候，才有可能把书读明白，才有可能对书中的某些观点有深刻的印记，才有可能珍惜、领会书中的精神主旨。"以写带读"意味着读书的时候不只是简单地"旁观"，而是要深入书本的内部与作者展开一场深度交谈，让作者参与我的话题，让"六经注我"。

20位肇庆市人民教育家培养对象在导师指导下，通过叙事研究，真实完整地呈现其成长轨迹和关键要素。作为一种实践史，讲述粤派教育理念下扎根在广东大地上的教育故事。这些具有深厚的广东地域特色和文化品格的教育家型校长和教师，在教育思想和教育实践中传承岭南精神，身体力行地推动区域教育改革与发展。

这本书的问世得益于各方力量的聚合和支持。首先感谢肇庆市教育局和学校领导、同事们对"粤派教育"理念及项目的支持与肯定。其次感谢刘良华教授对岭南心学和粤派教育核心精神的深刻解读。此外，还要感谢指导和参与此书编写的各位专家和老师，是你们对粤派教育核心精神的认同及不懈的努力，共同成就了这本书。

本书的指导专家有：（排名不分先后）

熊焰、高慎英、于慧、贾汇亮、龚孝华、李晓娟、韩延辉、吴朝晖、胡志武、柯中明、彭建平。

新时代、新教育、新思考，教育历史在变与不变中行走，唯有传承与发展，才能保持其旺盛的生命力！让我们薪火相传，继往开来，共同追求教育的美好。

编 者

2023年1月10日

目　录

丹心热血沃桃李，逐光向阳兴强校（张建华·第一组）↗1

    导读语 ··· 1

    成长档案 ·· 2

    教育思想 ·· 5

    教育实践 ·· 8

    结束语 ··· 12

知行合一，追求卓越（严子良·第一组）↗13

    导读语 ··· 13

    成长档案 ·· 14

    教育思想 ·· 17

    教育实践 ·· 17

    结束语 ··· 24

让每一片花瓣都散发芬芳（丘红慧·第一组）↗25

    导读语 ··· 25

    成长档案 ·· 26

教育思想 ·· 29

　　教育实践 ·· 31

　　结束语 ·· 36

诗雅花开，梦想起航（蒋曹斌·第一组）↗37

　　导读语 ·· 37

　　成长档案 ·· 38

　　教育思想 ·· 39

　　教育实践 ·· 40

　　结束语 ·· 48

因爱相遇，幸福成长（宋小群·第一组）↗49

　　导读语 ·· 49

　　成长档案 ·· 50

　　教育思想 ·· 53

　　教育实践 ·· 54

　　结束语 ·· 60

让每一个孩子内心充满光芒（陈淑玲·第二组）↗61

　　导读语 ·· 61

　　成长档案 ·· 62

　　教育思想 ·· 65

　　教育实践 ·· 67

　　结束语 ·· 72

务实进取，做最好的自己

　　——学校改进与教育实践创新（梁广治·第二组）↗73

　　导读语 ·· 73

成长档案 …………………………………………………………… 73

　　教育思想 …………………………………………………………… 75

　　教育实践 …………………………………………………………… 78

　　结束语 ……………………………………………………………… 86

文润德泽，润物无声（粟顺阳·第二组）↗87

　　导读语 ……………………………………………………………… 87

　　成长档案 …………………………………………………………… 87

　　教育思想 …………………………………………………………… 88

　　教育实践 …………………………………………………………… 92

　　结束语 ……………………………………………………………… 93

传承广信文化，践行品质教育（马治广·第二组）↗94

　　导读语 ……………………………………………………………… 94

　　成长档案 …………………………………………………………… 95

　　教育思想 …………………………………………………………… 96

　　教育实践 …………………………………………………………… 97

　　结束语 ……………………………………………………………… 99

践行励志教育，培育时代新人（欧阳资仁·第二组）↗100

　　导读语 ……………………………………………………………… 100

　　成长档案 …………………………………………………………… 101

　　教育思想 …………………………………………………………… 103

　　教育实践 …………………………………………………………… 105

　　结束语 ……………………………………………………………… 108

为孩子点亮心灯，让孩子阳光自信（彭司先·第三组）↗109

　　导读语 ……………………………………………………………… 109

成长档案 …………………………………………………………………… 110

　　教育思想 …………………………………………………………………… 112

　　教育实践 …………………………………………………………………… 115

　　结束语 ……………………………………………………………………… 124

静待花开，让每个人遇见自己的美好（李　海·第三组）↗125

　　导读语 ……………………………………………………………………… 125

　　成长档案 …………………………………………………………………… 126

　　教育思想 …………………………………………………………………… 129

　　教育实践 …………………………………………………………………… 131

　　结束语 ……………………………………………………………………… 135

自主教育奠基幸福人生（祝玉贤·第三组）↗136

　　导读语 ……………………………………………………………………… 136

　　成长档案 …………………………………………………………………… 137

　　教育思想 …………………………………………………………………… 140

　　教育实践 …………………………………………………………………… 142

　　结束语 ……………………………………………………………………… 146

互感匹配功率大，同频振荡效率高（向国庆·第三组）↗147

　　导读语 ……………………………………………………………………… 147

　　成长档案 …………………………………………………………………… 147

　　教育思想 …………………………………………………………………… 150

　　教育实践 …………………………………………………………………… 152

　　结束语 ……………………………………………………………………… 154

由美入善，成就全人（冼　贤·第三组）↗155

　　导读语 ……………………………………………………………………… 155

成长档案 ………………………………………………………… 156

　　教育思想 ………………………………………………………… 160

　　教育实践 ………………………………………………………… 162

　　结束语 …………………………………………………………… 164

让生命飞扬（郑志平·第四组）↗166

　　导读语 …………………………………………………………… 166

　　成长档案 ………………………………………………………… 167

　　教育思想 ………………………………………………………… 169

　　教育实践 ………………………………………………………… 174

　　结束语 …………………………………………………………… 179

以创新引领发展，用智慧点亮教育（李美玉·第四组）↗180

　　导读语 …………………………………………………………… 180

　　成长档案 ………………………………………………………… 181

　　教育思想 ………………………………………………………… 183

　　教育实践 ………………………………………………………… 185

　　结束语 …………………………………………………………… 189

严谨求实，因材施教（谭渊·第四组）↗192

　　导读语 …………………………………………………………… 192

　　成长档案 ………………………………………………………… 192

　　教育思想 ………………………………………………………… 195

　　教育实践 ………………………………………………………… 197

　　结束语 …………………………………………………………… 202

踟蹰前行，勿忘翩跹（郭坚玲·第四组）↗203

　　导读语 …………………………………………………………… 203

成长档案 ·· 204

教育思想 ·· 208

教育实践 ·· 209

结束语 ·· 213

教育导航生命，成就价值人生（莫健威·第四组）↗214

导读语 ·· 214

成长档案 ·· 215

教育思想 ·· 217

教育实践 ·· 217

结束语 ·· 223

丹心热血沃桃李，逐光向阳兴强校

肇庆市奥威斯实验小学　张建华（第一组）

导读语

我是张建华，中共党员，小学高级教师，现任肇庆市奥威斯实验小学校长、党总支书记。曾荣获"全国五一巾帼标兵"、广东省特级教师、广东最美教师、广东省教育系统优秀共产党员、南粤先进德育工作者、广东省"书香校长"、广东省第十二届省督学、广东教育学会学校特色研究专业委员会首届理事、肇庆市西江拔尖人才"西江名师"、肇庆市优秀教育工作者、首批肇庆市人民教育家培养对象、端州区优秀人才、端州区基础教育系统首批名校长、首批端州区中小学名校长工作室主持人等称号。多次在国家、省、市、区刊物发表教育教学论文，主持完成多个国家、省、市、区级教育科研课题。

我坚持"共思、共识、共创、共和、共享"的管理思路，遵循"向阳而生"的办学理念及"阳光的方向，最好的自己"的校训，坚守"求真务实、自我超越、和融竞进、阳光未来"的学校精神，系统建构"阳光管理、阳光文化、阳光德育、阳光课程、阳光教师、阳光学子、阳光家庭"等办学模块，精心打造独具特色的"阳光奥小"教育品牌，见证一个欣欣向荣日日新的校园在成熟中壮大。

我心怀教育理想，追寻理想教育：努力让师生过一种幸福完整的教育生活，让学校成为有灵魂、洒满阳光的地方！

成长档案

躬耕教苑32载，在教育这片沃土上挥洒热血，我坚持用精益求精的工作态度和严谨实干的工作作风诠释着奉献和做好表率，书写着敬业与责任。用老舍先生从养花实践中切身体会到的养花乐趣来总结是最恰当不过的——"有喜有忧，有笑有泪，有花有果，有香有色，既须劳动，又长见识"。我无悔，我自豪！

一、传承家风做一名小学教师：初始追求，露端倪（1989—1993年）

我生长在一个教育世家，祖父曾任当地的教育局局长，父母、叔婶都是教育工作者。我从小随祖父生活，一直是县城重点学校品学兼优的学生。我在家中排行老大，兄弟姐妹多，祖父希望我做他的教育接班人，劝说我报考师范学校，早日参加工作，减轻家里负担。当年我既委屈又不甘地踏上了中师求学之路。

1989年中师毕业后，我被分配到家乡的县城当一名小学教师。面对低得可怜的工资，我一边抱怨命运不公，一边羡慕那些拥有体面工作、优厚薪水的朋友。渐渐地，我对工作没了热情，总琢磨着跳槽，一年就这样匆匆而过，而我的工作却干得一塌糊涂。

然而，一对兄妹改变了我。在一次县城运动会上，我在密不透风的环形人墙背后见到了他们。这对小兄妹一趟趟地搬来砖头，在那厚厚的人墙后面，耐心地垒着一个墩台，一层又一层，足有半米高。我不知道他们垒这个墩台花了多长时间，又因此少看了多少精彩的比赛，但他们手拉着手登上那个自己垒起的墩台时，冲我粲然一笑，那成功的喜悦和自豪瞬间震撼了我：这是多么简单的事情，要想越过密密的人墙看到精彩的比赛，只要在脚下多垫些砖头。我为何不试着静下心来，干一行爱一行，干一行精一行，在教育领域绽放精彩呢？

从此以后，我满怀激情地投入工作，潜心钻研，精心备课，用心上课。每学期我的教学成绩均居年级之首，同行赞不绝口。很快，我便成了学校的教育教学能手，荣誉纷至沓来。工作满三年后，因为成绩突出，我被批准参加全国成人高考，并幸运地进入肇庆教育学院中文系，在职脱产进修大专学历。进修期间，我埋头苦读，努力夯实专业基础，筑牢自身发展根基。

二、骨干教师到学校中层干部：躬身实干，渐成熟（1994—2006年）

1994年学成，我被分配到肇庆市第十五小学教语文。在2005年7月取得了湖北师范学院本科学历后，我又参加了华南师范大学举办的肇庆市端州区中小学行政教育管理研修班。多年来，在处理好繁杂的工作之余，我不断"充电"，认真参加各级各类新课程培训和学习讲座。我用心体会，勤于思考，善于反思，撰写的多篇教学教育论文获国家、省、市、区级奖励并发表。

作为一线语文教师，我具备扎实的教学基本功和高超的教学技艺，以自身优秀的教师素养和良好的师德言行感染着学生，引领学生走向智慧的生命课堂。我经常钻研教材，把握教材的编写意图、编排体系，研究知识系统和作业系统的最佳组合方式及其纵横联系。我采用以学生为主体的课堂教学方法，引导学生自主学习。我注意从情感出发，激发学生的学习兴趣；从指导学法入手，让学生学会、会学；培养学生积累的习惯，让学生活学活用。

为了让优秀生"吃得饱"，学困生"消化得了"，我因材施教，对症下药。对于优秀生，我布置选做题作业，让学生自主选做，提高其学习主动性和知识摄入量；定期组织表达能力好的学生向大家汇报选做题的内容和做法，增强学生的自信心和学习热情；坚持组织学生进行一分钟演讲，培养学生的信息收集能力和语言表达能力，也为作文积累素材，这样培养出来的学生大都知识面广、能言善辩、能说会写。对于学困生，我用爱感化他们，时不时对其加以鼓励；我还用"低起点，小步子，慢速度"方式，做好学困生的思想工作，逐步培养他们的自觉性和自信心，帮助他们分析原因，找出解决问题的最佳方法，使其学习有进步。我所任教班级的教学质量各项评估均名列前茅，我在学校语文教学中起到强有力的带头和推动作用。

我先后担任语文备课小组长、级组长、教导处副主任，在教学业务上发挥引领作用。我组织开展了各种语文竞赛和教研活动，和同事认真备课、上课，带头改革课堂教学模式，并积极参加教学研讨活动，经常听课、评课并上研讨课。我会走在其他教师的前面，亲身示范，很多教师都紧紧跟随，使校内教学教研活动形成了"你追我赶"的良好势头。我多次送课到德庆县德城第一小学、广宁县南街镇中心小学、郁南县连滩镇中心小学，为当地教师上阅读教学示范课，做语文教学和德育专题讲座。

我从普通教师到学校中层干部一路成长起来，深知只有教师的专业发展了才有学校的发展，只有教师的专业发展了才有学生的发展。我甘当"人梯"，关心青年教师的专业成长，手把手地教他们，每学期都有计划地听跟踪课，及时对他们的课堂教学做出评价并提出建议，让他们尽快熟悉课程标准，熟练教学环节，提高教学技巧。同时，指导他们把政治思想道德教育渗透到各个教学环节中去，努力在日常教育管理中做到"严、勤、细、活、实"，指导他们注意掌握好学生的个性特点，因材施教。我还应肇庆学院教育科学院与肇庆学院厚德书院的邀请，积极为大学生做"如何让学生诗意地栖居在语文世界""谈教师站上三尺讲台前的准备"等讲座，受到学院师生的高度评价。

三、从一校之长到集团办学总校长：敢为善成，臻完美（2007—2021年）

2007年，肇庆市端州区城东片区公办小学严重不足的问题日益突出，为解决孩子上学难的问题，端州区决定在城东片区创办一所全日制公办小学。我临危受命，接下了这个创办新校的重担。肇庆市奥威斯实验小学（以下简称"奥小"）就此诞生，我成了一名小学校长。

当时开学在即，新校建设却仍在日夜不停地赶进度。我当机立断，决定租赁附近肇庆市女子学校的课室办学。我一边紧锣密鼓地筹备开学工作，一边和同事对教室进行翻新。临时租赁的学校没有午餐，我便请学校饭堂帮忙给学生配餐；没有午休场所，我又去找学校宿舍借来多余的床板，每到午休时间便铺在教室里让学生午睡……

尽管我们已想方设法为学生创造了较好的学习环境，但许多家长仍对此抱有疑虑，有人甚至考虑不让孩子入学。为此我给家长写了信，又打印了新学校的鸟瞰图，和13位老师带着一张图、一封信，挨家挨户登门，耐心诚恳地和家长沟通，最终获得家长支持。不久，一所具有良好的社会美誉度和广泛的公众知名度的现代化品牌学校在城东片区拔地而起。我领着奥小师生大步踏上了新的发展道路。

仅四年时间，奥小已是一派欣欣向荣的气象。但当时端州区内还有一些单班单级的村办学校，不利于师生发展。恰逢端州区开展创建省教育强区活动，我主动请缨，申请把奥小作为第一所"一校多区"集团化办学试点，以"优质校+弱校"的方式，与相邻的三间村办"麻雀学校"——岩前小学、新华小学、东岗小学合并，实行"一校四区"。

作为区内先行者，奥小几乎没有能够借鉴的经验。校区规模急剧扩张、多校区分散、学生水平参差不齐、新老教师泾渭分明……种种问题让我日愁夜愁。但我没有气馁，而是处处寻名师、访名校，请专家把脉开方。经过不断地学习、探讨，我逐步探索出了一套具有奥小特色的管理范式——"一校四区"共享教育资源。此举有效激发了学校内部各方活力，推动了"一校多区"规范、科学、自主发展。

然而，挑战接踵而至。2017年，随着肇庆城市扩容，端州区学位需求严重紧缺，端州区决定扩建新华校区并改造一所技工学校为景德校区。我又多次组织家长动员会，一次次登门，终于获得理解与支持，促推了新华校区的扩建和景德校区的改造。

我依据多年坚守教育教学一线的丰富经验，直面挑战，开始思考新的教学范式，马不停蹄地又领着团队开始探索，最终构建了具有本校特色的"阳光生态课堂三维六步教学范式"，得到了端州区乃至肇庆市教研室的认可。近年来，我率领团队与广州市海珠区南武实验小学联合举办"课堂观察：走向专业的听课评课三省六地四十校小课题研究研讨会""课堂观察：广东名校行——广州·肇庆·中山·东莞四地百校小课题研究研讨会"，省内众多名校参加，意义不同寻常。

教学范式的构建助力了各校区教师的快速成长，有效提升了学校教学水平和教学质量。近年来，奥小硕果累累，一众教师在我的引导下成长成才，在各级各类比赛中常收获令人欣喜的成绩。奥小也先后获全国未成年人思想道德建设工作先进单位、第二届全国文明校园、全国优秀少先队集体、全国国防教育特色学校、全国青少年校园篮球特色学校、全国青少年校园冰雪运动特色学校、广东省文明校园、广东省依法治校示范校、广东省红领巾示范学校、广东省诗歌教育示范学校、广东省第一批省级规范汉字书写教育特色学校、广东省青少年科学教育特色学校、广东省中小学心理健康教育特色学校等荣誉称号。

教育思想

一、"阳光教育"思想概述

（一）产生依据

"阳光教育"是在素质教育与新课改的双重背景下，依据孔子的"有教无类"、建构主义的"主动学习"、苏霍姆林斯基的教育论、塞利格曼的积极心理学、加德纳的多元智能、周洪宇教授的阳光教育论、朱永新教授的新教育等思想形成的，满足学校寻求突破的发展需求。

（二）基本内涵

阳光温暖大地，万物得以生发。阳光，代表着生命、奉献、激情和活力。教育是培养人的事业，它蕴含希望和未来，一如阳光带来温暖和光明，阳光是教育的底色。"阳光教育"就是用阳光培养阳光之人的教育。阳光教育旨在通过大家的努力，把学校放在阳光下，让阳光融入每一个师生心灵深处、普照校园每一个角落、体现在每一项制度和工作实践之中，使各方面向阳生长，让我们的学校教育呈现阳光的特质，凸显人本性、科学性、整体性、公平性、主体性、互动性。

二、"阳光教育"思想体系

（一）阳光理念：思想引领＋愿望认同＋信念践行

高度决定视野，角度决定思路，思路决定命运。有了先进的理念，才能抓住成功的机会。

在阳光教育思想的引领下，我们奉行"向阳而生"的办学理念，对学生而言，阳光打破黑暗、迎来光明，代表旺盛的生命力与发展力，蕴含"乐学、博识、求异、协同"的特征；对教师而言，阳光热情似火、普照大地，蕴含"活力、睿智、笃行、盛德"的特征。每一位师生都是独特的生命，阳光教育尊重生命的自然形态，为每位学生提供适性的教育，为每位教师搭建成长的舞台，让学校成为阳光乐园，让每一个生命向阳生长。

我们秉承"阳光的方向，最好的自己"的校训，努力推行阳光教育，积极打造"向阳园"。"阳光的方向"即教师面对孩子，有阳光般灿烂的笑脸；面对家长，有阳光般真诚的交流；面对工作，有阳光般积极的热情；面对同事，有阳光般温暖的态度；面对发展，有阳光般不息的能量。"阳光的方向"即学子像阳光一样灿烂，身心健康，善于学习，乐观自信；像阳光一样温暖，豁达开朗，尊老爱幼，助人为乐；像阳光一样可贵，自律自强，诚信合作，创新创造；像阳光一样多彩，自主发展，多元发展，个性发展。而"最好的自己"则是让每一位独特的老师、每一个独特的孩子每天进步一点点，成为最好的自己。校训诠释了"阳光教育"的理想追求，我们希望在阳光普照的"向阳园"里，让师生过一种幸福快乐的教育人生！

在"向阳而生"的办学理念感召下，教育的阳光洒满校园，每一个学生都有自己的成长空间，都张扬着生命的激情和活力，而教师用心、用情、用智、用力培养孩子。"向阳而生"的理念，铭记在每一位奥小人的心中，并成为其坚定的信念。

（二）阳光文化：理念系统＋环境系统＋行为系统

优秀的文化是学校的灵魂，是学校蒸蒸日上的根基，是学校生生不息的力量源泉。阳光教育思想锻造的是阳光文化，而阳光文化使奥小教育摆脱千人一面、办学流水线的窠臼，是独具神采、别开生面的凭依。

在奥小的阳光文化理念系统下，我们的校风是"自信、共融、成功、超越"。"自信"是一种竞进的行动，"共融"是一种和谐的状态，"成功"是一种进取的过程，"超越"是一种日新的追求。在充盈着阳光的校园里，生生之间、师生之间、家校之间是和谐平等、共生共融的；锐意竞进、超越自我、把握机遇，成为具有大格局、大视野的时代新人是师生不懈的追求。我们的教风是"活力、睿智、笃行、盛德"。"活力"是教师的精气神，"睿智"是教师的才学情，"笃行"是教师的知行归，"盛德"是教师的道德显。奥小教师知识丰富、执行力强、品行高尚、言行一致，总是以最佳状态迎接工作，以阳光心态接受任务，以人格魅力感染学生。教风体现了奥小人的终极目标、最高境界、最美追求。

我们的学风是"乐学、博识、求异、协同"。"乐学"代表学子学习兴趣高，"博识"代表学子学识宽，"求异"代表学子思维广，"协同"代表学子气质好。在阳光教育的濡润浸染下，奥小学子要学会学习，更要从协同、求异中，获得学习乐趣，掌握学习方法。我们鼓励学生开放胸怀，既精诚奉献、热爱祖国，又尊重包容、友善待人；既自信乐群、充满活力，又会学善用、充满好奇；既具备东方传统的优势，又能吸纳西方教育的精华。

阳光文化理念系统还蕴含"以生命温暖生命，以阳光成就阳光，打造独具人文情怀的幸福校园"的学校愿景，倡导"求真务实、自我超越、和融竞进、阳光未来"的学校精神，致力于营造和谐于心、美丽于行的阳光校园，培养具有健全人格和鲜活个性的现代气质的阳光少年。

阳光文化环境系统是阳光教育的重要隐性资源，它可以起到"润物无声"的教育作用。同时，它也是阳光文化的外显，它能让阳光文化落地开花。校园自然景观、人文景观、教学区、功能区、特色文化区等都应融合使用功能、审美功能和教育功能于一体，厚植阳光文化。阳光文化行为系统是把阳光文化变虚为实、落到实处的行为载体，是学校文化建设的保障工程。它有效地规范着学校的教育教学活动，其组织行为、教师行为、学生行为、规章制度、文化活动等无不诠释着"种植阳光、播撒阳光、沐浴阳光、舞动阳光、共享阳光"的丰富内涵。

（三）阳光管理：制度＋人本＋执行

没有有效的管理就没有理念的落地生根。阳光管理将"以法治校""以德治校"和"以情治校"有机结合，为学校的科学发展和阳光教育的实施提供基础保障。

一是构建"人情化关怀体现人之常情、人性化管理符合人道精神、人文化教育提升人文素养"的人本管理模式,让学校成为教师成长进步的精神家园;二是构建"凡事有规范,凡事有负责,凡事有程序,凡事有监督"的管理机制,提高工作效率,实现相互制约,避免重大决策失误;三是构建学校层次管理的"黄金组合",反复强调角色定型、职能定位,让"职、责、权、利"相互结合;四是实现"执行校长"换位管理,让更多教师关注学校的发展;五是构建项目管理,形成精细化管理思想和操作方法,实现责任到人、细节到位;六是构建提高行政整体策划和有效执行力的团队管理,促进团队与教师成长。

（四）阳光德育：民主＋自主＋体验

德育是一门雕塑儿童心灵的艺术,它是提高教育质量的关键,是提高民族素质的基础工程。阳光德育致力于让每个孩子都拥有一颗健康、善良的童心。

学校成立"润泽"德育研究核心组,负责德育课程的研发和管理,编写符合实际又富有特色的德育校本教材;常态化组织德育沙龙,制定校本化的德育管理制度;开设心理活动课,促进学生良好心理素质的形成;组织开展走进社区、关爱残疾人、走进福利院等活动,引导学生关注社会民生,培养孩子的阳光情怀;规范"每月一事"德育项目,主题活动按照"主题阅读、主题实践、主题展示、主题反思"流程加以规范;大胆让学生"管理"校园,体验民主参与的快乐,培养他们的主人翁意识;大胆让学生走进社区,参与社区管理和活动,帮社区出谋划策,培养学生的公民意识。

（五）阳光课程：生态课堂＋校本课程＋活动课程

教学是学校教育的主渠道,课堂教学是育人的主要途径,阳光教育在实践操作上的焦点与难点就在于教学的阳光生态化。我们在规划学校课程时,始终保持一种"回到原点思考"的朴素心理,试图梳理出一条真正致力于儿童阳光成长的道路。

在学科课程内容建设方面,引导学生开阔视野,走向大学科:语文课程构建以经典诵读、亲子阅读等为纵轴,以绘本故事、国学经典、唐诗宋词等为横轴的阅读板块群;数学课程构建以数学故事、数学日记为主线的数学生活实践体系;英语课程构建以"韵律诗编说唱演"为线索的英语课程系列,让英语课程立体化、生活化;体育课程让"武术教学进课堂";音乐课程让"大合唱唱响校园";美术课程用"线条描绘创未来",最终达到"能背一肚子经典美文、能练一副好口才、能写一篇好文章、能写一手隽秀好字、能画一幅漂亮画、能唱一首好歌曲、能练一项健身技能、能养一身好习惯"的"八个一、我能行"育人目标。

打造阳光课堂,践行阳光教育,给孩子一个自信、创造、开放的学习空间,尊重孩子的发展差异、个性差异和能力差异,引导每个学子展示自我、张扬个性,创造多彩人生。

（六）阳光教师：敬业＋乐业＋专业

阳光教师的内涵在于:面对生活,有阳光般健康的心态与体魄;面对工作,有阳光般积极的热情；面对孩子，有阳光般灿烂的笑脸；面对同事，有阳光般温暖的态度；面对发展，有阳光般永恒的能量。

以"阳光、润泽、生命"为核心，开展师德建设活动，推行阳光教师素养提升工程，让教师专业、敬业、乐业；关注教师生存状态，通过心理辅导、拓展训练和文体活动，培育教师的乐业精神；搭建发展平台，成立校内名师工作室，以"榜样+底线"的有效激励，让教师的自我提升意识和专业素质不断提高；让文化沙龙、学术沙龙等主题活动，成为学校的亮丽风景线；让积极向上、团结奋斗成为教师团队的共识；让大家从埋头单干走向和谐共好，使整个校园都更加阳光、灵动。

（七）阳光学生：全面发展＋个性发展＋持续发展

阳光教育面向一切学生，一切为了学生。我们的阳光教育致力于通过6年的优质教育，为每一个孩子的个性发展、全面发展和终身发展奠基。我们关注每一个学生，通过全方位的精心打造，着力培养心态阳光、体魄强健、学习自主、习惯良好、视野开阔、个性鲜明，具有传统文化底蕴、现代公民素养和未来领袖气质的阳光少年。

设计七色阳光奖章，设年度阳光少年、月度阳光之星、单项阳光学子等奖项，让每个学生都能找到自己的优点，体会成长的喜悦。随着阳光运动、阳光艺术、阳光学习、阳光心态、阳光评语等系列活动的开展，与日俱增的良好习惯使学生的心灵丰润充实起来，让学生一步步成长为真正的阳光少年。

（八）阳光家庭：亲子＋共享＋参与＋成长

阳光家庭，是阳光教育的根本支撑体系。为了孩子的健康成长，家庭责无旁贷地要为孩子提供充足的阳光和温暖。为此，要倡导家长和学校做志同道合的教育伙伴，共享孩子成长的阳光。通过"阳光家庭""家长驻校办公日""家长讲坛""阳光家长漂流日记"等多种形式、多个平台搭建家校合作的虹桥，联通学校与家庭、教师与家长、父母与父母、父母与孩子，甚至孩子与孩子。我们将以开放的心态整合家长与更多社会有识之士的资源，让大家一起参与到学校的建设中，一起把学校办成令人民满意的教育。

描绘未来，我们将坚持以"素质教育"为旗帜，以"阳光文化"为精神，以"打造特色"为筋骨，以"燃点激情"为血脉，用爱心、信心和恒心，用理想、智慧和汗水描绘出清晰的愿景：校园书香弥漫，阳光普照；教师们享受教育，乐业负责；学生们享受学习，快乐成长；学校人际关系和谐，高效协作，书香满园；阳光步伐诠释无声的宣言，阳光笑意写在每个人的脸庞，正如映日荷花……

教育实践

回想14年前，我用满腔的教育情怀打开了一片教育新天地，带着13位老师、134位学子，开创了肇庆市奥威斯实验小学。我庆幸当初的选择，我有幸用手中的笔和镜头，记录和传播着学校日新月异的变化，与奥小人一道为学校的发展拼搏奋斗，共同把奥小创建成一所优质学校。从2011年至今，我们饱含艰辛地走过组团互助、师资互动、资源共享的"移植"期，也顺利迈过规章同立、评赛同组、教师同研的"合成"期，如今正在"再生"时期摸索打滚。

在这个过程中，办学优势与成效显著：一是教育资源得到充分利用，二是管理水平得到迅速提升，三是教师素质得到快速提高，四是教学科研得到高速提质。其间，我培养了一支精干的管理队伍，形成"雁阵"管理范式，推进干部队伍工作精细化；打造了一支精进的教师队伍，形成"三维六步"教学范式，指导教师深入教育教学实践；培育了一支精彩的学生队伍，形成"七字文化"德育范式，润养师生阳光的心灵；组建了一支精良的家长队伍，形成"七彩七部曲"家校范式，构建多元化家校合作体系。实践证明，我们的共同努力，换来了学生适学、教师适教、家长适位的成效，使奥小的社会声誉和影响力获得大幅度提升。

一、"大小雁阵"管理范式培养一支精干的管理队伍

学校认真学习宣传贯彻习近平新时代中国特色社会主义思想，坚持党对教育工作的全面领导，以党建引领班子建设，打造总校长头雁全面负责和校区执行长头雁直接负责的"大小雁阵"管理范式，融合制度管理、人本管理、文化管理、自主管理、团队管理，增强管理效能，确保各校区同频共振、同向同行。

（一）突出"规则+流程"的制度管理

一是坚持规则依靠大家商量出来的原则，建立"凡事有规范，凡事有负责，凡事有程序，凡事有监督"的管理机制，建立起校委会、教代会和办学委员会分权又合作的保障机制，实现相互约制，避免决策失误。二是以阳光党务为平台，完善党员民主管理体系；以阳光政务为平台，完善教职工民主管理体系；以阳光服务为平台，构建人人满意的服务体系。三是在流程管理中，形成行之有效的精细化管理思想和操作方法，坚持搞好"日清周结"活动，提高工作效率。

（二）突出"执行校长+民主"的人本管理

构建"人情化关怀体现人之常情、人性化管理符合人道精神、人文化教育提升人文素养"的人本管理模式，让学校成为教师成长进步的精神家园。一是每年都精心设计并举行形式多样的感恩活动，赢得教师的理解和信任。二是完善执行"校长轮转制"，每周由一位老师全面行使校长权利和履行责任，通过角色换位让"每个人都是学校发展的第一责任人"的理念深入人心，让教师能够站在"我和学校同呼吸、共命运"的角度来关注学校的发展。三是坚持"真诚倾听、有效沟通、价值管理、团队分享"四维民主管理模式，每个层面的管理成员通过不同形式的督查指导，将发现的问题分层梳理归类，提出整改要求，并跟进落实情况。

（三）突出"点亮+项目"的文化管理

一是与老师采取润养点亮的文化管理方式。每周对老师的状态、学校的亮点和不足进行记录，以周工作简报和网络跟帖形式与老师进行交流。二是实行项目管理。学

校的每一次活动、每一件事，都以项目形式，开展有完整回路（目标、计划、措施、总结、反思）的管理，做到事前精心思考，事中注重过程，事后评估效果，促进学校可持续发展。三是进行"一分钟管理"，即做好一分钟目标、一分钟执行、一分钟反思等，起到立竿见影的效果。四是推行"周一行政团队沙龙""周二三四教研团队沙龙""周五执行校长主题沙龙"等团队管理模式，促进团队与教师一同成长。

二、"七字文化"德育范式培育一支精彩的学生队伍

奥小的德育方式由物化走向人化，由灌输走向体验，由限制走向解放，由他治走向自治。我们努力践行"让每一位学生带着憧憬和希望走进校园，带着幸福与满意走出校园"的目标，力求以无痕的教育，教育出多彩而与众不同的阳光学子。

设计"七彩七字"阳光奖章。我们建立了一套有效的评价激励机制，融合品格要素、结合阳光教育思想，精心设计"赤（爱）橙（健）黄（和）绿（思）青（行）蓝（恒）紫（信）"七彩七字阳光奖章，初步建立起了学生良好习惯的培养目标体系和评价体系框架结构。

推出"七彩主题"教育活动。我们策划"红色感恩爱校园、橙色体艺靓校园、绿色文化润校园、青色劳动美校园、蓝色实践创校园、紫色梦想信校园、黄色安全保校园"系列主题活动，把各科综合实践融入每个主题。感恩教育、责任教育、诚信教育、爱心教育、做人教育，让学生的品格得以发展，心理健康教育让学生的心理更加光明，细节训练让学生的行为更加规范，加强了德育的实效性。

提供"乐此不疲"的活动领域。我们用心引导学子"寻找一个岗位，扮演一个角色，获得一种感受，明白一个道理，养成一种品质，学会一种本领"，如开展"校长小助理"活动，让学生体验民主参与的快乐。又如在高年级通过竞选，成立"红领巾宣讲团"，开展"大手拉小手"宣讲活动，让学生走进班级、社区，定期开展有关文明礼仪、道德风尚的宣讲活动；走出校门，到封开县长安镇中心小学、四会市石狗镇石狗学校等开展主题班队课宣讲活动。各种形式的活动让学子在日常生活中学习、体验，使他们在实践中形成阳光品质。

开设"进课堂进家庭"游学营。2017年年初，我们与北京市海淀区西苑小学、四川省广元市实验小学签订合作意向书，展开为期4年的共进双赢交流合作活动。同年4—11月，我们组织师生和家长共赴两地开展首批"进课堂进家庭"游学营活动。孩子们在活动中感受不同教育文化特色，开阔视野，拓展思维。多元化的学习氛围让学生不再以教科书为世界，而是以世界为教科书。

三、"三维六步"教学范式淬炼一支精进的教师队伍

学校落实国家基础教育课程改革精神，创造性地把"向阳而生"的办学理念落实到阳光课程上，使有限有形的课堂发挥出无限的教育效益。

我们针对"学生喜欢的学习方式"开展专项调查，积极引领各学科开展"阳光生态课堂三维六步教学范式"研究。自上而下，完成顶层设计，科学规划同种课程

设计与实施；自下而上，以教研组为点，年级组为线，学科团队为面，激活创造力，让每一位老师都能参与到学校课程的探索和创新中去。

我们努力将课前备课、课中实施、课后诊断三维深度融合，重建阳光课堂学习观，抓住合作探究和过关评估两个突破口，努力整合教案改革、课堂改革、作业改革，实现设施变革、形式变革、模式变革、评价变革，形成"话题演讲—温故知新—自主学习—合作探究—成果展示—过关评估"这一具有我校特色的六步教学范式。

为加强教师队伍建设，学校开展主题明确的校本研究活动，集体备课效果明显；实施以专家引领的校本培训方案；进行远程研修，跟岗学习，促进教师专业发展。阳光教研氛围形成了"抓龙头（领导、骨干教师）、抓重点（青年教师）、抓源头（全面提升教师）"的体系。

校内各学科积极开展"阳光生态课堂三维六步教学范式"研究，相关成果频频获奖，这既是对老师辛勤付出的褒奖，也是对学校教科研工作的肯定。

四、"七彩七部曲"家校范式共建一支精良的家长队伍

学校将家长请到办学者的位置上，把知情权、参与权、监督权还给他们，精心组建了一支家长队伍，积极构建多元化家校合作体系。

"家长育子日记"漂流工程。借助日记传递家庭教育、育子困惑或孩子成长的心得，帮助家长们互相学习，共同提高家庭教育水平，也加强了学校、教师与家长之间的联系。小小的日记，漂流的不仅是文字，还传递着方法、情感和信任，正在越来越重要地成为凝聚家校教育合力的纽带和使者。

"阳光亲子课堂"特色班本课程创建工程。将家长资源转化为课程建设资源，本着班级自主管理的原则，形成一个联合学校、家长、老师、学生、班级的交互系统。家长由校外走向校内，亲自参与学校的教育，角色的转变换来理解与支持，让家长成为学校教育的合伙人。

"家长驻校办公体验日"践行工程。为加强家长、教师和学校的联动，我校制定了"家长驻校办公体验日"主题活动，通过家长听一堂课、与一名老师访谈、与一名学生交流、参与一次学校会议、观摩一节集体课间活动、为学校提一个建议的"六个一"形式，家长对学校和老师有了更加深刻的认识，避免了因不理解学校而投诉的情况。

"家校研学旅行"推进工程。学校基于互惠共利的原则，与省外小学签订了为期4年的合作意向书，形成了研学模式，家长全程跟团参与，两地师生和家长互相交流学习，切实增强了家校合作。

五、"阳光学研"校本课程引领五育并举融合育人

课程是学校教育的"解码器"，体现着学校教育的核心创造力和竞争力，所有的教育改革最终只能发生并回归于课堂。我们深入调查，请教专家和走访名校，并结合

奥小实际，合理研发校本课程。

校本必修课程包括文学节、英语节、艺术节、科技节、体育节、升旗礼、入学礼、入队礼、成长礼、毕业礼、微队课、大手拉小手主题宣讲会、进校园进家庭游学等。校本选修课则分为文武双全类、劳逸结合类和通情达理类等兴趣课程。校本课程旨在培养全面发展的阳光少年，为学生提供了不同活动阵地，搭建了多元成长舞台。

结束语

在校长岗位上浸润多年，我不断求索，从个人发展方向的规划到学校发展愿景的定位，从个人领导力的提升到教育科研的专业引领，从知名专家的讲座到接地气的名校长分享，从省内跟岗到省外考察学习，从学校文化的凝练到品牌特色的创建……我见证了中国教育的变迁，见证了粤派教育的锐意进取，见证了肇庆教育的腾飞。所有的赞美和荣誉都将鞭策我继续前行，让我更加坚定"把学生放在第一位"的信念，加倍努力为了学生的健康成长和向阳生长继续奋斗。成长比成功更有意义，幸福就在追寻与创造中！

知行合一，追求卓越

肇庆市第四小学　严子良（第一组）

导读语

"品高是良，学优为子（古称老师为子）"，我30多年的教育实践，是我对做良师、良相的追求。我给人的印象是"内不动心，外不着相"。"内不动心"是几十年来我的教育初心始终不变，"立德树人，为学生终身发展奠基，培育全面发展、学有所长的学生"是我坚守的教育初心；"外不着相"是我对教育事业的热爱，对师生的仁爱始终体现在我的行动上。我的外在形象是"静"的，但我对教育真知的追求又是"动"的。我善于思辨、思变和求变，我善于学习、思考和实践，在知行合一的教育实践中追求卓越的教育，逐步形成了我的管理风格"科学管理基础上的人本管理"。

我任广东省肇庆市第十六小学（以下简称"十六小"）校长期间（1997—2015年），以"创建学习型教师团队"为抓手，打造品牌学校；创建了在广东省有较大影响力的"积极人格教育"办学特色和"读、导、练、悟"语文课堂教学模式。

我任肇庆市第四小学校长期间（2015年至今），积极开展"润品教育"，构建了基于学生发展核心素养的课程体系，全面实施了素质教育，促进学生核心素养的发展。

我是广东省督学，广东省首批、第二批校长工作室主持人。我先后荣获南粤教坛新秀、肇庆市第十一批拔尖人才、肇庆市教育专家、肇庆市优秀人才和肇庆市名校长等荣誉称号。

近几年，我出版了专著《如何建设学习型教师团队》，在《广东教育（综合）》等期刊上发表《校长的教师管理之道》《积极人格奠基幸福人生》等十几篇论文；课题"学习型教师团队建设研究"获第八届广东省普通教育教学成果奖二等奖，另外有多项课题获省、市、区级奖励。

成长档案

一、知行合一，促使我成长为合格校长（1997—2006年）

在优质学校里我"连升三级"。1997年6月的一天上午，我接到肇庆市端州区教育局办公室打来的电话，通知我下午3点到局长办公室。当时还处在教务处副主任试用期的我觉得很突然，不知教育局陈局长找我有什么事。下午我来到局长办公室，陈局长问了我一个问题："假如你是一所学校的校长，你如何管理教师？"我回答说用"制度+情感"的办法管理教师。1997年8月，我被任命为一直引领肇庆教育发展的优质学校——广东省肇庆市第十六小学校长。

在业界看来，当时的我被任命为校长有点突然与偶然。为什么一位年龄还不到30岁的年轻教师在一所优质学校里实现了"连升三级"呢？但在学校看来，我当上校长又不算太突然。第一，我工作很积极。我虽然住在离学校5千米以外的地方，但每天基本上我第一个到学校，最后一个离开学校，有时我会在学校工作到凌晨1点才回家。第二，我有较强的组织能力。当1994年学校申报肇庆市一级学校时，我以数学科组长和电教组长的身份组织全校教师做好了硬件设备的建设工作，在评估中得到了高分。第三，我有很强的教学教研能力。我是"南粤教坛新秀"，课堂教学生动有趣且效果好，教学质量高。学生喜欢我教的数学课，学生在数学课堂上能体验到成功的愉悦。我积极组织教研活动，所组织的教研活动效果好，自己也经常面向全市、全区上示范课，指导青年教师参加广东省数学优质课比赛获一等奖。第四，我善于思考。1996年，学校投入30多万元建成了肇庆市第一间有计算机和投影机的多媒体电教室，我主动写了一份该室的使用建议呈给校长，并在该室面向全市的数学教师上了一节公开课，设备的使用和公开课的质量都得到了高度的评价。第五，我的群众基础好。我虽然不善言辞，嘴比较"笨"，但我乐开助人，帮同事代课从不计较，帮同事扛煤气瓶也非常积极，同事认为我是一个不计较、热心助人的人，我任校长时，老师都爱叫我"严特首"。第六，我善于通过观察学习。我从老校长司徒珠身上学到了很多管理的方法和技巧，例如，管理教师的"制度+情感"的方法就是从观察司徒珠校长的管理风格中总结出来的，我公开发表的第一篇学校管理类的论文是《学校的继承与发展》。

没有什么学校管理经验的我被任命为一所优质学校的校长，我觉得压力很大，不断地思考我该如何做校长。我因此做了三件事。第一件事，在1997年9月我向前任校长学习，并走访了端州区10位校长。在与他们的交谈中，我初步知道了校长要做什么，便模仿他们学着做校长。第二件事，我参加了广东教育学院的教育管理专业本科函授学习。要进行本科学习，首先要参加成人高考，我很认真地去复习，特别是心理学和教育学这两门课程，成人高考成绩接近满分，在教育管理本科课程的学习中，得到了闫德明、熊焰等教授的指导，使我受益良多。第三件事，2004年6月至2005年6月，我参加了广东教育学院举办的"校长高级研修班"学习，夯实了教育管理理论基础，使教育理论在实践中应用真实发生。

这个阶段，我在理论的指导下，知行合一，很快就成长为一名合格的校长，也为我的校长专业发展打下了坚实的基础。

二、教育研究，引领我成长为优秀校长（2006—2010年）

2006年，我做校长接近10年了，个人的专业发展和学校的发展都进入瓶颈期。我该如何突破呢？恰好这时（2006—2009年），我参加了广东省"百千万人才工程"名校长培养对象高级研修班学习，在专家的指导下，我选择了通过做课题研究来突破发展瓶颈。我做课题研究主持人，带领全校老师一起做课题研究，课题研究激发了我和老师的活力，使我们的教育人生更有主题、更幸福。

2006年4月，我校成功申报了广东省中小学教学研究"十一五"规划课题"学习型教师团队建设研究"，并从学校实际出发，从创建学习型教师团队的重要性、理念、创建机制等方面进行探讨，以研究出"通过培养适合教育发展的新型教师，促进学校创新，使学校向更高更好的层次发展"的规律。课题"学习型教师团队建设研究"于2013年7月被广东省教育厅评为第八届广东省普通教育教学成果奖二等奖。

2011年7月，我带领全校老师开展了2011年度广东省中小学德育实验研究课题"小学生积极人格培养校本研究"的课题研究，此课题于2013年12月荣获广东省中小学优秀德育科研成果评选一等奖，于2015年11月获第四届肇庆市基础教育科研成果奖一等奖。

2011年4月，我们根据本校的实际情况，向广东省教育厅教研室申报了"培养小学生学习兴趣的策略体系研究"的课题，获得了上级有关领导的大力支持，经课题评审委员会审批，该课题于2011年5月被批准为广东省中小学教学研究"十二五"规划重点课题。立项后，我们扎实地开展课题研究。此课题于2017年7月获第五届肇庆市基础教育科研成果奖一等奖。

教育研究，促使我对教育问题进行了深入的思考，对自己的教育实践进行了系统的概括和提炼，使我的教育实践方向更明确，措施更具体有效，获得的效果更好。这个阶段，我成长为优秀校长。

三、研究共同体，促名校长成长（2010—2020年）

通过广东省校长工作室主持人平台的历练，我对教育的理解更全面、更深刻，教育实践更睿智，这促使我成长为名校长。自2010年7月"严子良校长工作室"挂牌成立以来，在上级领导的关怀与支持下，在省市专家的指导与帮助下，我根据《广东省中小学名校长工作室建设与管理办法》和《广东省中小学校长工作室工作手册》的要求，积极组织学习、交流与研讨活动，发挥工作室的引领辐射作用，为校长的成长与学校的发展搭建平台。严子良校长工作室在龚孝华教授、闫德明教授、于慧博士等指导下，主持人和成员共同创建了"校长学习共同体"。该共同体以名校长为引领，以课题研究为纽带，以"校长工作室"活动为载体，学习研究教育理论，开展学校诊断交流、办学理念研讨、课题研究、校本培训现场会等活动，加强了工作室的建设，使工作室成员优势互补、共同成长。

校长学习共同体以学习交流和探讨研究为平台，提高全体成员的学习创新能力，而学习创新能力的培养途径之一就是在实践基础上不断学习，不断反思。工作室成果《如何建设学习型教师团队》这本书就是在这种背景和理念指导下进行的系列尝试，通过典型的教师学习案例来研究如何建设学习型教师团队。

校长学习共同体对成员所在学校的办学理念、办学特色进行了深入的探讨，促进了各校办学特色的建设。广东省肇庆市第十六小学打造了"积极人格教育"，江门市新会圭峰小学"开放活校、综合优化、为学生发展奠基、为社会发展育人"很有特色，广州市荔湾区康有为纪念小学打造了有为教育，珠海市斗门区乾务中心小学、湛江开发区第四小学和云浮市第二小学的大课间活动、江门市蓬江区甘光仪学校的教育现代化很有特色，肇庆市第四小学打造了"润品教育"，肇庆市鼎湖区桂城中心小学打造了"礼乐教育，君子人格"的办学特色，云浮市郁南县西江实验学校形成了"养成教育培养学生积极人格"的办学特色。

在任广东省校长工作室主持人期间，我创造性地组织了"广佛肇校际基础教育论坛"，为学员和学员所在学校教师搭建交流、学习和展示平台。2012年至今，参加论坛的校长、教师4500多人次，在论坛上发言的教师180多人次，在该论坛上发言的校长50多人次。论坛促进了学校、校长、教师的发展。

在任广东省校长工作室主持人期间，我受邀到河源市连平县、茂名市滨海新区、云浮市新兴县、阳江市江城区、肇庆市广宁县、怀集县、德庆县、鼎湖区和高要区等地指导特色学校创建工作10多次，指导学校办学特色建设100多间。其间，我做了"学习型教师团队建设""积极人格教育""办学理念的提炼与践行"和"办学理念实践与学校特色建设"等专题讲座20多次，听课的中小学校校长、主任和教师共计3000多人次。

我担任广东校长工作室主持人这几年间，历练使我眼界更高，办学思路更广，教育理论水平更高，教育实践能力更强，对于我来说，是全面的提升。

我的成长不是靠天赋，而是靠努力，至于成长为名校长，是平台的历练、勤勉的奖赏。

教育思想

在教育实践中，我不断地追问：教育的"知"是什么？教育的"行"是什么？如何做到"知行合一"？

关注生命成长的教育才是真正的教育，而积极人格的形成、智慧的提升和体质的增强都是生命自身的生长过程。几十年的教育实践，逐步形成了我的教育思想，我的教育思想又指导着我的教育实践，在知与行的互动中，不断聚焦，直抵教育的内核，凝练出我的教育思想。

办怎样的学校？拥有积极向上的学校文化，基于学生发展核心素养的课程体系，拥有高品质教育质量。

办学理念：为学生终身发展奠基。

培育怎样的学生？培育全面发展、学有所长的学生。

怎样培育？德育为首，五育并举。

教育最后成功的是人格养成，所以学校应坚持培养学生的积极人格；智育的核心是思维能力，"让学生更聪明"是教学的重要任务。

我坚持"书香润品，正行立人"的德育理念，打造"润化德育"的德育特色。按照《中小学德育工作指南》，通过开展系列的滋润涵养德育课程，润化学生的品格、品德、品行和人格，使学生成为具有正确价值观、品行端正、人格健全的好少年。

我坚持"学思结合、知行统一、因材施教"的教学理念，打造"育品教学"的课堂教学特色，促进学生全面发展、学有所长。"育品"是指培育学生核心素养；"育品"教学是指基于学生学习的需要，围绕学科核心素养确定教学目标，组织"学思结合"的学生学习活动，培养学生正确价值观、必备品格和关键能力，从而实现"立德树人"的根本目标。

办学策略：科研兴校，内涵发展；创建学习型教师团队，促进教师发展，打造品牌学校。

教育实践

科研是推进品牌学校建设的有效策略。所以，我校坚持走"科研兴校，内涵发展"之路，深化品牌学校建设，促进学校发展。

一、让优秀的教师团队培育卓越的学生

"崇尚一流，追求卓越"是几代人的坚定信念；"敢为人先、勇立潮头，和谐奋进、争创一流"是十六小精神。和谐共进的人文环境，浓厚的教学教研氛围，打造了一支师德高尚、甘于奉献、善于学习、不断进取的教师团队。从"传、帮、带"，到"青蓝工程"，十六小就像一个熔炉，让每一位教师不断地熔炼、锻造、淬火。十六小就是一个和谐的大家庭，让每一位教师受到熏陶和感染，得到激励，促人奋进，获得成功。十六小的教师们正沿着上下求索的足迹，怀着振兴教育的火热激情和对文化的渴望追求，执着勤奋，在这里挥洒青春和聪明才智，铸就了十六小教育的亮丽丰碑。

如何让学校既保持传统，又在新的课改形势下焕发青春，是我一直思考的课题。在接到省教育厅下达的中小学教学研究"十一五"规划课题申报通知后，我认为这是学校发展的契机，要以课题研究促进学校发展。我马上确定了部分学科带头人及骨干教师为子课题主持人的基本框架，并召开课题组成员会议，讨论拟定课题研究方向和内容。端州区教育局局长关羿参加了课题论证的第二次会议，向我们提出了三个问题：十六小的优势是什么？优势的成因是什么？还有哪些潜能？为了让全校教师共同回答这三个问题，提高认同度，学校对教师进行了内容为"十六小的现况与发展"和"十六小教师学习现状"的两次调查，进行了题为"我心目中的十六小教师"的征文比赛。通过调查和征文活动，我们进一步清晰地认识到：十六小有一群高素质的教师群体而且能形成团队；教师重视学习，在工作过程中能够分享彼此的教学经验，教师渴望自我超越，实现自身价值。有些教师在调查表和征文中提出：学校要发展，教师首先要发展，教师要发展就要不断学习。学校了解到了教师有学习的心理需求，于是适时提出学校的发展策略：创建学习型教师团队，促进教师专业发展，打造品牌学校。因此，学校决定进行"学习型教师团队建设研究"的课题研究，并向省教育厅申请立项。2006年5月，"学习型教师团队建设研究"的课题被批准为广东省中小学教学研究"十一五"规划课题后，我们扎实开展课题研究，取得了丰硕的课题研究成果。

我们鼓励教师自我超越，建立教师学习共同体进行团体学习，促进教师发展；通过引导教师改善心智模式，建立团队共同愿景，创建和谐教师团队；通过引领教师进行系统思考，提升团队执行力。以此，培养优秀的学习型教师团队。

(一) 鼓励自我超越，让教师进行团体学习

要在教师团体中形成人人争先、个个向上的好学氛围，使学习成为教师的内需，必须寻找出激发学习动机的有效方法与途径，让教师们摆脱"工具性"的工作观，在工作实践中不断总结反思、不断改进、不断学习、不断创新，从而达到自我超越。只有这样，才能形成浓厚的学习、合作、竞争氛围，使教师突破极限、实现自我，促进教师自我的进步、发展。

为了帮助教师认知其自身真正的愿望，并了解自己当前的真实状况，了解自己目前的情况与理想之间的差距，使教师形成并增强学习的动机，并为实现此愿望不断扩展其能力。我们让老师填写了"教师自我发展规划表"，让老师在自我认识的基础

上，制定自己的发展目标。在自我要求的目标引导下，不断地通过实践过程中的自我监督、自我调控、自我强化，力争达到预期效果，然后用自己认可的价值观对自己进行评价。通过这一评价，形成对自己新的认识。任何一个心智成熟的人，在比较清楚地认识自我之后都会对自己提出一个新的要求——如何自我超越。在这一新的认识基础上，又开始了新的自我教育循环上升过程。只有这样，不断重新聚焦，不断自我增强，才能充分重视到自我心声的呼唤，实现新的自我价值。

在研究中，我们以校本教研为载体，进行团队学习，形成在工作中学习、在学习中工作的新型教师工作范式。

【案例】教师自己办讲座，在研究中提高积极性

我校经常通过讲座形式组织教师学习。很多时候，学校让教师自己办讲座，请专家做点评。这些有专家指导的教师自己做主讲的讲座针对性强，直接指向学校要解决的问题，调动了教师的积极性，专家的点评起到画龙点睛的提升作用，增强了讲座的效果。具体的做法：先由主讲人带领几位教师组成一个研究小组，研究小组成员一起收集相关材料，整理形成讲稿。讲课时，主讲人在台上讲，其他成员在台下补充，台上、台下互动，取得很好的效果。校内教师办讲座，主讲的内容来源于教师的身边，更容易引起教师共鸣。准备讲座内容和讲演过程都是研究、学习的过程，教师的研究能力、教育教学理论水平和实际工作能力都得到了提高。

2008年1月19—20日，我校组织全体教师进行了"加强班级管理，开展和谐教育"的学习型教师团队建设专题学习活动。这次活动安排的学习内容非常丰富，首先由严子良校长做了题为"用心管理班级，形成良好班风"的专题报告。他说："班级是学校开展教育教学活动的基本单位，所以，班级管理的好与坏直接影响着一所学校。"他还指出了班级管理存在的一些问题，并围绕"如何用心管理班级"展开了详尽的阐述——"确定目标，坚决执行，评价激励，沟通协调"是用心管理班级的四要素。薄铭雄副校长主讲的内容是"用心架起与家长沟通的桥梁"。她认为老师与家长沟通应有信心、诚心、爱心、恒心、责任心、耐心，态度要随和、真诚，语气要婉和，力求达到尊重、平等、沟通、交流、合作。黎彩萍主任向全体教师介绍了"'迎奥运'德育主题活动设计方案"，学校要求每年级制订一个具有本级特色的活动设计方案，并进行评比。邵君副主任围绕"如何做好副班主任的工作"做了专题发言，题目是《主动配合，用心沟通》。她从十几个方面阐述了身为班级管理的第二责任人——副班主任的工作职责和该履行的义务，使所有副班主任对今后如何开展工作有了深刻的认识。罗俏仪副主任讲述了"关于养成教育的几点思考"，让教师们理解什么是养成教育，明确了养成教育的必要性，了解了小学生养成教育的基本举措。会上，几位班主任代表结合平时开展班级工作的一些心得体会做了发言。梁惠群老师讲了"团结友爱等文明行为的培养"，阐述了如何建设团结友爱的班风。吴接红老师讲了"如何处理打架等偶发事件"，介绍了处理偶发事件的经验。陆汉兰老师讲了"如何培养班主任的得力小助手",介绍了培养班干部的经验。会上,其他教师也做了精彩的互动发言。

在这样的专题学习上,教师们学习的热情高涨,发言热烈,思维得到了解放,学习型教师团队建设走向了纵深发展。

(二)改善心智模式,让教师形成和谐团队

教师有较高的敏锐度,会因为一些小事而引起心理变化,影响教师的行为,因此,学校要引导教师保持良好的心态。

让教师学会在不同的工作场景扮演不同的角色(教练或队员)。教师由于工作性质的关系,在工作中容易养成"做教练"的习惯,喜欢做"组织工作",喜欢提出自己的主张,喜欢"表达自我",忽视"听",因此,在教师合作方面容易出现一些困难。要引导教师多进行换位思考,不要事事都做"教练",有些场合要做"队员"。每项工作要有负责人,负责人是"教练",其他教师就是"队员",校长也不例外。要学会做队员,把自己放在配角的位置上,做好队员该做的工作。多给老师机会,让每位教师都有机会成为"教练",也有机会成为"队员"。在某项工作中某位教师是"队员",在另一项工作中他可能是"教练"。使学校的每位教师都自觉地融入团队之中,而且能为团队真诚奉献。红花(教练)与绿叶(队员)交相辉映,相得益彰。

做成功而快乐的教师。让教师去做"合适"的事,使教师在工作中体现生命的价值。所以,我们在管理中强调合理用人,看到教师的长处,用教师的长处,使一批批教师脱颖而出,在各自工作的领域中成为佼佼者。教师在学校工作生活这段时间是教师人生中的一段生命历程,而且也应该成为教师生命中最精彩的生命历程,引导教师不仅把工作看作一种职责,而且是与自我价值实现相联系的。通过不同形式的学习,教师在团队中学会合作,获得共同成长的快乐,并努力提高自己教育、教学的能力,使自己在工作中享受着工作带来的乐趣与成功的愉悦。

帮助教师成功是建设教师团队的关键。学校根据教师的工作情况和追求自我完善、自我实现的心理需求,特别注重人性化管理,着力"经营好人心"。采取我校在实践中总结出来并一直坚持的"容人之短""用人之长""待人有情""励人追求""助人成功"五大策略,努力营造一种尊重人、信任人的氛围,为教师的成长、发展和实现自身价值提供条件和环境。对教师的住房、治病、家属就业、子女上学及婚姻等一系列实际问题都尽力施以援手。对教师的学习提升给予支持,除提供书籍、音像资料外,学校还不惜重金让教师外出进修考察和参加学术研讨。对于几位拟提拔到别的学校当校领导的同事,当上级主管部门向我们征询意见时,我们都能割舍长期合作共事的情谊和本校工作的需要,从全区大局和助人成功出发,一律"绿灯"送行。

建立有效运作机制是教师团队的组织保证。学校重大工作的进行遵循"宣传动员—征集意见—分工起草—校务会议—教代会初审—全体教师讨论—教代会通过—正式颁行"的程序。学校经常就某项工作向教师发调查表征询意见,让教师写建议书。

每学期结束，以级组为单位就本学期学校的工作和行政班子成员的表现进行评议。由于教职工在学校管理中的主人翁地位及知情权、参与权、监督权得到尊重和保障，产生了一股同心同德办好学校的内驱力，使团结协作成为教师共同愿望。学校设立了"先进级科组奖"，每学期评选一次。年级组取得的成绩，先发集体奖，发到级组，再发个人奖，直接发到个人，并规定级组取得一定的名次时才发个人奖。以此强化和谐团队的最佳工作效果，从制度上鼓励教师之间建立互相合作的团队关系。

（三）建立共同愿景，让教师为教育真诚奉献

教师的个人愿景是多种多样、各不相同的，归纳起来有几个方面：有些教师希望身体健康，有些教师希望自己在事业上有所成就，有些教师希望有一个美满的家庭。将这些个人愿景细细地分析，其中有一些实质的内容是相同的——良好的教师路径发展。教师专业发展了，能减轻教师的工作压力，有利于教师身体健康；教师专业发展了，提高了工作能力，会取得事业上的成功；教师专业发展了，提高了工作效能，能减少工作时间，有利于教师经营好自己美满的家。所以，学校建立了"创建学习型教师团队，促进教师专业发展，打造品牌学校"的共同愿景。这样的共同愿景既符合教师的个人利益，又符合学校的集体利益，教师与学校的价值取向相一致。

以下是让教师参与建立共同愿景的全过程。第一，学校通过开座谈会、进行问卷调查和举行征文活动等形式收集教师的个人愿景；第二，学校召开不同类型的座谈会，进行会谈与商讨，提炼学校共同愿景；第三，学校提出共同愿景的讨论稿，供教师、家长、社区热心人士、相关单位代表和专家讨论，再通过各种渠道收集建议；第四，学校召开教师代表大会修正整合共同愿景，然后正式发布。这样，通过让教师参与建立共同愿景的全过程，加深教师对学校共同愿景的心理认同，使教师为实现共同愿景而真诚奉献。

二、让积极进取成为师生的精神内核

全校师生参与"小学生积极人格培养校本研究"的课题研究，创建了积极人格教育特色和品牌，形成了"追求卓越""让优秀成为习惯"的学校精神，"追求卓越""让优秀成为习惯"是学校的血脉，是师生积极进取的精神内核，是镶嵌在学校灵魂里的坚毅与勇敢。在学生的内心植入了积极进取的基因，为学生的终生发展奠定了基础。

（一）通过校本课程培养学生的积极人格

学校的积极人格教育校本课程的构建过程包括开展小课题研究、实施校本课程、编写读本、形成完整课程。2017年1月，学校就开展了有关积极人格教育的小课题研究，例如，高宏达老师主持的小课题"在体育活动中培养小学生坚韧品质的研究"、胡建誉老师主持的小课题"如何利用体育运动来培养小学生自信心的研究"。在课题研究的过程中，我们提出建构积极人格教育校本课程的想法，通过系统的校本课程培养学生积极的人格。在实施校本课程的过程中，我们逐步积累了大量的教育素

材，学校组织教师编写了积极人格教育读本。利用《小学生积极人格教育读本》上德育课，标志着我校的积极人格教育校本课程日趋完整。

学校教师在积极人格教育课上利用《小学生积极人格教育读本》、积极人格电影等素材对小学生进行积极人格的培养，将空洞的教育变成具体形象的教育。教师在集体备课等教研活动中，研究开展积极人格教育的途径和策略，在专题研讨的示范课上突出积极人格教育的方法，从而提高课堂的教学效果，达到育人的目标。例如，陈双玉老师在讲积极人格——"爱"时，通过讲述绘本故事《猜猜我有多爱你》，让学生在优美的故事中，理解故事，感受爱，学会爱，并引导学生联系生活和学习实际进行汇报和总结。刘静萍老师在讲积极人格——"乐观"时，让学生通过绘画表达自己的心情，使学生进入情境，体验不良情绪对健康带来的危害。在教学过程中，引导学生主动参与、主动探究、主动合作，逐步呈现"重情趣、重沟通、重创造"的学习体验。

（二）在学科教学中渗透积极人格教育

在对小学生进行积极人格的培养时，教师应在课堂中渗透与教学内容相关的积极人格教育，使学生潜移默化地受到教育的影响。小学的各科教材中蕴含着丰富的积极人格教育素材，特别是语文学科，因此，我们引导教师深挖教材中的积极人格教育元素，在教材中找准积极人格教育的切入点，在课堂教学中恰如其分地进行积极人格渗透教育。例如，全锦焱老师在教《七律·长征》中，紧紧抓住文中"红军不怕远征难，万水千山只等闲。更喜岷山千里雪，三军过后尽开颜"等重点句，通过想象和反复地吟诵，指导学生从节奏、重音、韵脚、感情四方面读出诗中表现出来的红军的英雄气概和乐观精神的感情，从而教育学生面对困难要积极乐观，才能取得最终的胜利。

其他学科的老师也积极挖掘本学科积极人格教育的元素，并采取有效的措施对学生进行积极人格的培养。

我们充分挖掘学科教学的积极人格教育资源，通过研究和实践，形成了行之有效的学科渗透策略，让每一位老师都能根据学科的教学特点对学生进行积极人格教育。

（三）通过主题活动培养学生的积极人格

我校开展了形式多样、生动活泼的主题教育系列活动，形成了校本的德育活动序列，实现活动育人。

在读书节活动中培养学生读书的兴趣，养成读书的习惯，掌握读书的方法，增长知识，培育品格，涵养积极人格。在读书节活动中，我校还开展"读万卷书，行万里路"综合性实践活动。"行万里路"是组织学生多接触社会，多实践，在实践中滋养积极人格。

"国旗下讲话"是肇庆市第四小学"飘书香，立人格，育新人"主题活动中的其中一项，对推动学生勤奋学习、促进学校良好校风的形成起到了积极的作用。学校围绕希望教育、责任教育、感恩教育、自信教育、智慧教育、爱国教育等主题制定

"国旗下讲话"主题活动方案，使"国旗下讲话"成为培养学生积极人格的教育平台。

每个孩子的成长都离不开父母的精心呵护，母亲节是进行感恩教育的好契机。每逢母亲节前夕，学校以"感恩"为主题开展系列活动，例如，第十届"浓情五月，感恩母爱"母亲节感恩活动、第十一届"爱在心中，感恩更美"母亲节感恩活动。学校通过亲子互动交流等活动，促进家长与孩子关注彼此心灵健康，增进家长与孩子之间的情感交流。让孩子学会热爱生活、体验生活、感受亲情，让孩子学会以实际行动向母亲表达自己的感恩之情，并从中涵养积极人格。

（四）在班级管理中培养学生的积极人格

班级是学校组织教育活动的基本单位，是现代教育最具代表性的一种教育形态。在班级管理中，我们探索了一系列的管理模式，帮助学生养成积极人格。

采取"班干部竞争上岗""班干部轮流做""班务承包制"等班级管理形式，鼓励学生主动承担任务，在活动中增强责任心。例如，在改选班干部时，采取竞争上岗，通过演讲竞选、集体投票的形式展示学生的特长，培养学生的自信心；在班上设立了多个岗位，如"图书管理员""卫生检查员""课间纪律监督员""做好事记录员"等，让学生对班上的各项活动和各岗位全权负责，培养学生的责任心。

（五）通过校园文化滋养学生的积极人格

环境是育人的阵地。学校合理利用校园的宣传阵地，营造积极人格教育的文化氛围。在"润品轩"的宣传阵地，学校围绕"好学、善思、乐观、自信"展示了学校优秀学生的风采。此外，教学楼的文化建设是以我们学校的积极人格教育的主题布置的。例如，东楼梯六楼设计了"飘书香，立人格——积极人格培养"的专题展板。展板内容包括"立人格"的介绍和释义、开展积极人格教育的具体措施、积极人格培养的成果等。

（六）教师引领学生形成积极人格

"亲其师而信其道"，一个具有积极人格的教师会给学生树立榜样，对学生起到榜样引领作用。因此，我们坚持每周1小时的团队学习，在学习中通过专家专题讲座、骨干教师畅谈自我超越、经验型教师主题教育分享、读书分享、写作案例分享、个案研究分享等形式，引导教师做一个有积极人格的新时代教师。

（七）家校合作培养学生的积极人格

家庭是学生成长的第一摇篮，对学生积极人格的形成起到重要的作用。我校的家校合作教育形式多样，内容丰富，针对性强，效果好。除了邀请专家讲课，加强教师与家长的日常交流沟通外，我们还成立了家长义工队，让家长参与学校的教育教学活动。学校每年都分年级举办不同主题的亲子活动，多形式向家长介绍学校积极人格教育的内容和要求，使家校形成教育的合力，促进学生积极人格的养成。

结束语

"路漫漫其修远兮，吾将上下而求索"，30多年的教育路，我一直坚持工作、学习和研究相结合，知行合一，在知与行的教育实践中，过着有主题的幸福教育人生。现在和未来，我会秉持"立德树人，五育并举"的理念，在新时代里迎着朝阳出发，追求教育的美好，一往无前！

让每一片花瓣都散发芬芳

肇庆市怀集县教师发展中心附属石龙小学　丘红慧（第一组）

导读语

我是丘红慧，女，中共党员，本科学历，教龄36年，现为小学语文正高级教师，全国优秀教师，广东省小学特级教师，广东省劳动模范，广东省中小学名教师工作室、广东省劳模和工匠人才创新工作室主持人，现任教于怀集县教师发展中心附属石龙小学。

"创设情境—激活思维—动态生成"是我的教学模式，"情感教学法""信息技术与小学语文教学深度融合法"是我多年探索出的教学方法。在30多年教学历程中，本人在省级以上刊物发表了40余篇教育教学论文，主持和承担了7项省、部级子课题研究，自行设计制作的课件有9个荣获全国教育软件大赛一等奖，并在全国教育教学信息化教学展示会上向全国做示范演示，结题报告"'阅读教学—生活实践—作文练习'同步训练研究"获全国"十二五"教育部规划课题实验校本科研成果一等奖，结题报告"小学语文有效课堂教学策略研究"获全国教育科学"十三五"教育部规划课题科研成果一等奖……2015年本人被评为"全国基础教育校本科研拔尖人才"。

2010年、2015年和2018年，我成为"广东省中小学名教师工作室"主持人，2017年成为"广东省劳模和工匠人才创新工作室"主持人。"两室"共承办了11期省级骨干教师跟岗学习培训班，开设了名师工作室博客、网站、微信公众号和出版了《名师工作室简报》，让广大教师受益。2019年11月23日，我代表广东省参加"全国乡村教师专业发展论坛"并做主题发言，受到专家和领导一致好评。

成长档案

作为一名人民教师，我要不断成长与发展，坚守忠于党的教育事业和为国育才的初心。就是坚守着这份初心，成了我不断成长和发展的动力。回顾36年的教学生涯，我的切身体会是：做一名人民满意的教师特别是优秀教师，要乐业、兢业、创新、辐射。我认为，乐业是基准线，兢业是奉献线，创新是发展线，辐射是提升线。

一、立志，当一名合格的人民教师

我父亲叫丘日腾，1962年于华南师范大学毕业后，他就告别了河源乡亲父老，满怀豪情地来到了偏远山区怀集县工作。父亲从小学教到中学，由普通教师走上了中学校长的岗位，扎扎实实，勤勤恳恳，任劳任怨，在怀集山区为教育事业奋斗了一辈子。在父亲的人生词典中，只有"奉献"二字，他爱校如家，爱生如子，忘我工作。受父亲影响，我从小就立志当一名优秀的人民教师。

1985年，我师范毕业后，被分配到怀集县梁村镇石矮小学当教师。本以为，两年的师范学习，自己已掌握作为教师必须具备的专业知识和专业技能。然而，初当教师，尽管认真备课，积极听课，但一走上课堂，总觉得自己结结巴巴的，愧对学生。这让我感受到，要当一名合格的人民教师，不但要有专业知识，还要有扎实的基本功。为了实现做一名合格人民教师的愿望，我踏上了自学之路。在我还是一名三四岁孩子的母亲的时候，由于爱人上班早出晚归，父母又不在身边，我不仅要做好教育教学工作，还得带孩子、做家务。虽然困难多多，但我不选择退缩，总是合理利用时间，在做好工作的前提下，坚持学习。几经努力，我于1996年7月完成了湛江师范学院中文专业的大专学习。2007年6月，我参加华南师范大学汉语言文学教育专业本科高等教育自学考试，本科顺利毕业。1996年8月，我被选调到怀集县实验小学任教，我不断努力学习，努力工作，于1998年9月参加"怀集县小学语文教师基本功比赛"，荣获全县全能教学第一名，这也是我的教育生涯中获得的首个全县第一名。惊喜之余更充满自信，因为这让我迈开了人生梦想的第一步，让我不断走上进步的阶梯。

学习使人进步，学习使人聪慧。学习是发展之本，是提高之策，是进步之源，是成功之基。自身的素质能力如何，直接影响人生的发展。个人的素质和能力是靠不断学习、磨炼培养出来的。这是我最深的人生体会。

二、兢业，当一名钻研型的人民教师

在教坛中初露头角，我得到了学校领导的关注，更得到了他们的信任。1998年10月，我代表怀集县参加了"肇庆市小学语文教师基本功比赛"。我展示了说课、上课、三笔字、简笔画等内容，最后，却只获得了二等奖。我独自站在空荡荡的四会市大礼堂里，思绪万千，没有想到，已经有了几年教学经历的我，以为自己既有经验又

有一定的专业知识，但是这次比赛结果却如此不尽如人意……这对我的触动很大。冷静下来，我不断叩问自己：我对教材把握好了吗？我的基本功扎实了吗？优秀教师深厚的文化素养、底蕴，我具备了吗？在当今科学飞速发展的新时代，我适应了吗？

从此，我把奉献的基点放在提高教育教学质量上。在教学中，我努力做好以下几点：一要对课程标准有充分的解读，二要对教材、教辅材料有充分的解读，三要对教师自身有充分的解读，四要对教学对象有充分的解读，五要对各种教学资源有充分的积累与整合。1998年，我用自己多年积蓄买了台二手电脑，利用假期托广州的亲戚帮我报名参加学习电脑短训班，积极学习电脑、多媒体现代信息操作技术。由于自己没有计算机基础知识，加上接受新事物比较慢，所以常常学后就忘。但我并不气馁，忘了再学，用比别人更多的时间反复练习，终于较为熟练地掌握了多媒体的操作技术，从而为我之后转变教学方式、开发课程资源插上了腾飞的翅膀。此外，我还注意筛选学生身边有价值的生活资源来置换教材中的情境，这既能增加教材的时代性与生活性，提高学生的兴趣，又利于学生学以致用。这种通过增删、调整、借用、转换等多种方式对文本资源进行的再开发，使文本的价值大大提升。

为了提高教育教学质量，我经常听学校教师的课，琢磨这些教师在课堂上是如何驾驭教材，又是如何激发学生的；教学中，我潜心研究教材，认真备好、上好每堂课，为了锤炼自己的教学基本功，我在备课时，每课都写出重难点、教学方法设计、教学学具设计、练习设计、板书设计；为了上好每一节公开课，我细心揣摩、认真推敲、向老教师请教，教案改了一遍又一遍，理论书籍翻了一本又一本，每当自己上好一堂课，得到听课老师的赞许时，心中涌动的是成功的喜悦和幸福。

2000年，我独自承担了省级课题子课题"小学语文多媒体课件制作和应用效益研究"的实验与研究。该课题历时四年多，从课件的设计与制作、素材的收集与提炼、课文的分析与扩展、课件的应用与修正，做了长时间的深入研究实验，制作出从小学一至六年级语文主要课程的系列性教学课件100多件，写出课题实验报告和研究论文16篇，其中，编辑成册的《小学语文多媒体课件制作和应用效益研究》实验成果资料多达138页10万多字。该课题经过我长达四年多的精心研究，最终取得了圆满成功。2005年5月，课题获省评审组通过，并荣获广东省信息技术与课程整合优秀校本教研成果一等奖。2002—2005年，我主持了全校性的全国教育科学"十五"规划课题"中小幼STS课程构建与实施的研究"的子课题"小学STS课程探索与创新"研究。在学校的领导下，组织全校教师对现代信息技术与小学课程进行有机地整合研究，写出近10万字的课题结题报告，终使这项被称为教育前沿科学的课题研究取得成功。2005年在省总课题结题中，顺利通过省级课题组验收，并荣获"课题实验先进单位"。

三、创新，当一名发展型的人民教师

课题研究的成功给予了我极大的信心与勇气，也让我走上了创新发展的成功之

路。从此，我一发不可收。自 2010 年以来，我又分别主持和承担了 5 项省、部级课题研究。2011 年，我承担的"山区小学生情感作文教学研究"课题研究成果荣获全国"十一五"教育科研成果奖二等奖，我也被评为全国"十一五"教育科研先进工作者。2017 年 10 月，我所做的课题结题报告"'阅读教学—生活实践—作文练习'同步训练研究"获全国"十二五"教育部规划课题实验校本科研优秀成果一等奖；2020 年 3 月，我所做的课题结题报告"小学语文有效课堂教学策略研究"获全国教育科学"十三五"教育部规划课题优秀成果一等奖。在多项课题研究中，本人自行设计和制作的课件"只有一个地球""海底世界""大自然的启示""桂林山水"等 9 个课件分别荣获全国一等奖。我也被评为"全国基础教育校本科研拔尖人才"。

在教育科学研究中，我深入研究了我国教育专家李吉林"情境教学实验与研究"等先进的教学思想，并结合自己长期的教学实践和思考，创立了独具特色的情境教学模式。我根据教材的教学内容，解读课标和教材、教学设计，巧妙运用"绘画再现情景""音乐渲染情境""朗读感悟情感""表演体会情境""信息技术与语文教学深度融合"等方法，把课文内容演绎成声、色、画、像互动的直观、生动、形象的动态情境，化抽象为具体，化难为易，让学生受到感染，产生如临其境的亲切感，从而加深对课文的理解。

为了做好教学工作，我不断努力，不断创新。我经常在学校的图书室翻阅教育杂志，随身带着一个笔记本记录着精彩的片段，如饥似渴地汲取着书中的营养，提高自己的教育理论素养；我向老教师学习，讨教教研的工作方法，提高信息素养的创新能力和自己的实践能力；同时，依据素质教育的要求和现代教育科学发展的需要，开展了形式多样的教育教学活动。在教学中，我特别重视朗诵的情感表达方法，我以教学语言的清新、优美、富有感情来增强课程对学生的吸引力。读书识字是小学语文的基本内容，为了在课堂上讲得有声有色，我研究揣摩语言表演艺术家的朗诵表演，从中取经，我经常对着镜子练习，练发音，练口型，练表情，一举手、一投足，甚至一个眼神，总是以最精彩的一面呈现给学生。对每一节课，我都精心设计，精准施教。课堂上，学生们总是被我真挚的话语打动，很快进入课文的内容之中，从而取得了较好的学习效果。2010 年，我为全市教育专家及同行上了一节"信息技术与学科教学有机整合"的思想品德"爱护花草树木"示范课。在示范课中，我运用多媒体软件讲演课文内容，幽默的语言叙述，课堂的随机点拨，引起了与会者极大关注，与会的教育专家评价说："这是一节实现信息技术与学科教育有机整合的成功示范课。"

四、辐射，当一名示范型的人民教师

2010 年，我成了广东省中小学名教师工作室主持人。自"广东省丘红慧名教师工作室"创办以来，我充分发挥了名教师和劳动模范的示范、引领作用，为全省兄弟市县培养了优秀教师 600 多人。当我成为"广东省丘红慧劳模和工匠人才创新工作室"和"广东省丘红慧名教师工作室"主持人时，深感更大的责任压在我的肩上。于

是，我把责任化成动力，为了更好地开展工作，我不断地充实工作室团队，一起将两个工作室建设成集思广益、团结协作、互促互进的教育研究共同体，并连续主持承办了 11 期省级骨干教师跟岗学习培训班，对来自广州、清远、云浮、阳江、惠州、肇庆等地的省级骨干教师培训学员和市级、县级骨干教师培训学员进行了跟岗学习培训。我还开设了名师工作室博客、网站、微信，编辑出版了《名师工作室简报》，利用博客、网站、微信、简报等传授教育教学经验，并解答老师们在平时教育教学工作中的疑难或困惑，较好地完成了学习培训任务，为省、市、县培养了一批又一批骨干教师。

近年来，我先后承担了我们县 5000 多名教师的培训任务，为学员们做了"教师怎样做课题研究""如何提高教师和学生的口语交际能力""小学语文教师信息技术能力的提升"等 100 场次专题讲座，并带领工作室团队 32 次赴农村小学送教帮扶，惠及 1 万多人次，均取得了较好效果。

培训结束后，一位在广州工作的省级骨干教师学员来信，她对我说："丘老师，您的讲座让我震撼，您的培训让我一生难忘。"这一句话，让我深深地感受到，我所做的一切是有价值的，这让我更加坚定了为党的教育事业奋斗终身的初心！这让我始终感到，浇花浇根，育人育心，触动心灵的教育才称得上是成功的教育。

回首这些年来自己所取得的成绩，是"做一名优秀教师"的信念一直鞭策自己勇往直前。我犹如一粒渴望成长的种子，只要给我一点阳光、雨露、土壤，我就能成长为一棵有用的树；给我足够的养分，我会长成参天大树！

教育思想

"启心志，扬所长，助发展，让山区孩子都得到良好的教育。"这是我的教育思想和教育理念。

"让孩子都得到良好的教育"，是每一个家长的愿望。《中华人民共和国宪法》规定，中国公民有受教育的权利和义务。让孩子都得到良好的教育，是社会主义教育的目的与根本要求。作为教师，应以此作为事业的根本追求而做出不懈的努力，这是态度！在农村，由于教育资源的不足和受到社会环境、家庭环境的困扰，许多孩子未能得到很好的教育。记得 20 世纪 80 年代初，我到农村小学任教时，发现许多学生由于家庭困难而出现辍学现象。为了"一个也不能少"，那一年我几乎拿出一大半的工资为困难学生支付学杂费，确保学生不因为家庭困难而辍学。在我任班主任的 25 年时间里，我所在的班从没出现过辍学的现象，入学率一直为 100%。在教育教学中，我力图上好课、上优质课，为的是让孩子得到良好的教育。久而久之，就形成了这样的教育观念，并将其作为自己的教育思想和追求而不懈努力。

"启心志"，是教育的起点。小学教育为启蒙教育，作为教师，首先要帮助学生树立正确的人生观、价值观，帮助学生树立为建设社会主义而奋力学习的志向与远大理想。参加工作以来，我一直战斗在教学第一线上，担任了25年班主任，并兼任一个班的小学语文和思想品德课。在教育工作中，我始终把"启心志"放在教育的首位。记得2007年，我班中有一名叫小郭的同学，父母离婚，他由父亲抚养，后母对其亲生女儿偏爱，对他则动辄打骂，致使这个学生厌倦家庭，厌倦学习，成绩一落千丈。有一天，小郭怕被父母打骂，离家出走。我知情后立即到县城大街小巷寻找他，找了近两个小时才在一个屋檐下找到。把小郭送回他家后，我亲自下厨煮东西给他吃，烧水给他洗澡、换衣服。当我准备离开时，小郭扯住我的衣角边哭边喊："丘老师，你不要走，我怕……"小郭父亲与后母看到老师如此疼爱学生，不是父母，却胜似父母，他们无地自容。随后，我逐一对小郭同学及其父母做思想工作。对小郭，讲父母恩情，讲人生抱负，讲革命故事，讲先烈心志；对其父母，讲教育责任，讲教育方法。后来，小郭学习成绩有好转，期末考试语文、数学双双得了100分。小郭的父母逢人就说："是丘老师挽救了我的家庭，我的儿子。"

"扬所长"，是中国教育的传统。在中国，"因材施教"是行之几千年并具有无限生命力的教育法宝，启迪着我们要关注每一个孩子的学业进步和精神成长。孩子是祖国的未来，是一棵正在成长的小苗，是一幅可塑的画。在我眼中，没有差生！只不过是师者没有看到学生的可塑之处罢了。在从事班主任工作和教育教学中，我总是努力挖掘学生的优点，扬其所长，因材施教，实行特长式教学。在教育中，我紧贴每个孩子最近发展区，为他们"私人定制"了"课程智能资源包"，让每个孩子根据自己的兴趣爱好自主选择"课程智能自助包"。凭借"课程智能诊断包"及时跟踪诊断、评估每个孩子的学习状态与学习效果，及时调整优化学习方案，为孩子们打"补丁"、筑"防火墙"，让孩子们每天都能学到应该学到的知识与技能，而且学得轻松，学得愉快，学得神采飞扬。"因材施教"给孩子们提供了真正属于自己的时间与空间，学习的参与度就必然得到提高，情商的发展度就必然得到提升。学生期盼上学，不愿放学，热爱学校，留恋老师与同伴，成了每个孩子共同的心声。相对于城市来说，山区教育资源不足，学生基础差，我从实际出发，依据现有的教育条件使用有效的方法开展教育教学工作。即在努力做好课标教育的基础上，依据实际环境和条件实行开放式教学。山区教育也有着它独特的教育资源，那就是社会教育资源丰富，如优美的自然景观、朴实的人文社区、广阔的田野、饲养的动物、种植的瓜果蔬菜、多种多样的工厂商店。依托这些资源，我开创了山区小学开放式教学模式，把语文识字、造句、作文教学从课堂伸延到大自然、小社会中去，收到了良好的教学效果。近年来，我带学生开展特长教育教学活动，"小记者"们在全国、省、市、县报刊上发表了312篇小文章，写出了"金丝燕生态探究"等小学生科技创新实践活动报告，并参加了广东省青少年科技创新大赛科技实践活动，荣获二等奖11项、三等奖9项、少儿发明创新奖14项，有效地提高了学生识字作文水平。

"助发展"，是教育的宗旨。党的教育方针，就是让受教育者得到德、智、体、美、劳全面发展。为了促进学生更好地发展，在日常教育教学工作中，我做到五勤：

勤备课、勤上课、勤辅导、勤家访、勤批改作业。对班中的同学，用课余时间逐个谈心，用周末休息时间逐个家访，了解学生的思想学习状况。我把学生看作自己的儿女，在悉心教学的基础上，结合教育教学的实际，积极开展教育创新和科研活动。2000年，我把信息技术引入语文教学，开展了"小学语文多媒体课件制作与应用效益研究"课题研究。随后，我又相继开展了"小学STS课程探索与创新"等多项课题研究，取得了多项教育科研成果，其中，自行设计制作的多媒体教学软件"只有一个地球""海底世界"等9个课件荣获全国教育教学软件大赛一等奖，多个作品曾在全国教育教学信息化教学展示会上向全国做示范演示；"山区小学生情感作文教学研究"课题研究成果获全国"十一五"教育科研优秀成果二等奖。在研究中，我把这些研究成果应用于教育教学，取得了显著效果。其中，在开展的"小学语文多媒体课件制作与应用效益研究"课题研究中，我自行设计制作了小学一至六年级语文主要课程的系列性教学课件共100多个教学软件，并应用于课堂教学，深受师生欢迎，有效地促进了学生发展。

"启心志，扬所长，助发展。"实践的提炼，成了我教育思想的主要内容。2017年10月，我所做的结题报告"'阅读教学—生活实践—作文练习'同步训练研究"获全国"十二五"教育部规划课题实验校本科研成果一等奖，我也被评为教育部"十一五"先进教育科技工作者。2019年11月23日，我代表广东省参加"全国乡村教师专业发展论坛"并以此做了主题发言，受到了专家和领导一致好评。2020年3月，我们的课题结题报告"小学语文有效课堂教学策略研究"获全国教育科学"十三五"教育部规划课题科研成果一等奖，我又被评为"全国基础教育校本科研拔尖人才"。

教育实践

一、我的教学实践

我的教学风格是"守课标、创情境、重情感、启思维"。守课标，说的是严格执行新课程标准开展课程教学，这是我的教育改革的起点；创情境，说的是在教学中运用多媒体开展情境教学，把教学内容予以多样化的展现，这是形成我的教育风格的主要手法；重情感，在教育教学中注重对学生的情感投入、对学生情感的培养与形成，这是我的教育风格的主要特点；启思维，说的是在教学中对学生思维予以启迪，这是我的教育风格的主要亮点。

在教学中，通过从教学内容到教学形式、新课标内容与山区小学教学实际相结合、实行传统教学形式与现代教学形式相融合，实现多重结合和教学效果最大化。这当中，启发式教学、动态生成是我实操中的主要教学方法。这种教学风格的形成，是我不断探索、实践和教育教学知识不断积累及理性提升的成长过程。一是对课程标准做充分解读，二是对各种教学资源做充分的积累与整合，三是深入研究先进教育教学思想。经过实践实验，我创立了具有自己特色的情境教学模式，如运用"情感教学""绘画再现情景""音乐渲染情境""表演体会情境""信息技术与小学语文教学深度融合"等方法，把课文内容演绎成声、色、画、像互动的直观、生动、形象的动态情景，让学生受到感染，产生如临其境的亲切感，从而加深对课文的理解。2001年，我为全市教育专家及同行上了一节"信息技术与学科教学有机整合"的思想品德"爱护花草树木"示范课。在示范课中，运用多媒体软件讲解课文内容，幽默的语言叙述，课堂的随机点拨，引起了与会者的极大关注。与会的教育专家评价说："这是一节实现信息技术与学科教育有机整合的成功示范课。"可以说，情境教学、整合教学，是我的主要教学方式，也是主要教学风格。

2006年，我开始了"动态生成"的教学模式探索。经过多年的努力，我探索出了"动态生成"的教学模式。在取得了一定的教育经验和成绩后，我提出了更高的目标，依据素质教育的要求和现代教育科学发展的需要，开展了"小学STS课程整合探索与创新"等多项教育教学课题研究。这些课题研究主要围绕情境摄入、课程优化整合两个方向开展。这些课题研究又促进了我的"动态生成"教学风格的形成。

回顾自己教学风格的形成历程，我深刻认识到：积累和反思是方法，专注与热爱是态度，实验让我提升，实践让我成长。

【案例1】启发式教学：《司马光》第二课时教学实录

一、创设情境，复习识字

师：（出示一束纸制的花，将认读的生字藏在花蕊中）生字藏在花蕊中，请同学们来摘花，读生字。看谁摘的花多，读准字音！

生：（摘花，读字，同桌组词。在欢乐中复习识字）

二、细读课文，朗读感悟

师：有一个小朋友爬到假山上玩，怎么会掉进大水缸里呢？

（1）看插图，找一找，哪几个自然段写的是图上的内容？（第3、4、5、6自然段）

出示这几段读一读，说一说发生了什么事呢？

生：一个小朋友掉到水缸里了。

生：司马光救了掉进水缸里的小朋友。

师：谁能把司马光和别的小朋友当时的表现读出来？（学生读，对比读）

（2）议一议：司马光是怎么想的？他是怎么做的？读课文第5段，用"△"画出司马光的动作词，自己演一演，看谁演得最好！

师：掉在水缸里的小朋友得救了，人们纷纷夸奖司马光，你喜欢他吗？

生：喜欢，他勇敢。

生：喜欢，他机智。

生：喜欢，他聪明。

……

师：老师也跟大家一样喜欢司马光。如果你们就是当时在场的小朋友，你还有其他方法救出掉进大水缸的小朋友吗？小组讨论，汇报交流。

三、扩展延伸

师：好呀！同学们很勇敢，很聪明。你们看，课文图画中有人、石头、水缸，看着这幅图画，每人编个故事，好不好？

（学生们议论开了，编着各自的故事）

师：假如有一天在上学路上，有一位同学鼻子有点痒，就用手去弄鼻孔时，突然鼻子出血不止。这时，你刚好在场，请问该怎么办呢？

生：我会赶快把这位同学扶住，拿出干净的纸巾帮他擦掉流出的鼻血。

生：我会马上扶助这位同学赶快回到学校，寻找老师来帮忙，并送他去校医室，让医生来处理。

……

（总结全文）

四、背诵课文，掌握方法

分析：本课时发挥插图的用处，让学生理解课文。这种以情境教学为主要手法的教学设计，收到了良好教学效果。一是引导学生学会运用串联事情的起因、经过、结果的方法，背诵课文，理解课文，感悟司马光勇敢、机智的品格，能从课文插图中学习仔细观察人物的表情、动作、神态的学习方法。二是教师在备课时找准思维训练的落脚点，准确地把握了《司马光》一文思维训练的切入点与落脚点，抓住"水"与"人"的关系，开启了学生的思维。

▲教学实录

教师领读课文。

教师讲解课文。

师：司马光是用什么办法救出缸里的小朋友的？

生：司马光是用大石头救出缸里的小朋友的。

师：司马光是一个怎样的孩子？

生齐声答：司马光是一个聪明的孩子！

师：我们应该向——

生：我们应该向司马光学习！

反思一：重预设、轻生成，教师"牵"着学生鼻子走，难以激活课堂教学。

在本案例中，教师高度控制着学生"学什么"和"怎样学"，并按照自己的意愿进行课堂提问，一问一答，"牵"着学生鼻子走，忽视了学生在课堂上的主动性，无法激活学生思维、激活课堂教学，也无法在教学中生成问题。这无疑是一个失败的案例。在教学中，一些教师习惯于以老师的教学思路问，引导学生答，以为这样就是以学生为主体，就是启发式教学。事实上这是简单的、传统的灌输教学模式，它难以拓展学生的思维。动态生成教学应注重学生学习主动性、教学的启发性，而不是简单的一问一答。

【案例2】动态生成式教学

动态生成教学，是根据课文内容和新课程标准，在弹性预设的前提下，根据课堂上出现的各种情况随机、灵活、自主构建教学活动的一种以教师为主导、学生为主体的思维激活性教学形式。这也是我常用的教学方法。其特点是通过教学活动中师生、生生的多重组合、互动，以及教学环境的不断变动和教师的即时处理来推进教学过程，从而建构起开放的、充满活力的、能激活学生思维的语文课堂教学新模式。

在《司马光》一课教学中，本人对四种不同的教案进行了反思，以探寻动态生成的教学路子。

▲教学实录

生1：老师，什么是缸？

师：缸是一种常用的容器。

生2：老师，那缸是不是司马光家的？

师：那缸不是司马光家的！

生：不是自家的东西就可以随便砸吗？

师：不能。

生3：老师，缸是做什么用的？

师：缸可以用来腌酸菜、腌萝卜干、腌咸菜。古时候每家都有一口专门用来存水的缸。

生4：老师，那缸没有盖子？脏东西掉进去，吃了会生病的耶！

…………

反思二：放任自流，教师跟着学生转，难以形成主题。

小学生年纪小，对事物总喜欢问为什么。在课堂教学中，教师如果对学生茫无头绪的问题不给予必要的、恰当的引导，被动地跟着学生的"问题"转，就会偏离教学内容，难以形成主题。本案例中学生的发言与课程之间几乎没有联系，任课教师也未及时加以引导。表面上学生发言积极，课堂气氛热烈，实际上是放任自流，偏离了教学内容，自然引发不出主题。

【案例3】

师：老师也跟大家一样喜欢司马光。假如有一天在上学路上，有一位同学鼻子有点痒，就用手去弄鼻孔时，突然间鼻子出血不止。这时，你刚好在场，请问该怎么办呢?

生1:赶快把这位同学扶住,拿出干净的纸巾帮他擦掉流出的鼻血。

生2:赶紧打电话到他家里,请他的爸爸妈妈马上来接他。

生3:马上扶助这位同学回到学校,寻找老师来帮忙,并送他去校医室里,让医生来处理。

……

反思三:师生互动、平等对话,激活课堂教学,促进动态生成。

这是一个成功的案例。它的成功之处在于师生互动、平等对话,激活了课堂教学,促进了教学的动态生成,"生成"了更多有爱心、机智勇敢的小"司马光"!

绝大多数的课堂生成都是在教师与学生的真诚对话中产生的。动态生成如果没有对话的真正自由,就没有真正意义上的对话。在这个案例中,教师与学生的真诚互动形成了学生言无不尽、生动活泼的课堂气氛,从而激活了课堂教学。

【案例4】

师:同学们,老师制作了一个动画片,片中有人、石头、水缸,看着动画片,每人编个故事好不好?

(播放教学课件)学生们边看边议论,编着各自的故事。

生1:我是一块大石头,蹲在一家花园中。旁边有个大水缸,里面装满了水。星期天,司马光和他的朋友来到花园玩。一个小朋友不小心掉进了缸里,小朋友们大声地叫了起来。司马光不慌不忙,举起我朝大水缸使劲砸去,把大水缸砸了一个大窟窿,水哗哗地流出来了,掉进大水缸的小朋友得救了!

生2:我是一口大水缸,住在司马光的花园里。花园里有假山,有美人蕉。有一天,司马光和小朋友来到了花园,他们跳绳、踢毽子、捉迷藏,玩得可开心了。一个小朋友爬上了我的头顶,一不小心掉进了我的大肚子里。"快救人呀!"我大声叫了起来。司马光跑了过来,举起一块大石头朝我砸来,我被砸了个大窟窿,肚子里的水流出来了。我痛得要命,但又开心地笑了!因为掉进大水缸的小朋友得救了。

反思四:因势利导,挖掘拓展,引发新的动态生成。

这是一个较为成功的扩展教学案例。在这个案例中,我利用动态生成教学环境资源,给学生来了个动画扩展教学。这一扩展,好像往学生思维长河中投入了石块,激起阵阵涟漪,小朋友们兴味盎然,积极讨论,自编故事。学生的求异思维能力得到了充分的发展,创新精神得到了培养。课堂的换位说话练习,营造了活跃的、富有生命力和创造性的氛围,极大地调动了学生的学习热情,点燃了学生智慧的火把。

在《司马光》教学中,我把情境教学与启发式等教学形式有机整合起来,精心制作多媒体课件和动画片,辅之以简单、明了的板书。组织同学们表演司马光,让学生在表演中理解了词语和句子。这种多媒体优化整合的教学路子，激发了学生思维，动态生成一个个新的教学点、知识点。这是我的教学风格的一个充分的体现。

二、我的班主任实践

从春到夏，从秋到冬，我们走过了一个又一个学年。回想起当班主任的每一段历程，心底总会涌起无限感慨，无限感动。冰心说："情在左，爱在右，走在生命的两旁，随时撒种，随时开花。"学生是花朵，每个学生都是一片片飘香的花瓣，需要教师用心栽培。用爱对待每一位学生，就会发现每一位学生都无比可爱，他们给我无数的惊喜，他们让我成了世上最自豪的人。

记得班中有一个叫小郭的同学，父母离婚，他由父亲抚养，后母对其亲生女儿偏爱，对他则动辄打骂，致使这个学生厌倦家庭，学习成绩一落千丈。有一天小郭做错事怕父母打骂，离家出走。我知情后立即到县城大街小巷找，找了近两个小时在一个屋檐下找到。我把小郭带回他家，亲自下厨煮东西给他吃，烧热水给他洗澡，换衣服。当我准备离开时，小郭扯住我的衣角边哭边喊："丘老师，你不要走，我怕……"我耐心地教育他，又反复做家长思想工作，终于化解了小郭一家的矛盾。小郭学习成绩好转，期末考试语文数学双双得了 100 分。小郭的父母逢人就说："是丘老师拯救了我的家庭，我的儿子。"

有一年我接了一个新班，班里有一名学生叫小东，在他 6 岁时他母亲因病去世了，父亲不得不外出打工挣钱养家，无法照顾他们姐弟俩。由于缺少家庭正确的教育引导，该同学性格变得孤僻，经常旷课，在街边到处游荡，还有偷窃行为，甚至晚上睡公园、走廊，不回家过夜。我得知该学生的情况后，常常与他交流谈心，了解学生的内心需求与困难。在学习和生活中，我都给予了他鼓励与支持，及时跟踪并调整谈心、教育的方法。同时，我也发动班集体的力量一起关心和帮助他。慢慢地，该同学感受到我和集体对他的关爱与温暖，愿意向我们敞开心扉，接纳帮助，努力学习。后来，大家都非常欣喜地看到，这个孩子在不断地进步，并逐渐地把旷课、偷窃、外出过夜的不良行为改掉了，成了一个遵守纪律、文明有礼的好学生。

结束语

26 年的班主任工作经历让我深切体会到了，没有爱就没有教育，我们要用爱心来对待孩子，用诚心来打动孩子，用热心去帮助孩子，用微笑去面对孩子，用自己的人格去影响孩子。我们要真诚地"捧"着一颗爱心，真心对待每一位学生，用心血点燃爱的火炬，为爱插上腾飞的翅膀，让每一片花瓣都散发芬芳！

诗雅花开，梦想起航

肇庆市高新区实验小学　蒋曹斌（第一组）

导读语

　　有一幕场景在我的脑海里一直挥之不去。2016年年底，在"肇庆市中小学特色校训评选活动"评审会上，我的演讲结束语是："诗书立雅的校训，生长在我们自己的土地上，我们不去复制也不能被复制。凭着这种文化的自信和教育的梦想，诗书立雅的旗帜会高高飘扬，永远飘扬！"我离开演讲台时，经久不息的掌声，不仅冲刷了我皖腔乡音的羞赧，而且坚定了我办学育人的信心。

　　办最好的学校，让更多的孩子接受最好的教育，进而成为具有家国担当的正人君子、仁人志士，是我孜孜以求的理想。要让理想照耀现实，校长首先必须是一盏灯，以宗教般的情怀来追求教育的梦想。这盏灯应该谛观宇宙，发现人生之真；应该照亮爱心，还原生命之善；应该充满梦幻，留住教育之美。不仅如此，还要把自己的理想变成每一天的努力，把神圣的追求融进每一个具体的实践，才能梦想成真。人民教育家陶行知先生一句话成为我的座右铭，也是我30年办学的见证："国家把整个的学校交给你，要你用整个的心去做整个的校长。"凭着这份信念，我任校长的几所学校先后成为市示范校、省特色校、全国传统文化教育百佳校、省文明校园。办学实践经验被《中国教育报》等媒体进行多次重点宣传推介。

　　在促进学校发展、助力学生成长中，我不断实现自我发展和成长。我较早被评为中学高级教师、特级教师，受聘中国教育学会会员、全国小学专业委员会常务理事，被评为安庆市首批名校长工作室主持人，是省地方教材暨辅导教材审核委员会委员、省市教师继续教育和校长培训专家库成员、省课程改革专家咨询委员会委员。在省级以上报刊发表教育教学论文及传统文化论文120多篇，诗歌百余首；参与撰写《教育超市》等专著；35篇论文获省级以上奖励；主持编写校本教材、校本读物10余册。

成长档案

一、早年，一路奔跑，少有积淀

我自中师毕业步入杏坛，已近40年。当初成了孩子王，还来不及消受清闲，就被确定为"领导"，从教导主任，到村小校长，再到中心校校长，十年间奔跑一般地向前冲。偶尔回看，颇多遗憾。除了实际工作经验的积累，确实是没有什么文化提升，更没有学术的积淀了……

12年前的教师节，我还在安徽，当时从市局领导手中接过"名校长工作室"的衔牌，很是惶恐不安。年轻时无端感伤，总以王勃"三尺微命，一介书生"自叹。其实，现在想来，当初还是抬高了自己。平时难得顶天立地地行走，当了校长已属意外，当名校长乃至教育家却万万不敢。

二、中年，峰回路转，潜心办学

20世纪末，我调任县实小副校长，如鱼得水。一方面为校长分忧，全身心地协助工作；另一方面从头开始，从零起步，钻教学，搞科研，一路走来，五彩缤纷。而刚刚豪迈地跨入21世纪，由于县城搬迁，我被滞留在老城，又被"按"到校长的岗位，硬是凭着"把自己的价值与学校的发展连为一体，把个人的前途与师生的幸福融为一体"的决毅，不仅保持了工作平稳过渡，而且还让学校走向繁荣。

4年后，到了新城新校，倍感责任重大。我让自己不显山不露水地"沉寂"起来，潜心耕耘，不懈苦斗。建校十年之际，迎来省示范学校的考评，成功举办全省小学校长联谊会，并且在全省的教育工作会议上做书香校园特色办学汇报。拥有50多个班级、3000多名师生的独秀小学，在我和同仁们梦想的晨光里，得以扬帆远航！

三、如今，苦心耕耘，诗雅花开

2011年，我从千里江淮南下广东，开始了新的追梦之旅。面对建校四年、并校四所的现实，面对农场子弟、越南难侨子弟、三峡移民子弟和外来工子弟四个特殊教育群体，我坚持以雅立校，让学生成为知书达礼的文人雅士，以雅志雅趣、雅心雅行改良农场侨乡的文化基因，让学校成为文明的摇篮、文化的沃土。十年来，以一份自信和从容，感受高新教育的花开花放，见证教育振兴的潮起潮涌。

我依靠全校老师，以"学校在成长中成功跨越，教师在成长中成就未来，学生在成长中成人成才"为办学主题，朝着"三年打基础，五年奔一流，八年创名优"的办学目标，精心耕耘，不懈努力。自2012年元旦开始，每年一场的"中华情·中国梦"经典吟诵汇报演出，向社会宣示：这里的每一位学生，都会在书香词韵中接受中华文化的洗礼，得到民族精神的熏陶，都能在"与圣贤为友，与经典同行"的道路上，养育中华情，放飞中国梦。我作为唯一的小学校长，在全市教育工作会议上，做了关于优秀传统文化教育经验的发言，更坚定了"诗书立雅，雅正育人"的教育自信。

功崇唯志，业广唯勤。我大力构建"青蓝共进"教师成长工程，和老师们"同读一本书，同背一节课，同做一个科研课题"，书写着"心与阳光握手，梦从这里起航"的诗行。我还引领孩子们"读千古诗文，做少年君子"，在每周一次的千人吟诵时，和师生"奇文共欣赏，雅韵同吟唱"……

四、往后，怀揣希望，放飞梦想

当初，在徽山皖水间的独秀小学，由校名引动，形成"学校一枝独秀，教师枝枝俊秀，学生满园春秀"的办学理念，是我的梦；今天，在岭南侨乡，践行"诗书立雅"的校训，实现"学校高雅，教师儒雅，学生文雅"的办学追求，也是我的梦。而"金色童年在这里绽放，诗雅人生从这里起航"的愿景，则让我的教育之梦播撒氤氲。"卓越高雅，止于至善"的校风、"学而不厌，谦和文雅"的学风、"诲人不倦，博学儒雅"的教风成为我梦中飞翔的翅膀……

我怀揣希望，放飞梦想，并且把这份希望和梦想传递给每一个守望幸福的教育人：我不是未来，但我的事业是未来；我成不了栋梁，但我所培养的是栋梁。教育是我一生至爱，当用忠诚、激情和执着培桃育李，泽惠神州。

"亦余心之所善矣，虽九死其犹未悔"。诗哲的千古呼喊，永远催引着我不忘初心，砥砺前行。

教育思想

我们根植传统文化，秉承"诗雅"理念，不仅在文化立校的征途上找到了"属于自己的句子"，而且构建了支撑"属于自己句子"的教育体系，确立了具有诗雅内涵的教育观和办学观。

一、诗雅教育既根植传统又承载未来

"诗书立雅，雅正育人"是办学方略，也是育人路径。这里的"诗书"既有以四书五经、诸子百家、唐诗宋词为代表的文化经典，也泛指一切代表人类进步的文化知识、文明成果。只有经过诗书的涵养，才能立起文雅的学风、儒雅的教风、高雅的校风，只有雅正之道才能培育堂堂正正大写的人。我们认为，一所学校的精神境界取决于这个学校的文化趋向，说到底取决于对民族文化经典的态度，取决于师生阅读什么、伴随什么。不忘本来才能开辟未来，善于传承才能更好创新。无论国家、民族还是个人，都需要回溯所从来处，开掘精神的河床，寻找心灵的原乡，最终奔向广阔的天地。实现中华民族的复兴，构筑伟大的中国梦，必须要从优秀的传统文化中汲取力量之源；改良侨乡农场的文化土壤，让这里的孩子在乐读诗书中身正心雅，正是我们的使命所在。所以，诗雅教育基于历史的考量、现实的选择，更是一种面向未来的教育理想和担当。

二、诗雅教育既是诗性教育，又是德性教育

这与中华传统文化的特质一脉相承。孔子云："不学诗，无以言；不学礼，无以立。"融中国道德价值和言行规范于一炉的雅正之道，需要传统文化的涵养，需要诗书礼乐的教化。"正而有美德者谓之雅"。雅，是中华文化的精髓。孔子曰："诗三百，一言以蔽之，曰思无邪。"所以，我们致力于引领师生饱读诗书，养育雅德雅心；涵察体咏，培植雅志雅趣；内化养成，赋之雅言雅行。以传统文化为根基，立足学生核心素养的发展，将传统文化与立德树人有机结合。学校依据岭南文化特别是广府文化的浸漫，肇庆丰厚的人文土壤的滋养，依托独特的乡土资源，以诗雅文化为学校铸就教育之魂，为学生铺就发展之基。

三、诗雅教育既重行为规范，又重精神培育

"传习雅言之道，养育君子之风"，让孩子知书达礼，具淑女气质，君子风度；坚持"雅言传承文明，经典奠定人生"，让孩子在与圣贤对话中，具家国情怀，志士风骨。今天的少年儿童，既是明天特色社会主义的建设者，更是龙的传人，应该秉承"为天地立心，为生民立命，为往圣继绝学，为万世开太平"的志向和传统。诵读品悟经典的过程，就是文化熏陶的过程，就是润泽雅化的过程，就是端正言行、修身养性、固本强基的过程，就是养浩然正气、塑高尚人格的过程。

教育实践

在诗雅教育实施过程中，我们实行"主题统揽，稳步实施，分层推进，立体运行"的思路和方略。

一、主题统揽，贯穿诗雅理念

（一）核心理念，主题鲜明

"诗书立雅，雅正育人"的办学方略，犹如一座典雅庄严的编钟，声声入耳，激发实小学子生命的律动。诗书立雅的校训，也是我们实施传统文化教育的行动纲领；雅正育人的宗旨，是我们的立校之魂，也是实施传统文化教育的出发点和归宿点。在此统领下，我们以"学校高雅、教师儒雅、学生文雅"为办学追求，以"金色童年，如花绽放，诗雅人生，从此起航"为教育愿景，培育"学而不厌、谦和文雅""诲人不倦、博学儒雅""至于止善、卓越高雅"的学风、教风和校风。

诗雅理念像空气一样浸润着学校文化的每一个毛孔。我们的校歌"文雅的学子，让我们共舞诗唱；儒雅的师长，为我们播撒书香；高雅的学校，插上我金色的翅膀"的吟唱。我们的校训"求知悟道，成才成人，要在勤读诗书中立之于雅"的解读。我们的校徽、校旗中诗书立雅的视觉形象中的透视，无不汇集成一种呼唤，表达了我们的价值取向和教育信念。而"最是书香能致远，腹有诗书气自雅"的主题句，更透露出我们对传统文化的礼敬自豪。

（二）诗风雅韵，环境育人

让每一扇墙壁都说话，以道路、楼宇冠名和园区文化建设为驱动，建设校训屏风、校徽壁墙、百雅长廊等主题景观。走进我们的学校，感受到的不仅仅是崭新的、充满成长气息的校园，也不仅仅是恢宏的、磅礴大气的楼群，更多的是一种诗风雅韵。学校在低年级通道建起"弟子规""三字经"主题大厅，在图书楼设古诗词走廊，在教学楼、办公楼楼梯设置"雅言雅行伴成长""与经典同行"墙画。"正心楼明德楼，躬行至善；诵雅堂三雅堂，尚雅广雅；行健馆集雅轩，诗雅风华"（摘自《校赋》），而喻示"广德滋百蕙，雅道蕴万珠"的广雅厅、昭示"三味趣品知，四诗风雅颂"的三味书屋、诠释着"诗言志，歌吟言"的诗雅林等校园景观，无不寄意深远地表达着诗雅文化。

就让我们走进蕴含"梅兰竹菊诗中韵，琴棋书画赋里魂"的风雅阁。虽不入古境，但闻梅香芬芳如故，听一段伯牙子期的知己情浓；虽不临沙场，却闻幽兰馥郁难隐，观一场两军对垒的浩瀚恢宏；虽不执卷宗，也闻修竹清香自若，饮一场羲之兰亭的酣畅淋漓；虽不习画作，亦闻雅菊暗香盈袖，品一段洛神赋图的浪漫传奇……

（三）特色标识，匠心独具

不仅目之所及、足之所达的每一寸土地，均浸染了传统的文化风韵，而且特色标识也在各种载体中不断强化，诸如兴趣社团的梦之雅舞蹈队、呦呦鹿鸣器乐队、尔雅诗社、风之雅与雅之风男女足球队则成为舞动的诗雅文化。

2018年，我们在十年校庆之际，建起了系列展览室，展示师生美术作品的毓雅轩、陈列名家大师为我校题词挥毫的聚雅轩、全景式展现办学历程和成果的集雅轩。集雅轩即为校史馆。就是在展区的单元分布上，我们也围绕"诗雅花开，梦想起航"的主题，形成"旺土蕴雅—春风大雅—学校高雅—教师儒雅—学生文雅—诗雅芬芳"几大板块。从校史馆的"前言"，也可以凸显我们的诗雅理念、办学追求和文化主题；还有文艺晚会，以《校赋》为筋脉，一气呵成地抖落出3个篇章，外加序曲、终曲，仅从诗书立雅弦歌继、学校高雅诗韵长、教师儒雅高风仰等篇名中也足以彰显特色，尽绽风雅。

校史馆前言

十年发展现彩虹，十年成长舞春风。学校的十年成长和发展，是高新区社会进步、经济飞跃的见证，是基础教育不懈前进，跨越发展的缩影，是办学境界不断攀升、办学质量不断提高的写真。

校史馆之所以又名集雅轩，是因为我们再现的是"学校高雅，教师儒雅，学生文雅"的追求，体现的是"诗书立雅，雅正育人"的办学方略与信念，呈现的是"金色童年，诗雅人生"的教育愿景与企盼。由此，展览的主体内容依次为"旺土蕴雅—春风大雅—学校高雅—教师儒雅—学生文雅—诗雅芬芳"等单元板块，以期诗雅教育成为我们闪亮的名片，诗雅特色成为我们自豪的气质，诗雅文化成为我们高高飘扬的旗帜。

北江之滨，潮起潮涌；将军山下，风华大旺。愿校史馆的建设、布展和开放，不仅成为学校十周年的献礼之作，而且奏鸣起全体师生凝心聚力的主题曲——诗雅花开，梦想起航。

二、分步实施，建设教学体系

（一）构建诗雅课堂，垒实教育阵地

推动优秀传统文化进课堂，以什么方式进，怎样进入学生的脑子里，怎样让民族文化的基因融入生命？这成为我们反复追问的命题。我的答案是："索物于夜室者莫良于火，索道于当世者莫良于典。"经典诵读，是优秀传统文化教育的主抓手，也是诗雅课堂的主阵地。

我校在推进经典诵读教学时，做到"人人是老师，处处是教室"，让学生随时随处、轻轻松松读经典。按照"只求熟读，不求读懂"的理念。教师须引导学生多念熟背，不着急讲解，让学生在默读、轻声读、分组读、齐读、轮读、示范读、听读等多种形式中熟读成诵。"诵读经典，携手圣贤，诗书立雅，正本培元"作为每节课起始的诵读格言，让孩子在口诵心惟中铭记于心，化之于行。

为使经典诵读扎实有效，我们做到"时间、内容、效果"三落实：不仅每天早读课安排10分钟诵读，课前3分钟诵读，每周开设两节诵读课，开展一次全校千人吟诵活动，而且提出节假日诵读要求，倡行亲子诵读。内容上，低年级诵读《三字经》《千字文》等蒙学经典，中年级诵读《孝经》《大学》等篇目，高年级则诵读《中庸》《论语》等典籍，经典诗词和诸子散文则贯穿各年级段。

考查评价以"诵读达标卡"为抓手，日查、周评、月结，在此基础上推行"十百千"诵读之星评价机制，即每学期评选表彰1000名班级、100名年级、10名校级诵读之星；同时，每期进行抽查测评，班级诵读成绩列入教师的教学绩效。

（二）打造诗雅课程，铺设教育轨道

各科课程都落实渗透诗雅文化的结合点。经典诵读课实施后，需要综合施策，立体推进，让全体教师拥有传统文化教育的使命感、责任感。语文教师负责本班每周的诵读组织与检查工作。音乐教师训练学生经典吟唱，协同演出展示。美术教师抓住契机对学生进行中华优秀文化的艺术熏陶，把书法国画等引入课堂，感受我国文化艺术的魅力。体育老师创编雅礼操、《礼运大同歌》和校歌手语操，让孩子在古韵悠扬中舒展身心。班主任老师组织"在诗风雅韵中成长""放飞诗雅梦，共铸中华魂"主题班队活动课，常抓常新，负责千人吟诵任务落实，对学生进行星级等级评定。

为进一步深化课程改革，我们对课程建设采取了一系列措施：开发综合实践活动校本课程，以诗雅特色文化为内质，以农历节气、传统节日文化为线索，以乡土文化为承载，编印教材，开展活动，培育传统游艺课程、扶持传统文化兴趣项目，让学生

根植于故土,成长于校园。《雅行手册》《诗雅集》《花开诗雅》等学校文化读本相继面世,极具诗雅流韵的直感和质感。《岭南风韵》《诗山探步》《农历天空》等校本课程正在积极构建中。校本课程充分体现诗雅文化的内涵,并在学校文化中汲取营养。而省级课题"古诗词吟诵研究"通过结题验收,"古诗文诵读与运用的研究""经典诵读与雅行教育"又开新局,并且不断推广应用。

疫情期间,在线上教育过程中,我们依据学生的心理特点选择不同篇目、内容的经典诵读作品,分年级、分阶段进行教学和赏析,采用弹性学习方式,每周开设一节传统文化教育课,由本校老师自己制作传统文化微课。

我校师生心系疫区,情牵家国,老师们示范引领,开设线上诗歌课堂,让孩子萌发诗心,让岁月浸润古意,引导学生心灵写诗。全校 61 个班级的学生共创作了 1010 首抗疫诗歌,并通过曾万婷老师的"婷子诗屋"公众号和学校公众号,分年级专辑宣传,在广大师生、家长中间引起了强烈反响。其中,被广东省天空城兴趣社区、南方+、肇庆市文联等公众号选用或转载的有 39 首诗歌。《肇庆教育报》《大旺通讯》还为孩子出了《童心抗疫,诗雅言志》专版。让孩子们在传统文化中滋养心灵,用现代诗歌展现内心感悟,在抗击疫情这节特殊的课堂上,孩子们学会了思考和感恩。

(三)培养诗雅教师,增强教育后劲

有好课堂,才有好教育;有好教师,才有好课堂。我校在推进传统文化进课堂上,着力提升教师的传统文化修养,使其有自我作古的勇气和但开风气的眼界。一是在研究课、汇报课的基础上,召开经典诵读课研讨会,进行同课异构,教中研,研中训;二是举行校本化培训,实行"走出去,请进来"策略,组织教师参加吟诵培训班和经典教育专题学习研修;三是举办区级、市级传统文化展示课,为教师搭建更高的展示平台,激励大家知晓经典、好读经典、乐教经典;四是在教师读书沙龙的基础上,成立诗歌教育沙龙、朗读者沙龙,组建经典诵读微信群,方便大家即时互动,让经典诵读日常化;五是为教师制定成长计划,要求教师做到"五个一",即读一部传统经典、写一篇心得体会、做一次开讲嘉宾、学一门传统技艺、开展一项具有传统意蕴的兴趣活动。

这些举措,旨在让每个教师成为薪火相传的"木炭",点燃自己,点燃学生。由此,我们将传统文化素养不断转化为教师的诗雅气质,而且返本开新地与时代要求相呼应,对应教师仪表形象、师德仁爱、课堂规范和兴趣爱好,研制并实施了包括教师的雅言雅行、雅德雅心、雅教雅育、雅志雅趣 4 个方面内容的《肇庆高新实小教师雅行准则》,实际上是《新时代中小学教师职业道德行为准则》的具体化操作,是对习总书记殷切希望的"四有"好教师的特色化实践,这里选录其中一项。

教师的雅志雅趣

(1)做一个快乐的读书者,手不释卷,博读约取,青年教师有读书笔记;参加青年教师读书沙龙、朗读吧读书分享会。

（2）课余业余有闲情雅趣：写一写书法、绘一绘画、剪一剪纸、做一做手工、练一练琴。

（3）学会品茶、品画、品曲、品戏，以"雅"修身，以"和"待物；参加国画、书法、民乐、瑜伽、太极等艺术健身类研修培训。

（4）周末及节假日，有游学计划，立志"走万里路"。

（5）体艺教师开展课程文化建设，组织"雅趣体艺"专题活动。

（6）每年观看一两场经典影戏文艺演出。

（7）关注工作以外的具有教育性、艺术性、知识性的优秀公众号，善于网上冲浪阅读。

（8）在微信朋友圈等平台上发布、传播日志、格图等，内容健康，格调高雅。

（9）发现每一位学生的禀赋、兴趣、爱好和特长，乐意为他们的表现和发展提供支持引领。

（10）办公桌摆放花草盆栽，给工作增添几分生活情趣。

三、分层推进，致力雅行教育

雅行教育是诗雅教育的重要抓手，也是诗雅文化的重要内涵。具有诗雅特质的学校文化归根到底是师生的行为方式，是他们温文尔雅的气质，是谦谦有礼的风度。

（一）雅行教育始于行为习惯养成

在学生的行为文化上，我们先治标，抓苗头，抓乱象，从远离"乱扔乱丢"十大陋习开始，继之抓养成，抓规范。编写《高新实小一日雅行规范歌》，每月以"读、做、评"的方式重点践行，校园开始有文雅风韵。最高层次则是立根本、育雅行。发动全体教师、学生和家长，开展了"雅言雅行20条"（好习惯）的征集、评选、宣讲和践行活动，具有强基固本之效果。《雅行实地准则》《家庭、社会雅行准则》的推行，又将学生文雅的要求更加具体化。

（二）雅行教育旨在传统美德弘扬

为了让承载传统文化意蕴的诗雅文化内化于心，外化为行，我们将经典诗文中的美德格言编到校报校刊中，形成"读、背、做"系列。在加强思想道德建设过程中，将中华美德作为核心价值理念，赋予谦谦君子以时代内涵，具有强基固本之效果。如对于"勇于认错，知错能改"这一道德品质，学生找到了《论语》中的"过而不改，是谓过矣""君子之过也，如日月之食焉。过也，人皆见之；更也，人皆仰之"等经典句段。学生形成了"发现自己犯错了，要敢于承认，不可掩饰，不可推脱，更不要找借口，或者以别人的错开脱自己的错""要虚心接受师长和同学们的批评，主动请别人给自己提意见，要多交诤友直友""下决心改正错误，说到做到，绝不能屡错屡犯"等行为准则，并且在生活中应用实践。

（三）雅行教育重在价值导向引领

雅行教育不断在广度上拓展，在深度上掘进。通过雅言雅行的养育，培植雅德雅心、雅志雅趣，探索雅德小银行、雅心储蓄所建设；健全雅行护导监督网，在评比雅行小卫士、实小小雅士的基础上，评选小雅士标兵、小雅士形象大使。而诗雅少年、诗雅班级的评比，成为止于至善的攀升阶梯。

雅行教育成了践行社会主义核心价值观的有效载体。把办学理念贯穿于每一个工作环节，让特色文化浸染每一项工作的每一个层面。如每年我们都举行开笔礼、毕业礼和教师节颁奖礼，不断植入并激活"价值基因"。从下面的誓词，也可以透视师生的精神追求。

入学宣誓誓词

从今天起，我迈入了实验小学的大门；从今天起，我就是一名气度文雅的小学生，我宣誓——

诗书立雅，我辈所宗；子曰诗云，雅言雅行。

全面发展，成才成人；报效家国，浩气长存！

毕业宣誓誓词

从今天起，我告别了高新实小 6 年时光；从今天起，我跨入了崭新的征程。在此，我郑重宣誓——

高新实小，吾等母巢；雅正育我，德才皆好。

金色童年，春晖待报；诗雅人生，再攀新高！

教师宣誓誓词

我是一名光荣的人民教师，在肇庆高新实小的园林里教书育人，培桃育李。今天，我郑重宣誓——

不忘初心，不辱使命。仁德仁爱，立业立身。

传道解惑，启智启真。家国天下，雅正育人。

不厌不倦，儒雅高风。

四、综合运行，丰富活动内涵

诗雅活动，就像一扇扇矜持稳重的大门，每一扇大门的打开，都为孩子们打通一条通往传统文化的大道，需要统筹兼顾，综合运行。

首先是活动内容的综合。诗歌节颁奖仪式、少先队"手拉手"活动，主题是"同伴诗风词韵，共享优雅成长"；少先队开展"民族精神代代传"等主题活动，安排"与圣人牵手"环节；建立七彩小屋，关爱外来工子女，特色活动也是"听圣贤教诲，做雅正少年"。其次是教育载体的综合。每周一次的千人吟诵，成为师生的精神洗礼；"在诗风词韵中成长"汇报演出，则是诗雅文化的盛宴；"诗雅花开"毕业班系列活动，与圣贤为友六艺运动会，如同空气和阳光一样与孩子时刻相伴。

（一）让艺术展演活动成为孩子和传统相遇的盛典

每年 5 月，我们举行一届古韵今华艺术节。在这个全校性的盛典里，有的孩子用清脆的声音邀来经典,让唐诗宋词逐一再现;有的孩子用精彩的表演"请"来古圣,让仁义礼智信一一上演;有的孩子用优美的舞姿"约"来今贤,让名人雅章展现风华。艺术节既有气氛热烈、场面壮观的开幕式,又有每个年级半天的专场演出,还有一班一次别开生面的亲子活动,更有高潮迭起的优秀节目展演……"古韵今华"艺术节在发扬民族精神,培养爱国情怀的同时,也以一种别致的方式践行办学理念和办学追求。在展演活动中,有诸多"叫得响、传得开、留得住"的保留节目,如师生自编自演的情景剧《礼雅天下》、教师集体创作的快板《满江红》就是诗雅教育的体认和传播。

(二)让传统节日活动成为亮丽而富有蕴藉的风景

每年春节,我们在学校大门口摆放象征吉祥红火的橘子树,上面挂着写了"春风大雅"的巨型灯笼,还布置起贯穿校园的灯笼灯柱长廊,间以彩旗拉花。门楼两边,照例贴上教师自撰自书的对联。2018年是学校建校十周年,联语是"百年筑伟梦,梦想花开新时代;十载铸长剑,剑气冲宵艳阳天"。2021年春节,我们的春联是"为党育人为国育才人才辈出江山里;惟德兴诗惟志兴雅诗雅竞放花草香"。这些要素既让校园洋溢着浓浓的年味,让师生走进红红的中国年,走进传统文化,同时响应时代召唤。我们让家长带领孩子来校"游园",猜谜语,对对子,并开启"过年"活动模式:抄录一组左邻右舍的春联并自创自写春联,给亲朋好友编发一则贺信,体验并探寻一种年俗活动,读背一首迎新主题的诗词并配画……2021年春节前夕,师生代表到社区现场挥毫,开展"不忘初心传春温,牢记使命播诗雅"主题活动,为广大居民送"喜"、送"福"、送春联,用实际行动把传统文化的枝丫嫁接到现代生活的植株中,推陈出新地让诗雅教育融入时代血脉。中秋、端午、重阳等中国传统节日,各种文化活动可谓精彩纷呈,且不断推陈出新。孩子们感受的文化传统,既是我们民族安身立命、发展壮大之源,亦是走向未来、接纳外来之本。从校园到社会,诗雅之风触发了人们对传统的热情"井喷",小手拉大手地促进文化的"返乡"和"寻根"。从这个意义上,我们的诗雅校园无疑是文明的摇篮、文化的"乡原"。

(三)让实践活动成为师生实现自我汇聚心智的平台

师生是校园生活的主体,也是学校文化的建设者和创造者。共同的诗雅文化建设实践也成了一种不可替代的教育经历。师生在感受诗雅文化中拥抱诗雅文化,从而发挥文化育人的积极效应。诗雅教育的方略等重大问题不仅在校内开展专题讨论,而且向家长问计寻策。而课程建设、特色活动则是师生演主角,唱主调。校园文化系列解读和小小诗雅解说员评比活动、"美丽校园、可爱校园、梦想校园"征文征画活动、"说实小、画实小、写实小"和"我是诗雅小作家、我是诗雅小画家、我是诗雅演说家"实践活动,让诗雅文化别开生面地丰盈着精神世界,充实着学习生活。

应孩子和家长的要求,为了跟进时代发展步伐,网站、微博、微信公众号等新型媒体不断提升档次,体现文化特色,在办出个性风格的基础上适时适当"变脸";统筹兼顾,做到对内教育和对外宣传的统一,与相关媒体联姻,进行深度报道,连续编印承载校园文化解读与传播功能的校报校刊，荟萃成果，凸显特点，在形式、内容等方面产生诗雅流韵的直感和质感。

五、推陈出新，开启美好未来

实现传统文化的创造性转换和创新性发展，诗雅教育义不容辞。我们既要不忘本来，也要借鉴外来，更要开辟未来。前一阶段我们重在夯实地基，打造了具有"守正"属性的诗雅教育初级版，现在正推出具有"创新"属性的诗雅教育升级版。

（一）唱响立德树人的最强音

1. 蒙以养正，成长的金科玉律

开展"习语近人，典亮中国"的读、诵、讲、行的实践学习，以"天下兴亡、匹夫有责"的担当意识，精忠报国、振兴中华的爱国情怀，崇德向善、见贤思齐的精神境界，自强不息、厚德载物的人生价值取向，达济天下和慎独自修的道德准则涵养孩子的心灵境界，锻造孩子的精神脊梁。

2. 红色经典，开启精神之旅

在建党一百年之际，以"诗雅少年永远跟党走"为主题，开展经典革命歌曲合唱比赛，诵读革命领袖、先辈和烈士经典诗文，观看美术经典中的党史节目和经典电影，创制"我有一颗爱党的心"快闪、教师"为党育人，为国育才"经典故事分享等系列活动。以此开启红色教育的序章，包括每年开设红色经典讲坛，到"复兴园"重走长征路，到革命遗迹开启红色研学之旅。

3. 崇尚奋斗，听从时代召唤

"幸福是奋斗出来的"，习近平总书记的谆谆教诲催引着我们展开教育行动。一是从传统经典中感受中华民族朝乾夕惕、奋斗不止的精神基因，用好愚公移山等中国故事。二是采取适合的儿童学习方式，重温革命奋斗历程，致敬共和国英雄，讲述嫦娥奔月、蛟龙下海新时代的奋斗故事。三是走进企业、乡村和社区，在现场教学中，体验体认，传播身边奋斗者的故事。四是建立劳动实践基地，感受劳动光荣、劳动伟大，矫治侨乡农场子弟无心向学、贪图安逸的痼疾，书写不怕苦累、奋发有为的属于自己的故事。

（二）奏鸣全面发展的交响曲

1. 每一棵小树都沐浴阳光

诗雅少年不应只在书斋里、课堂上的勤学乐读，也应沐浴运动场上的阳光彩虹。继足球队在省、市摘金挂银，小雅、大雅乒乓球队，雅虎男女篮球队，雅达田径运动队，也在市、区赛场高光频现。我们以"全国足球特色校"为杠杆，撬动阳光体育运动，强化健体育人效能，大课间中的跑操手语操、兔子舞、竹竿舞等，让师生流连忘返。学生既能苦读诗书又热爱运动，文明精神，野蛮体魄。同时，让阳光照耀心灵，氛围温馨的雅心斋，是孩子的精神家园，"诗雅人生，从'心'起航"心理辅导课程也成了孩子的最爱。

2. 每一只小鸟都快乐歌唱

2021年年初，在第四届全市中小学舞蹈节中，我校具有岭南风韵的《彩云追月》节目拔得头筹，同时在市"美育润心，花开灿烂"中小学美育发展成果展中，我校的主场表演倍受赞誉，师生联袂，即时进行扎染、吹塑版画、国画创作，成为展览的景观，随即又承办第二场全市美育巡展。梦之雅舞蹈队、尚雅书画社、诗雅合唱队，成了孩子放飞自我的美育乐园。一年一度的诗雅花开音乐节、梦想起航书画节，也是孩子最眷念的时光。我们为孩子建造表现才艺的观雅台和三雅堂，开辟布置毓雅轩、聚雅轩和名字廊、艺雅廊，让孩子在鉴赏名人名作的同时，有更多的空间展示他们自己的书画作品。

3. 每一匹马驹都自由驰骋

春、秋季社会实践既是研学之旅，也是心灵放飞之时，进社区，到企业，进军营，在亲近大自然的同时更多地走进南粤山水名胜和文化遗存，读万卷书，行万里路。一方面建立实践基地，另一方面打造精品课程。开辟第二课堂，提升兴趣社团层次，采取走班制的活动方式，让学生自由选择，自主发展。挖掘家长资源、社会资源，分班开设家长课堂、分社区开设匠师学堂，让孩子广学博取。结对新疆受援学校，让孩子以书信为媒，借助智慧平台，互学共享，诗雅之花飘香千里。

结束语

自疫情发生以来，我校教师在"学习强国"等平台上发表微课50多节，有关教学案例被中央电化教育馆所表彰。线上教学，催生了教学理念、教学方式的革命，特别是使教师角色发生转变，让孩子们自主学习成为现实。孩子们居家学习的自主性得以迁移到返校后的课堂上，生本教育的理念得以真正实践。师生利用现代信息技术为清雅阁、集雅轩创制音频、视频，具有科技含量的动漫作品不断面世，并获省、市奖励。智慧校园、智能教育正在伴随我们走向未来。

诗雅教育必须走科学研究之路，以课题为牵引探索规律，提升境界。为了不把孩子的发展捆绑在特色教育的"战车"上，我们在制定未来五年课题工作规划时，聚焦核心素养，聚焦高质量发展，聚焦教育方式的转变，让课题研究引领教学深度改革，促进学生全面发展。有针对性地推广已结题的课题成果，同时加大16个立项课题的推进力度，使之成为诗雅教育、生本实验、语文主题学习、数学微课运用、英语词块教学、体艺特长培养的领航标和驱动器。

因爱相遇，幸福成长

肇庆市直属机关第二幼儿园　宋小群（第一组）

导读语

翻开我所有的笔记本，上面都写着我的格言："我的心在孩子们的眼睛里找到了无比神圣的天空，为了这份神圣，甘愿奉献一生的爱！"因为爱，所以坚守；因为用心，所以专业。从青春少女变为成熟女人，从老师姐姐变为园长妈妈，不变的是对幼教事业执着的爱。默默坚守耕耘在幼教这块绿地35年，与孩子共同成长，与肇庆市直属机关第二幼儿园（以下简称"二幼"）共同成长。如何在人生的道路上成就自己？我想就是结善缘，化解恶缘。人生就是一场修行，遇到谁都是缘分。而我遇到了孩子，就是遇到世上最好的爱。唯有爱是永恒的。我们因爱相遇，幸福成长。在教育修行的路上撒下幸福的种子，沐浴人生四季风雨，让种子萌芽茁壮成长，开出圆满的生命果实。

在教育上，提出"爱·尊重·愉悦·自然"的教育理念，"撒下幸福种子·开出圆满果实"的办园宗旨。在管理上，提出做一位"精教育、懂管理、善经营、爱研究"的专家型园长。以价值创新，打造专业团队，实施蓝海战略，提升幼儿园效益。以文化为引领，实施"以制度管人，以真情感人"的民主管理模式。使二幼成了肇庆学前教育的品牌，荣获全国、省、市、区100多项荣誉称号。本人也先后荣获广东省南粤优秀幼儿教师，广东省新一轮"百千万人才培养工程"名师培养对象，广东省名园长工作室主持人、肇庆市人民教育家、西江拔尖人才等荣誉称号。足迹几乎遍及全市各县区乡镇，指导100多所幼儿园创建省一级和市一级园，赴全省各地示范带学，开设讲座100多场。主持多项国家、省、市级课题研究，多篇论文在国家级核心刊物发表并获奖，出版专著《奥尔夫音乐教学法在幼儿园教学中的应用研究》，主编《用爱打造幸福的乐园》《幼儿园平衡营养食谱》等。

成长档案

一、梦想成真

"如果将梦想作为信仰，不放弃地追求下去，一定会梦想成真的。"儿时我有三个梦想——歌唱家、舞蹈家、教师。我从小就是在母亲所工作的镇中心小学长大。那时候，大人们晚上要开会，孩子们就在校园里玩，我们把户外水泥建造的乒乓球台当成舞台，在上面跳舞、唱歌，当观众的就打着手电筒在看，那场面真有点像现在的晚会。中学时有一位星海音乐学院毕业的老师到学校任教，他非常敬业，组建了肇庆市首个学校合唱团和独唱小分队。他发现我的音色不错，认为我是一块还没有雕刻的玉，便专门带着我训练，还带我到广州考星海音乐学院附中。但考试那天我正巧感冒，咽喉肿痛，影响了正常发挥，因而没考上。当时我的英语也不错，因此报志愿时，我的第一志愿是外语师范，第二志愿是幼师，第三志愿是高中。也许是命运的安排，考英语那天突然阑尾炎疼痛，我是打完止痛针就去考试的，离录取线差1分。经过严格的三关面试，我被广东江门幼儿师范学校录取，才发现自己无意之中把三个梦想都实现了。毕业后，我被分配到肇庆机关二幼，一干就是三十多年。

中途有好几次转行的机会，到电视台当主播，到机关当公务员……我都没有转行，一是基于自己的梦想，二是基于母亲的梦想，三是基于先生的支持。

二、学习与反思让我成为儿子最敬佩的人

从小就听妈妈说，我没有哥哥姐姐聪明，但"勤能补拙"，因此，我一直是一个勤奋的人。作为一名教师，要给孩子一碗水，自己仅有一桶水是不够的，必须要成为涓涓的小河，树立终生学习理念。参加工作后，我参加自学考试，获得大专、本科学历，完成了2个研究生课程。学习不仅让自己获得了知识、提升了学历，也给其他老师起到了示范作用，更重要的是给儿子树立一个很好的榜样。记得儿子读小学的时候，我正在读本科，每天晚上，我在我的房间学习，他在他的房间学习，我们互不干扰。其他科目我都是一次考过关，只有英语考了7次才过。儿子在作文《我最敬佩的人》中是这样写的："我最敬佩的人是我的妈妈，她参加自学考试英语，屡考屡败，屡败屡考，考了7次终于过关。"除了学历晋升的学习，我还参加各种培训班，看书学习，向身边的人学习。

我第二次到我国台湾地区，是跟随广东省小学及幼儿园名教师研习团到台湾研修学习，感受十分深刻。台湾的学校非常重视中华优秀传统文化的传承。回来后，我进行了深刻的反思，撰写考察报告，包括精致教育理念、全人教育理念、主题统整课程、教师的行动研究、学校的社团活动、家长志工团等。台湾的学校有很多值得我们学习和借鉴的地方。结合实际，我们开展了中华优秀传统文化教育和社团活动，组建家长志工团，建立教师专业学习社群并开展教师的行动研究等。让我感悟最深刻的是台湾教育大学原系统执行长王保进教授在讲座中引用的诗句：教育就是用关爱与责任的犁耙，翻开孩子懵懂的心田，撒下一把幸福的种子，期待人生四季风雨，让种子萌芽茁壮长大，开出生命圆满的果实。

　　俗话说，"失败是成功之母"，但我有自己的见解，失败后要善于反思才是成功之母。如果一个教师仅仅满足于获得经验，不对经验进行思考，那么即便有30年的教学经验，也只是一年工作的30次重复。所以，我认为"经验＋反思"才可以成长，学习和反思让我成为更好的自己。

三、老师姐姐成为园长妈妈

　　带着对幼教的向往，18岁的我来到了孩子们的中间。年轻的生命涌动着青春的激情，稚嫩的臂膀梦想拥有更多纯真的笑脸。这些刚满三岁的孩子是我职业生涯的第一批孩子，一个班63个宝贝。刚入园的孩子哭闹得特别厉害，没有任何带班经验的我面对焦虑的孩子手足无措，满腹的教育理论此时成了空白。"快，这撒饭了！""哟，那个尿裤子了！""天哪，他怎么还在哭呐？"孩子们的哭闹声让我晕头转向，一件件琐事让我变得急躁不堪。

　　时间是沉淀一切事物的良药，在实践中不断反思是使人进步的最好方式。慢慢地，我明白了，这就是实实在在的孩子，这些琐碎的工作就是幼儿教育。教会孩子正确的进餐坐姿就可以避免撒饭的发生；提醒幼儿按时小便就可以降低尿湿裤子的概率……细化的要求胜过反复的强调，言行的示范有效于严厉的训斥。同样，这些生活细节更能深入孩子的心灵。一个肯定的微笑，一个信任的眼神，一个亲切的拥抱胜过千万个教诲，这些举动更能触动孩子幼小的心灵。每天我都带着微笑迎接每一个孩子的到来，一举手，一投足，一声亲切的问候，一个鼓励的眼神，都传达爱的信息，滋润孩子们的心田。

　　在工作中我发现，艺术教育可以启迪孩子的智慧、陶冶孩子的情操，于是，我从探索幼儿艺术启蒙教育和奥尔夫音乐教学体系入手，进行教育实践。我承担园内教研任务，多次向全国省、市、区的幼教同行上示范公开课，接待幼教同行1000多人次，接待国内外音乐教育专家名人100多人次，接待来自世界各地的友人参观访问，组织幼儿向来宾们展示艺术教育成果，这些受到高度赞赏。

　　2004年，我成为园长。上任伊始，我就提出要做一位"精教育、懂管理、善经营、爱研究"的专家型园长。

四、责任与荣耀

"给社会的是责任,给父母的是荣耀,给家人的是保障,给朋友的是帮助。"作为一名学前教育工作者,我时刻牢记自己的初心与使命,让每个孩子都享有优质的学前教育,努力让全社会都关心和重视学前教育的发展。我想给学前教育的教师做一个榜样,让他们看到幼儿园教师同样可以得到社会的认可和尊重,同样大有作为。同时,我还努力转变社会和部分家长对幼儿园教师的错误看法。我利用自己是肇庆市第九届、第十届、第十一届政协委员的身份,积极履行政治协商、参政议政,为党委政府献言献策,提交提案建议,如发表《关于加大住宅区配套幼儿园建设,扩大学前教育资源的建议》《加快发展我市学前教育,推进教育强市建设的建议》等10多篇论文。由于履职尽责,得到大家的高度认可,我被推选为政协常委,评为优秀政协委员和抗击疫情、热心社会公益事业先进个人。

2010年9月8日,我在参与党支部驻村扶贫工作,与时任肇庆市委副秘书长何庆华等同志从帮扶点返回肇庆的途中,上演了《救死扶伤不留名,危难相助见真情》一幕,《西江日报》头版刊登,时任肇庆市委书记覃卫东同志批示:新闻媒体系统加大宣传力度,在全社会大力弘扬救死扶伤、助人为乐精神,努力构建和谐社会。《肇直党建》专刊指出:"何庆华等四位同志的行动充分展现了新时期共产党员的先进性,是'创先争优'活动不拘一格的生动实践。"

一分耕耘,一分收获。在党和政府的关怀和上级各部门的大力支持,以及我和全体教职工的共同努力下,我园荣获了全国"十杰"幼儿园、广东省"十杰"幼儿园、全国巾帼文明示范岗、广东省安全文明校园、肇庆市教书育人先进集体等100多项荣誉称号,成为肇庆学前教育的品牌。同时,我也荣获了广东省名园长工作室主持人、肇庆市人民教育家、西江拔尖人才等20多项荣誉称号。

80多岁的老父亲每天都关注肇庆新闻和《西江日报》,总想在报刊媒体上找到女儿的点滴成绩。记得那个早晨,我去哥哥家看望爸妈。只见明媚的阳光下,老爸拿着一张《西江日报》坐在院子的椅子上,老妈依靠在对面的柱子旁,从两人对视的眼神、灿烂的笑容中我就能猜到他们在讨论什么。《西江日报》刊登着昨天全市政协会议的召开内容,她的女儿榜上有名。

五、女人·家庭

作为一个女人,尤其是广东的女人,如何平衡事业与家庭是非常需要智慧的。《了凡四训》《金刚经》《糊涂大略》开启了我的智慧,让我明白了大智若愚、道法自然,与人为善、广结善缘,随遇而安、宁静致远。我感觉自己是一个幸福的女人。我不喜欢别人说我是女强人,因为我是"女人如花若水"。女人一生如花美丽,被人呵护;如花一般绽放,点缀生活。二十岁的女人如桃花艳丽,三十岁的女人如玫瑰迷人,四十岁的女人如牡丹大气,五十岁的女人如兰花从容,六十岁的女人如棉花温暖……上善若水,随遇而安,水泽万物而不争,水是温柔的,但水又是包容的、强大的。试把坚硬的精钢刀砍到坚硬的石头上，的确会擦出火花，但却两败俱伤。而精钢刀砍到水里，水面只会泛起涟漪一会儿就又恢复平静，把任何东西扔到水里，水都把它包容。女人如水一般，外在温柔而内心强大。

教育思想

阅读了杜威的《民主主义与教育》、皮亚杰的《教育科学与儿童心理学》、维果斯基的《思维和语言》、陈鹤琴的《家庭教育》、蒙台梭利的《儿童的自发成长》、加德纳的《心智的结构》、屠美如的《向瑞吉欧学什么：〈儿童的一百种语言〉解读》、布里坦的《儿童像科学家一样》、马丁·塞利格曼的《真实的幸福》等，我了解了杜威的"教育即生活""做中学"的教学论、皮亚杰的认知发展理论、维果斯基的"最近发展区"理论、加德纳的多元智能理论、瑞吉欧的教育理念、陈鹤琴的"大自然、大社会都是活教材"课程论等。大师们的见解深深地影响着我，我不断地学习吸纳他们的理论精髓，在教育的路上不断反思、不断成长，从而构建自己的儿童观、教育观和课程观。

一、关于儿童

（1）儿童是独立的个体。好奇、好动、想象、游戏是他们的天性，儿童时期的特点是"游戏人生"。

（2）每个儿童都是独特的，都有他的优势领域和弱势领域，要善于发现儿童的闪光点，对其进行激励性评价。

（3）儿童的发展有自身的特点与规律，切忌"拔苗助长"。不要相信"让孩子赢在起跑线上"的观点，人生如马拉松，起跑快的未必到达终点快。

二、关于教育目标

（1）让每个孩子都成为健康又自信、礼貌会交往、好奇爱探索、独立能合作的现代儿童。

（2）让每个孩子都学会思考与选择、拥有信念与自由、获得幸福与快乐的能力，从而成为最好的自己。

三、关于教育与课程

（1）教育应该以儿童的兴趣、需要和经验出发，创设和谐的环境，让儿童在与环境的相互作用中获得有益身心发展的经验。

（2）幼儿园一日生活都是课程，养成良好的生活卫生习惯会让儿童一生受益。

（3）户外大自然和社区资源是最好的学习环境和教材。保证每天1小时的户外体育活动是促进儿童身心健康发展的必要课程。

（4）在儿童探索活动中，教师的适时介入能起到"搭支架"的作用，让儿童"跳一跳，够得着"。

（5）在尊重儿童权利的同时，强调尊重教师的教育权利，强调教师与儿童共同成长。教师的职业是以自己的生命之光与被点燃的火种交相辉映，从而获得生命的意义和辉煌。教师是蜡烛，燃烧自己，照亮别人，升华自己。

（6）家庭教育既是人生教育的起点也是伴随着终身的教育。家庭教育给予儿童的是智慧，学校教育给予儿童的是知识。关于教育孩子，我送给家长六句话：一是不要相信"让孩子赢在起跑线上"的观点；二是每一个孩子都是一颗独特的种子，我们应耐心等待，静待花开；三是家庭教育比学校教育更重要；四是倾听、欣赏、鼓励、宽容、榜样是最好的陪伴；五是尽父母最大的努力，给孩子最好的教育环境；六是请相信，别人的孩子行，我的孩子也一定行。

（7）如果把人一生的教育比喻成盖高楼，那学前教育就是高楼底下那块基石。不被人见，也不张扬，但必须坚实牢固；否则，即使楼再高，再豪华，最终也会倒塌。

教育实践

"园长是幼儿园的灵魂，一个好园长就是一所好幼儿园"。好的园长不但具有良好的人格魅力、奉献精神，同时还能建立一套完整的管理制度和机制。打造校园文化，影响和凝聚全体教职工，为幼儿园的可持续发展奠定基础。因而，我提出做一位"精教育、懂管理、善经营、爱研究"的专家型园长。

一、以 SWOT 分析法分析现状，制定发展措施

第一，用 SWOT（优势、劣势、机会、威胁）分析法，找出对幼儿园有利的、值得发扬的因素，以及不利的、需要避开的东西。发现问题，找出解决问题的方法，并明确发展的方向。第二，根据 SWOT 分析矩阵图，运用系统分析的综合分析法，将排列的各种因素互相匹配起来加以组合，得出一系列适合本园的可选择对策。第三，制定发展措施。根据幼儿园的实际情况，我选择了优势和机会战略（SO 战略），提出了"以精品意识创建园所品牌，师资品牌，课程品牌，实行开放性的办园格局，成为有特色的、传统与现代相融合的省级示范性幼儿园"的办园目标。

二、以文化为引领，科学管理带团队

组织文化是成员的共同价值观与行为规范体系，具有导向、规范、凝聚、激励、创新及辐射功能。我提出了"用爱打造幸福的乐园"——以"爱·幸福"为核心的幼儿园文化建设。

（一）营造有归属感的优美的物质文化

物质文化是园本文化建设的奠基石，是一所幼儿园精神和内涵的外显特征。著名心理学家马斯洛提出的"需要层次理论"认为，"归属和爱的需要"是人的重要心理需要，只有满足这一需要，人们才可能"自我实现"。

根据孩子的天性，我们建造了既可以看又可以玩的户外环境。走进幼儿园，绿树成荫，鸟语花香，"牵一只蜗牛去散步"的小景观，提醒每一位进来的老师、家长放慢脚步，陪伴孩子慢慢成长，与孩子同二幼共成长。沙地、草地、戏水池、石头路……每一块地面都可以让孩子们感受不同的材质。孩子们光着小脚丫走在石头路上，用小石头玩游戏、拼图案，形成美丽的石头画……涂鸦墙、泥巴墙、写生区，随意画、随意写，涂上鲜艳色彩的石头摆放在绿茵茵的草地上、花丛中。大树屋、小木屋、攀登架、摇摇船……安放在大树荫下，孩子们自由玩耍。开辟一块种植园，在泥土中播下种子，浇水翻土，享受种植的乐趣。镶嵌橙色檐边的艺术长廊摆满孩子们创作的童真童趣的作品，凸显艺术教育特色……

教学楼那古老的滑梯，承载着多少孩子的美好回忆。记得2016年的初春，传达室打来电话说，"你30年前的学生在父母的陪同下回来看你"。走到门口，见到一对中年父母和一位高大帅气的小伙子，我们一下子就认出了对方。这是我第一届的学生子滔，在美国博士毕业后回国要到当年的幼儿园看看。子滔说幼儿园给他留下印象最深刻的是宋老师和教学楼那个滑梯。听了以后我感到无比的激动和欣慰，因为若干年前我曾顶着压力，坚持不拆除这个滑梯。

园内一颗古老的鸡蛋花树，如老鹰般守护平凡的爱，如老兔般静待孩童长大，孩子们在树下捡花、画花、晒花、泡花茶……它与门前那片宝月荷花见证了一届又一届的二幼娃从这里幸福起航。历届毕业的孩子在围墙贴上了梦想砖，长大以后回到幼儿园还可以找到童年的足迹……

在活动室环境创设方面，我们突出适宜性、目标性、全面性、互动性、趣味性。围绕幼儿发展目标确定区域环境及材料的投放，关注幼儿的兴趣和需要，引发幼儿自主游戏、自主探索。

每一堵墙都可以与幼儿对话。老师、幼儿、家长共同参与到环境创设中，每个幼儿都能感受到成功的喜悦，体验到合作的乐趣。通过动手、动脑，在亲手参与环境布置的教育过程中，获取了新的知识经验。

幼儿的美术作品充满童真童趣，活动室的作品栏，各楼梯间的墙壁，甚至是天花板上都有孩子们的作品。这充分体现孩子是环境的主人，孩子与环境的互动。

为了给孩子们提供更多的活动空间，我园还创建了多种功能室以满足不同教学活动的需要，如科学宫、美工创意坊、综合游戏室、图书室、积木建构室、奥尔夫音乐室等。

赤橙黄绿青蓝紫，走进二幼，可以找到许多橙色的元素，如屋檐、长廊、指示牌、园服、书包、画册、书本、光盘封面等。橙色是二幼的园色，以橙色为基调，橙色的亲色系为辅，冷暖色调相互搭配，构建出一个温馨和谐，充满爱与幸福的环境。橙色，常使人联想到收获的季节与丰硕的果实，与我园办园宗旨充分吻合。橙色，是一种代表富足、快乐、温馨、甜蜜、自由、幸福的颜色。我们还设计了园徽、园旗、园花、园服……创作了园歌等，还有一系列看得见、摸得着的视觉识别系统（VI），让二幼人在充满归属感和优美的环境中生活、学习、成长。

（二）打造积极乐观的创新精神文化

"物质是基础，精神是核心"。精神文化是无形而又抽象的，它像一只无形的手，引领着每一个人前进。我们打造积极乐观的、创新的精神文化，让孩子们在爱的沐浴中幸福成长。

爱是教育的基础，有爱才有教育。在爱的基础上，教师尊重幼儿的天性，尊重幼儿的身心发展规律，尊重幼儿的个体差异，尊重教师的教育权利，提供"愉悦·自然"的课程与环境，让幼儿顺其自然地发展。教师和家长只需耐心地等待，积极地鼓励。不要相信"让孩子赢在起跑线上"的观点，人生如马拉松，起跑快的未必到达终点快。所以，孩子，你慢慢来，一步一个脚印走好人生的每一步。基于上述教育思想，我提出了办园宗旨、教育理念、培养目标及园本课程等。

"爱·幸福"核心价值文化

办园方针：依法办园，民主治园，科研兴园。

办园宗旨：撒下幸福种子·开出圆满果实。

教育理念：爱·尊重·愉悦·自然。

办园目标：以精品意识创建园所品牌、师资品牌、课程品牌，实行开放性的办园格局，成为有特色的、传统与现代相融合的省级示范性幼儿园。

培养目标：健康又自信，礼貌会交往，好奇爱探索，独立能合作，促进每个幼儿富有个性地发展。

园本课程：以《幼儿园工作规程》《幼儿园教育指导纲要》《3—6岁儿童学习与发展指南》为指导，以环境教育为主线，以游戏为基本活动，整合五大领域课程，开展社团活动，形成艺术启蒙教育、科技启蒙教育、绿色环保教育、书香传统教育、家园共育、对外开放的特色，把礼仪、品格素质教育融入幼儿一日活动中，给孩子一生受益的幸福教育。

园　　风：团结、和谐、热情、奉献。

教　　风：严谨、爱生、敬业、创新。

园　　歌：《托起明天的太阳》。

园　　徽：绿色的数字2中间镶嵌半个橙红色的太阳，下面是1956。寓意：二幼托起明天的太阳；创办于1956年。

园　　旗：橙色底面中间镶嵌园徽，上面绿色字体"肇庆市直属机关第二幼儿园"。

园　　色：橙色；代表富足、快乐、温馨、甜蜜、进取、自由、幸福；常使人联想到收获的季节，丰硕的果实，与我园办园宗旨充分吻合。阳光七彩光谱，橙色排第二，与我园的精神价值如出一辙，"2"是一种境界，更是一种精神，代表谦虚谨慎、积极进取、勇于探索、乐观向上、不畏他人眼光的境界与精神。

园　　花：由5个花瓣组成独特美丽、清新优美的鸡蛋花。代表平凡的人生充满爱，五育并举，孕育新希望。

（三）坚持以人为本的规范的制度文化

"物质是基础，精神是核心，制度是保障"。我们坚持以人为本的规范的制度文化，实行"以制度管人，以情感人"的民主管理模式。编制了一本16万字的管理工具书《管理之道》，对幼儿园的全方位工作进行了规范，为各项工作的开展保驾护航。这本书还给予了全市各县区乡镇幼儿园以及欠发达地区的幼儿园很大的帮助。他们也在用《管理之道》管理自己的园所，收到良好的效果。

三、以目标为导向，落实层级管理

目标导向理论是激励理论中的一种。将大目标分解成若干的较小目标，通过逐步实现各个小目标的办法，实行定向控制，最终达成大目标。我于2004年上任园长，提出办园目标：以精品意识创建园所品牌、师资品牌、课程品牌，实行开放性的办园格局，成为有特色的、传统与现代相融合的省级示范性幼儿园。我把它划分为五步：第一步创建省一级园，凝心聚力；第二步借助建园50周年，举办"五十华诞 再创辉煌"系列活动，扩大社会知名度，借力发展；第三步加强教师队伍建设，想方设法给非编教师转正，提高待遇，留住人才，吸纳人才；第四步在原有课程基础上，加强家园共育，构建三位一体的教育体系，开展书香校园传统文化教育，落实立德树人根本任务；第五步借助建园60周年，举行园庆"六个一"系列活动，形成"爱·幸福"的校园文化，用爱打造幸福的乐园……

在团队管理过程中，通过建立合理的层次系列，充分发挥层级的作用。领导班子决策统筹，各中层管理人员认真执行，承上启下，大胆管理，一级抓一级，层层抓落实。同时，为了发挥教职工的特长和积极性，实施项目管理，充分发挥"每位教职工既是被管理者也是管理者"的双重作用。

四、以课程为依托，以研促教提质量

在教育实践中形成了"一条主线，五大领域，七大特色"的园本课程模式。一条主线：以环境教育为主线。将环境作为重要的教育资源，合理利用室内外环境，创设开放的、多元的区域空间。提供符合幼儿年龄特点的、丰富的操作材料，支持幼儿自主学习，激发学习的兴趣和探究的愿望。环境的创设根据幼儿、教师、家长的需要，共同讨论，共同完成，让孩子在与环境相互作用中获得知识经验。五大领域被划分为健康、语言、社会、科学、艺术。各领域的内容相互渗透，从不同的角度促进幼儿情感、态度、能力、知识等方面的发展。孩子们在探索中自主学习，在生活中交往学习，在游戏中合作学习，体验生活的乐趣，感受探索的成功，喜欢游戏的快乐。七大特色是在落实《幼儿园教育指导纲要》《3—6岁儿童学习与发展指南》的过程中，逐步形成了艺术启蒙教育、科技启蒙教育、绿色环保教育、书香传统教育、家园共育、社团活动、对外开放七大特色。

且行且思，教研培一体化的管理是促进教师专业成长的有效途径。我们开展了国家"十五""十一五""十二五""十三五"重点科研课题子课题研究，成效显著，分别被评为教科研"优秀实验基地"和"示范幼儿园"。开展的广东省学前教育"新课程"幼儿园科学保教示范项目"培养幼儿积极情绪的广府文化园本课程建构与实施的研究——基于积极心理学视野下"，关注幼儿积极情绪的培养。领衔集结肇庆市各县区共6所幼儿园，共建共享有效机制，植根于岭南文化的沃土，把积极心理学的理论实化为岭南（广府）文化的幼儿园课程资源开发的实践研究，培养积极乐观、幸福的岭南小公民。

在课题实践中，将艺术教育、礼仪教育、中华优秀传统文化教育等特色课程与奥尔夫音乐教学融合一起，开展形式多样的教研活动。除了课题研究小组外，还成立了五大领域教研小组，教师们根据自己的特点、兴趣参与到其中的小组研究。建立"青蓝工程"师徒结对制度。教研小组经常接待全国、省、市、区幼教同行的观摩学习，上公开课，展示课题研究的成果。在教研活动中，我积极撰写并鼓励老师们撰写经验论文、设计教学课例等。近5年来，教师们发表和获奖的论文有180多篇，课例获奖40多篇。

为了让不同层次的教师都得到发展，我们每学期都安排各类活动观摩：骨干教师的示范活动、新教师的成长活动、外出学习的移植活动、课题组探索活动等。通过教科研活动的开展，促进教师专业能力的发展。

五、以家长委员会为纽带，构建三位一体的教育体系

建立家长委员会，对于发挥家长作用、优化育人环境、建设现代幼儿园管理制度都具有重要意义，是家园共育的有效途径。我们的做法有以下7点。

（一）成立家长委员会

建立家长委员会章程，定期听取幼儿园的工作报告，提出办学意见和建议。积极组织家长参与家园共育活动，使家长成为幼儿园教育最有力的支持者、合作者和参与者。

（二）组建家长"志工团"

家长"志工团"的成立让家长直接参与到幼儿园的各项活动当中，真正了解幼儿园。"志工团"包括交通导护组、膳食组、故事戏剧组、环保组、资讯管理组等。例如，交通导护组负责每天上学时间在园门口维持交通秩序，帮助乘车的孩子下车自己走进幼儿园，确保园门口道路的畅通及孩子的安全。

（三）丰富多彩的家园共育活动

每月都有家园共育的活动，例如，3月和9月分别召开班级体验式家长会及家庭教育讲座。10月开展"亲子科技环保小制作"活动。11月举行"书香校园读书节启动仪式"，一系列的读书活动延续到次年的4月。其中，"流动小书袋""亲子小抄

报""图画日记""故事大王比赛"等活动都需要家长的参与配合。5月和6月是"六一"儿童节系列活动，有亲子才艺展演、亲子运动会、亲子嘉年华、亲子游园等。"母亲节"邀请妈妈来参与孩子们的感恩活动，"父亲节"邀请爸爸来参加"激情泼水嬉戏"活动。7月举行隆重的毕业典礼，邀请爸妈一起参加，感受孩子成长的快乐。新生入学前，召开新生家长会和开放日活动，让家长了解和理解幼儿园的教育理念、教育形式等。

（四）专业引领的家长学校

成立家长学校讲师团，由讲师团成员召开家庭教育讲座，把《3—6岁儿童学习与发展指南》的理念传递给每位家长。邀请专家进行专题教育讲座，召开家庭教育经验分享会、读书沙龙等。转变家长的教育观念，提高育儿水平。

（五）体验式家长会

采取体验式家长会的方式，调动家长的积极性和参与性。通过分组讨论、团队游戏、故事分享等，让家长全身心地投入亲身体验而获得感受。促进教师与家长、家长与家长之间沟通互动。

（六）透明公开的信息资源

信息透明公开是保障家长知情权的重要渠道，利用家园联系手册、校讯通、微信群、宣传栏等，及时向家长汇报幼儿园的各项工作，宣传科学的儿童观和教育观。

（七）跨越围墙的幼儿教育

积极开展社区活动，创设更为开放的学习空间。例如，邀请武警官兵来园开展"军民鱼水一家亲"联欢活动，带孩子到军营参观，感受武警官兵的坚毅顽强。邀请老人来园进行"尊老敬老 欢乐重阳"的联欢活动，培养关爱老人的意识。带大班孩子和家长到消防队参观，观摩消防演练。邀请居委会、派出所、家委会成员参与幼儿园的防火、防震、防暴应急演练，提高自我保护和安全防患意识。组织大班孩子到附近的图书馆参观，到附近的小学参观，组织大班孩子和家长到佛山南风古灶制作梦想砖活动等。这些活动都体现了社区与幼儿园的关系，创造了社区大家庭的和谐氛围，形成教育合力。

六、以示范帮扶，传播"爱·幸福"理念

让每个孩子都享有优质的学前教育，让全社会都关心和重视学前教育是我一生的追求。作为当地的示范性幼儿园，有责任为促进学前教育优质和均衡发展做出自己的贡献。我积极带领骨干教师到各县区指导当地的学前教育，足迹几乎遍及全市各乡镇，入园指导300多次，开设讲座100多场，指导100多所园创建省一级园和市一级园。记得为了指导封开县教育幼儿园创建省一级幼儿园，我带领老师们10多次起早摸黑，沿着弯曲的国道驾车2个多小时，入园进行一对一的跟班指导。最累的是到山区乡镇，弯弯曲曲的山路转得我们头晕眼花。有一次去封开县金装镇，有一段路正在维修只能开半边车道轮流通车。由于负责指挥的人员顾着打电话忘记了指挥，两头的

车辆都开进了路中间。这时已是下午1点多，外面下着倾盆大雨，我们又冷又饿。这样僵持了1个多小时，两边都形成了一条长长的车龙。终于有工作人员出来指挥，他要我们这边倒车十几千米到一片空地，让对面的大货车先开过来，我们才能过去。直到下午3点多钟我们才到达金装镇吃午餐……虽然很累，却很开心。因为在我们的指导下，各乡镇的中心幼儿园从无到有，从简陋的园舍到设施基本备齐，从教师只会教孩子写字到以游戏为基本活动，各级党委政府开始重视学前教育……为肇庆创建教育强市做出了积极的贡献。

成为广东省"百千万人才培养工程"名师培养对象以及广东省名园长工作室主持人后，我更是积极参与走进乡村教育活动。搭建平台，云集智慧，开展园长专业化、教师专业化的实践研究。带领团队到肇庆市、江门市、云浮市等地培养对象所在幼儿园进行入园诊断。到和平县、五华县、饶平县、西藏林芝等地示范带学。承担"国培""省培"计划的跟岗学习任务，组织工作室成员承接2017年、2018年、2019年肇庆市幼儿园教师全员培训的课程开发录制，课程网络覆盖欠发达地区及部分发达地区的民办幼儿园教师，累计培训教师近18万人次，取得良好的效果。与澳门浸信中学（幼稚部）结对共建，与内蒙古陈巴尔虎旗日希勒民族幼儿园、端州区迪星幼儿园结对帮扶，开展送培送教活动。为促进区域学前教育均衡和优质发展做出积极的贡献，为粤港澳大湾区建设做出了积极的努力。工作室建立公众号，形成"爱·陪伴成长""故事妈妈FM""亲子微课堂"等10多个固定主题模块。每天发布内容，分享我园的教育理念、教学成果，把《3—6岁儿童学习与发展指南》的精神传播到千家万户，帮助教师、家长、社会树立科学正确的儿童观、教育观，把"爱·幸福"的理念传播。

结束语

春风、夏雨、秋瑟、冬寒，这是自然的变化；春生、夏长、秋收、冬藏，这是自然的法则。人生也好比四季，也有喜怒哀乐，生老病死。如何在人生的道路上成就自己？我想就是结善缘，化解恶缘。人生就是一场修行，遇到谁都是缘分。而我遇到了孩子，就是遇到世上最好的爱。唯有爱是永恒的，我们因爱相遇，在教育修行的路上撒下幸福的种子，期待人生四季风雨，让种子萌芽茁壮成长，开出生命圆满的果实。

让每一个孩子内心充满光芒

广东肇庆中学　陈淑玲（第二组）

导读语

从事教育的人生是幸福而丰盈的，无论给予他人还是回归自己，教育都是一场生命的洗礼。从广东肇庆中学（简称"肇中"）出发，从肇中学生到肇中老师，从南粤优秀师范生到南粤优秀教师，从学校团委书记到学校党委书记、校长，我的教育故事在这所百年名校发生、发展和延续。

从教育摸索、思考、观察、实践，到主持课题研究，从事教育管理，兼任中小学校长国家级培训专家库办学实践指导专家，我无时无刻不在思考，教育应该赋予学生什么。在长期的教育实践中，我坚持尊重历史、面向未来、立足当下，结合岭南深厚的地域特色和文化品格，做好传承与发展的文章，坚持立足岭南一方水土、培育好一方人；尤其是立足广东肇庆中学深厚的历史文化底蕴，对端溪书院历任山长丰富的办学思想开展了传承与创新的探索，推动了肇中这所百年名校在新的一百年实现跨越发展和高质量发展。我坚持教学、行政工作双肩挑，主持或参与了多个课题的研究，其中主持的"课程改革与德育化研究"课题，获省优秀成果奖；主编《聚焦学科核心素养，推动课堂深刻转型》，合作主编《校长学习力：我眼中的名校成长基因》，分别由南方日报出版社、中山大学出版社出版；陆续发表《教育，让每个学生内心充满光芒》等多篇论文。学校各方面工作再上新台阶，在省、市示范引领作用更加突出，办学成果多次在省、市、全国媒体报道推广，在全省、全国的影响力进一步扩大，有力推动了肇庆基础教育的改革与发展。学校2017年被中央文明办和教育部评为首届"全国文明校园"，2020年被广东省人民政府表彰为"广东省民族团结进步模范集体"。2019年5月，广东省教育厅官方微博将肇中办学特色作为"广东普通高中坚持优质特色发展"典范进行了专题报道。2020年3月，中国文明网专题报道了《广东肇庆中学：全国文明校园师生携手战"疫"别样暖》。2020 年，我校德育案例《明经行修以立德，崇善尚美以树人》入选教育部首批"一校一案"落实《中小学德育工作指南》典型案例。2021 年，我校激发办学活力案例《大力构建校本教师荣誉体系，持续激发百年名校办学活力》被省教厅选送到教育部推荐为贯彻落实八部委《关于进一步激发中小学办学活力的若干意见》的典型案例。2020 年，我个人被肇庆市委、市人民政府授予"肇庆市人民教育家"称号，被肇庆市教育局、市人社局评为"肇庆市优秀校长"。

回望个人的成长历程，纵观万千学生的成长，今天，再让我回答教育赋予学生什么，我会坚定地说：教育，让每个孩子内心充满光芒。

成长档案

一、入读肇中

在肇中，从学生到校长，教育的发生，在我身上是那么的神奇。我与这所学校、这座城市共同成长、共同发展，延续着教育和爱的故事。肇庆，是岭南文化发祥地，历史文化厚重。从嘉靖四十三年（1564 年）到乾隆十一年（1746 年）的 182 年间，肇庆作为两广总督的驻节之地，是岭南的政治文化中心。这座岭南典型的山水城市，山湖城江一体，更有鼎湖山、七星岩等风景名胜。可谓"羚峡何浩淼，龟峯何峥嵘，中有黉舍容百城，保罗万有萃群英"。肇庆中学的前身是由广东按察司佥事任李材创建于明朝万历元年（1573 年）两广端溪书院，至 2023 年已有 450 年。端溪书院是明清时期的岭南教育的高峰，雍正皇帝曾钦赐办学经费，是两广最高学府，总督课士之所，也是当时粤地唯一招收两广生徒的书院。院长由督抚、学臣选聘，生徒甄别由督宪示期拟题，督、抚、藩、臬亲往授课。端溪书院在岭南文化的传承中发挥了非常重要的作用，是研究岭南文化的一个窗口。山长名声卓著，可考证的有 33 位，其中进士以上 28 人，有探花山长张岳松、状元山长林召棠、浙东史学泰斗山长全祖望、诗人山长冯敏昌等。明清以来，大儒传学，薪火不绝。端溪人重才学，更重品节，历任山长多忠介之士，如苏廷魁在御史任上弹劾权臣穆章阿、林绍年谏阻慈禧动用海军经费修葺颐和园、梁鼎芬弹劾李鸿章六大可杀之罪。端溪人这种以身许国、忠言敢谏的高贵品格获得后人的由衷称赞。

端溪书院 1905 年改为肇庆府中学堂，1949 年 11 月起定名为广东肇庆中学，是全省 16 所重点中学之一，一直以良好的校风、雄厚的师资、鲜明的特色、显著的效益而享誉岭南。

1985 年，全国第一个教师节，当时的我以全区前 20 名的小升初成绩考进肇中，并获市人造植物工艺制品厂教育基金会的奖励。那一刻我感觉是幸运的，也是光荣的。3年后，我又顺利地考进肇中的高中，母校情深深扎根在我心中。高中班主任是语文老师，很有文化底蕴，作为她的科代表，我每天按照她的安排抄一首诗在黑板上。我印象最深的诗是卢照邻的《曲池荷》。当时我们暗自猜测选那首诗是因为老师想念远在海南岛当军官的男友了吧。我们班是外县生班，大部分学生在校寄宿。老师们又当老师，又当爹妈。哪个同学生病了，老师带去看病，回来还帮熬药煲粥。我就是在这个充满温情的校园里成长的。正如老校歌所唱："勖我以道德，导我以文明，吾侪有志事竟成。"老师一点一滴的关怀，像岭南山水那样的细腻绵柔，启蒙滋养着我，在这种富有人文氛围和人情温暖的环境熏陶下，我向往当老师，并毫不犹豫地选择了读师范大学。

二、回归任教

1991年，我顺利考上华南师范大学。大学期间，我担任过系学生会主席、分团委副书记；大四那年，我还担任了生物系1994级（3）班班主任。1995年，我获评南粤优秀师范生（特等奖），选择回到母校肇中任教。大学的充分锻炼让我充满自信。回到肇中后，我除了教授生物课还兼任大队辅导员、团委副书记。1996年，我代表学校参加区优质课比赛，不仅获生物学科组第一名，而且获自然学科（含物理、化学、生物）一等奖（第一名）。两次比赛是在不同学校进行的。总决赛时，我上的是"脊蛙的反射"实验课。科组老师陪我一起，带着一大笼活蹦乱跳的青蛙到了六中。虽然上课的学生不认识我，但是看到青蛙，孩子们都很兴奋。因为异校上课，年轻的我还是比较紧张。科组老师毫无保留的指导和支持，给了我莫大的鼓舞。那时起，我就深刻地感受到信心和力量是团队给的，成功的教育不会是单打独斗。岭南山水温润细腻的浸润、人与人之间的朴实善良、肇中融洽的团队关系以及同事的包容理解，让我感觉温暖。我很快地融入团队，并快速成长。1998年，工作仅三年，我就担任了校团委书记，一当就是八年，其中后三年还兼任学生处主任。2002年12月，学校成立了党委，我当选为党委委员，进入了党委班子。

三、当副校长

2006年，工作的第一个十年，我担任了学校副校长。那时学校的老师中还有当年教我的老师，他们非常支持我的工作，亦师亦友，合作愉快。岭南文化的朴实、包容，让我感动。第一个5年任期，我分管德育、团队、学生工作。那时我总在思考，教育应该给予学生什么。我主持的"课程改革与德育化研究"课题研究，努力探索德育的新思路、新举措。按照"整体构建，立体推进，分层实施，分类指导"的思路，构建"文明高一、优质高二、和谐高三、创新未来"的递进式德育目标，开展"'三自五修'特色育人"特色德育活动，肇中呈现出"人人有特长，班班有特色"的个人特长发展、集体特色发展、总体优势发展的态势，形成了具有肇中特色的德育模式。我开展"五个一"活动，即"一天一点进步，一个星期做一件好事，一个月做一次反思总结，一个学期做一件感动他人的事情，一年拿一次奖励或优秀"。我通过填写"成长记录卡"，总结进步，肯定自我，悦纳自我；反思不足，鞭策自我，警醒自我。在引导学生全面发展的策略上，我立足发展，尊重差异，强调全员激励、全程激励，鼓励百花齐放、百奖齐开。学生可自主设置个性化奖项，并自行申报，然后由学校统一表彰。奖项有"艺术之星""绘画达人""环保天使""最具创新精神奖"等，让每位学生都得到及时充分的肯定和激励。学校的七星文学社、肇中电视台、聆听广播站等47个学生社团办得如火如荼。每年"蓝色风暴"篮球赛、话剧比赛、"校园十大歌手"比赛、创意文化集市等品牌活动，更是风靡校园。学校获评广东省书香校园、省依法治校示范校、省德育名校，2007年高水平通过考核验收，获评广东省首批国家级示范高中。

副校长第二个5年任期，我分管教学、科研、办公室工作，后期还兼任工会主席。我配合彭银祥校长大力推进教改，创举不断。2012年，学校首次开展高一"自主招生"；成立学科建设委员会，启动"尖优特"工程；组织"周末大讲堂""学科沙龙""名师工作室"等。2013年起实行"年度学科绩效考核"，学校对科组整体考核，科组对教师进行二次考评。2014年，学校启动"双百"培训计划，即在5年内培养100名优秀教师和100名优秀班主任，通过锻造一支优秀的教师团队，追求肇中发展的厚度、高度和速度。通过教研的新突破，凝聚团队的新力量，学校推出管理的新常规，建立肇中的新常态，一批青年教师迅速成长起来；整体打造"活力型课堂，学术型科组，参与型管理，开放型社团，创新型活动，多元型评价"，丰富多彩的校本活动课程依次登场。学校教育教学质量不断提升，高考重本率、本科率持续攀升，2012年高考重本率26.97%、本科率85.00%，到2015年重本率63.91%、本科率99.63%。

四、首任女山长

2015年，工作的第二个十年，我担任了母校肇中的党委书记、校长，成了端溪书院办学440多年来首任女山长。我深感责任重大，使命光荣，我深入思考了教育的本质，系统、慎重地思考育人目标和学校新五年的规划及未来发展的方向。面向未来，在2016年教代会上，我做了《2016，向着梦想出发》的工作报告，提出"建设全国最美中学，让每个学生内心充满光芒"的目标；把握当下，我在2017年教代会作的报告《寻找人文历史根脉，传承端溪书院薪火——打造学术型人文肇中，建设全国最美中学》，提出实现"建设全国最美中学，让每个学生内心充满光芒"的目标的三大核心策略：强学术，厚人文，富情怀。

实践与探索的过程也是我个人教育思想不断丰富、凝练、成熟的过程。我坚持从教不断、学习不断，顺利完成了教育硕士的学习；参加广州市中小学名校长培养工程项目并获评优秀；参加教育部第55期全国高中骨干校长高研班学习。2018年，我被授予"肇庆市人民教育家培养对象"，并参加专项培养学习。

五年来,学校办学质量不断提高,实现了持续高水平发展。学生获国家级奖项1121人次,省级奖项825人次;教师获国家级奖项508人次,省级奖项317人次。高考年年创历史新高,2019届本科率达99.88%,重本率从2015年的63.9%提升至84.8%。2020届高三师生克服了疫情带来的不利影响,高考成绩又取得重大突破,高分层尖子生群体大,含金量高。继2019届2名学生分别以位居省理科第22名、省文科第8名进入全省评比,2020届690分以上3人、680分以上7人、650分以上47人、600分以上278人。梁皓朝,文科总分646分,全省第23名,被北京大学录取;谭芷琳,理科总分695分,全省第66名,被清华大学录取;宁骏达,理科总分635分,被清华大学美术学院录取。还有7人同时被上海交通大学录取,另有一大批学生被复旦大学、浙江大学、中央音乐学院、中山大学等名校录取。林航宇、廖文海被空军航空大学录取。肇中已全面跻身全省普通高中顶尖行列。

　　五年来,学校先后获全国第五届和谐校园先进学校、全国中华优秀传统文化教育十佳创新学校、教育部全国青少年主题教育活动示范学校、全国AFS国际文化交流项目银牌学校、省青少年科学教育特色学校、南粤校园模范基层党组织;2017年,获首届全国文明校园;2018年,获承办广东省第十五届运动会暨第八届残疾人运动会突出贡献单位、首批广东省青少年科技教育创新团队;2019年,获广东省校园生活垃圾分类教育基地、西江党旗红先进基层党组织;2020年,获广东省民族团结进步模范集体等60多项国家级、省级、市级荣誉。我校学生黄问一成了2020年度广东省唯一获"全国新时代好少年"的学生。显著的办学业绩和学校、师生的共同发展更坚定了我的教育思想——教育,让每个孩子内心充满光芒。

教育思想

　　教育是美的,肇中是美的。教育之美是登山的姿态,是舒展的胸怀。肇中之美是坚持"让每个孩子内心充满光芒"的教育思想。在我的理解里,美的教育,美的学校,美的教师,才能培育出内心充满光芒的学生。

　　一、校园环境美

　　肇中高中部背靠北岭山,面向东湖公园,坐拥湖光山色之美。校园内外,可深切感受生态文明,万物和谐。校园外,美丽东湖,花香宜人,碧波荡漾,水中鱼腾跃,小桥映长空。校园里,融校史文化和翰墨书香于一体,亭台素雅,玉兰飘香,蔷薇满墙;校友捐种的桂树、木棉树、杧果树、龙眼树,深深扎根母校的土壤,且枝繁叶茂,自由舒展,延续着一届届学子无法割舍的母校情缘。漫步校园,春有绿叶生发,夏有小蝉脆鸣,秋有碎金洒落,冬有橘猫静卧。校友捐赠的镌刻着"再把春秋约"的泰山石等承载肇中人情感归依的文化元素处处可见,见证岁月,邀约青春。

　　初中部在原端溪书院旧址,450年的办学印记与相邻的古迹丽谯楼、披云楼相呼应,似乎随时可以聆听到古老而神秘的故事,感受到一所学校与一座城市的血脉相连。校友楼旁的孔子像与百年杧果树,校内古韵尚存的咸水石中轴线,是踏进校园最具代表性的印记。学生说,"那些年在树下捡过的杧果有点酸涩,像极了青春的味道""踏在青石板路上,渐渐明白了:坚持是一种态度,无论时间过得怎样的快,或过了多久;坚持下去,不要改变,就能发现一些美好的事情,是不会让你失望的"。随着府城复兴,初中部将重建端溪书院,还原历史人文,与千年古城融为一体,并成为最具鲜活力量的一部分。

二、人文境界美

最美的教育传递爱和希望、梦想,传递为世界美好而接续奋斗的执着。肇中的大气在于尊重生命和人类尊严,敬畏教育规律和学生成长力量。最美的肇中教育是用肇中人的母校情怀,培育着师生共同价值追求,引领着师生追求卓越。最美肇中,是自由思想、独立精神的殿堂。她尊重学生的差异和选择,关注学生的成长和发展的内在需要;她让教师有专业的尊严,有专业发展的自觉,热情诗意地培育英才;她让学生好学、乐学、善学,生命自由地舒展和生长。最美肇中的教师有广博的教育视野、先进的教育思想、深厚的人文情怀、孜孜不倦的学习姿态。他们忠于党的教育事业,三尺讲台,四季耕耘,送走了一届届学生,留下了一段段故事。他们的教育情怀和精神风骨,彰显的不仅仅是教师品格的力量,更是学校品质的内涵。最美肇中教师的群体品格既能受到时代推崇,也能经受时代的检验。最美肇中的学生光芒与气度更是不可估量。他们阳光、正直、向上、灵动,内心充满光芒。内心有光芒的人,他们必定是兼具科学精神与人文气质的人,理性思辨,创新发展;必定是视野开阔、气度恢宏的人,看重自己,看高他人;必定是心怀家国、未来可期的人,担当责任,朝气蓬勃。

记得著名主持人董卿朗读的《巷子里的清香》,文中对家乡的印记,勾起了肇庆人满城寻找作者"文一",原来她是肇中校友蔡立;《民族文学》重点作家、肇中首届新疆班毕业生阿依努尔说:肇中的可贵在于,她没有把想像流水那样自由流淌的学生灌进漂亮的玻璃瓶子,也没有置之不理,而是把他们引向了大海。"学霸"邓宇轩说:肇中是个许愿池,包容每位学子的梦想;肇中是个启航地,一切梦想都可以在这里腾飞。1985届校友精心筹备的"端溪印记·肇中校友"藏品展,开启了校园非物质文化遗产风潮。2010届高考语文全省第一、作文满分的学生陈文波撰写的《端溪书院志》雕塑在校园永久立放,既展示了肇中人的才情素养,也彰显了肇中的自信和大气。

三、文化融合美

百年学府悠久的历史和现代化的教育相融合,让肇中师生植根于中华优秀传统文化中,浸润在学校深厚的历史文化传承中,又学习生活在充满教育现代化理念的课程、环境中。在诗情画意的校园里,眼中要有"一日穿越千年"的景观,又要有开放的文化视野,心中更要有新时代勇立潮头的激情和磅礴。

这种文化滋养，在育人上持续发挥着影响力，也深刻影响着学校的办学理念、校长的教育思想、学校的课程设置以及教师的教学理念和学生的情感态度。

四、民族大爱美

这里是民族团结、文化交融的和谐家园。承办新疆内高班是肇中光荣的使命。校园里，各民族学生同吃、同住、同上课，交往、交流、交融。他们亲如兄弟姐妹，和谐相处，互帮互助，处处呈现民族共融、健康快乐成长的校园最美风景线。

最美校园应该是有温度的校园，有温度的校园才能培育出内心有光芒的学生。2016年3月4日，一篇《你的春天，我的生命》的文章刚发出，阅读量147万人次，有关肇中高二学生李思欣患急性白血病需做手术的报道刷爆朋友圈。不到24小时，筹得善款近120万元。思欣的坚强，肇中校友的关爱，提升了肇庆这座城市的温度。很多国内外校友纷纷表达对母校学子的牵挂，也有不少社会团体、热心人士对肇中学子表达了关注、关爱。这不仅是肇庆人的大爱，更是百年肇中深入人心的力量，是百年肇中涌动的认同感和归属感，是历届校友、家长、学生共同努力构建的良好社会生态，显示肇中厚重的人文底蕴和强大的凝聚力。

最美肇中校园具有完善、强大的社会支持系统。家长、学生心心向往，社会各界大力支持，社会美誉度高。作为多所名校生源基地，肇中与多所高校携手共建，实现院士、科学家及各类名师、大家进校园常态化；借助高科技研发项目基地人才和设备资源，推进了校本实验课程建设和学生实验课题研究，进一步营造学术氛围，拓宽学生视野，培育创新苗子，提升科学素养。面对世界，面向未来，我们对教育的理解和阐述更加开放与包容。

教育实践

为实现建设全国最美中学，培育内心有光芒的学生的目标，2016年肇中全面启动学生绿色成长计划。激发学生明确成长目标，提升学生成长动力，通过课程、教学、活动、生涯规划等系列举措，聚焦学科核心素养，推动课堂深刻转型，全面提升学生综合素养。

一、强学术

（一）构建学术型人文肇中的课程体系，造就一个充满选择的校园

课程承载学校的发展和学生的未来，成就学校的特色和学生的个性。课程特色决定学校的竞争力。学校创新课程建设，从一节课到一门课，回归育人本原，优化课程内容，落实学科思想、学科方法，提升学科核心素养。

学校进一步完善课程体系，为不同潜质的学生的发展提供多样的、可供选择的课程、学习方式和发展方向，学生多样化发展的愿望在肇中得到尊重、理解、鼓励和支持；加大对国家课程与校本课程的整合力度，形成与学术型人文高中相匹配的，能够培养学生创新意识和创新思维的校本课程体系；构建基于国家课程标准的标准课程体系、培养创新性思维品质的实验课程体系、基于研究性学习的校本活动课程体系以及社会学习实践类课程体系；改变原来的套餐式的课程，打造高质量的课程超市，满足不同志趣的学生多样化的课程需求。

学校以课程为载体，开展能够提升学生学术性思维及科学素养的思维研究；以活动为载体，开展提升学生的审美自觉的美育研究。

学校大力丰富校本特色的活动课程，以"科技创新节，人文国学节，文化艺术节，健康体育节"的"3+1"重大活动为平台，为学生的全面发展创设各种舞台，提高全体学生的人文、体育、艺术和科技的核心素养。学校每三年上半年轮流举办历时两个月的"文化艺术节""科技创新节""人文国学节"，师生全程投入、全员参与，活动精彩纷呈；每年下半年举办健康体育节暨"世界民族""世界城市""世界名人""中国书院"等大型文化巡游活动。"3+1"活动课程已成为肇中响亮品牌。学校用活力激发潜力、提升实力，鼓励特长发展、多元发展，全方位提升学生综合素质。

学校大力开发符合学生智能认知及发展特点的、具有粤派地方特色的研究性课程；鼓励学生基于岭南文化、粤派特色进行课程选题，如"粤语的来源及发展""南下的追溯之鲜卑族在肇庆""端砚的文化传承""研究沙浦这段遗失的历史"等，立足本土研究，既激发学生浓厚的兴趣及家乡情感，又能在熟悉的环境中取材，效果非常明显，不少学生还由此获得了国家、省级奖项。例如，郭阳同学的作品《包拯与端州》、陆莹莹同学的作品《探秘广宁战国墓葬群》均获广东省青少年科创大赛一等奖。

（二）重构课堂，构建学术型人文肇中的教与学

1. 深度融合学科知识与核心素养，打造高效课堂

学校大力推进课堂教学改革，推行"团队+创新"模式下的"教"，促进了学生"自主、探究、合作"模式下的"学"，打造出了"动脑动手多，分享交流多，自主选择多"的高效课堂。学校重构团队教研新常态，开展"三级教研"，启动研究性"教"和"学"的落实，精心策划、组织面向省内外的教学开放日和论坛研讨活动，推进学术型高中的教学研讨。学校通过推行教学微改革、管理微创新，构建出了活力型课堂、学术型科组。

2. 积极探索思政教学新方式

《在"闹市"中上课，肇庆中学探索思政教学新方式》，这是2019年4月"南方+"对肇中创意思政课程的报道。"文化创意市集"是肇中思政实践课程的创新探索，截至目前已连续举办了六届。比如主题为"万邦协和，文化共融"第五届文化创意市集，每班可选择喜欢的国家、地方文化作为店铺商品的创意主题，各类原创文化产品可在校园售卖。从设计，到营销，再到模拟"消费者协会"，学生在生动活泼的思政实践课程中了解"市场"，推动"经济"，体验了精彩的"经济生活"。活动还

举办专场拍卖会，全部所得用作资助结对帮扶的怀集县兄弟学校。

学校秉承"知行合一"的理念，将思政实践课程与"爱心传承"系列助学活动相结合，多次组织学生到下帅民族乡、冷坑镇等地开展助学活动，师生由课内走向课外，一起用脚步丈量世界，用行动诠释教育之美。

二、厚人文

人文的浸润是培育内心有光芒的学生的重要途径。人文教育，是育人的教育，是心智、情感和价值的教育，渗透在学生的经历、体验、成长、对世界和他人的交往以及认知中。心智的发育，精神的成长，都离不开人文的熏陶和培养。

（一）兼顾学科课程与综合课程

2020年春，在线上教育中，我们坚持国家课程学习与疫情防控知识、健康知识学习相结合，注重加强爱国主义教育、安全教育、生命教育和心理健康教育，鼓励学生锻炼身体、开拓阅读，确保身心健康；坚持学科课程与综合课程兼顾，把立德树人落实到课程、回归到生活、延伸到家庭、社区、社会。2020年农历正月十五，我给全校师生写了一封信《心有光芒，一路向前》，"学习强国"全文登载；同年3月2日，我给全校师生上了线上开学第一课"弦歌不辍，薪火相传"；学校公众号推出原创"我的战疫时光"系列推文40多篇；返校复课后，我给初中生上了思政第一课"心怀梦想与敬畏，我们的世界将熠熠生辉"，给高三学生写了一封信《你今天奋斗的模样，永远令人心动》……通过这些人文教育，引导学生感恩国家，尊重自然，珍爱生命，保持悲悯和善良、自律和担当，重新思考怎样与自己相处、与人相处、与世界相处，激发培育内心的光芒，提升学生的人文境界。

（二）开展思维与美育的研究

学校秉承"格物致知，崇善尚美"的校训，以优秀传统文化特色建设为载体，以多元文化展现为抓手，以师生文化互动为主线，不断探索和创新传统文化教育的内容与形式，通过"人文国学节""文化艺术节""科技创新节""道德讲堂"、成人礼等文化活动，大力提高学生对中华优秀传统文化的认知与鉴赏能力，提升人文素养，培养创新品格。学校致力建设肇中特色的活力型课堂、学术型科组、参与型管理、开放型社团、创新型活动、多元型评价，培育内心有光芒的学生；重点研究"尖优特"学生的培养战略，启动绿色育人，快乐成长模式，让学生有丰富的人文体验和来自情感、意志、品质的锤炼。

（三）启动端溪书院历史文化发掘工程

一所学校的前世今生，既有历史渊源，又承载着未来的发展。端溪书院作为广东四大书院之一、两广地区地位最高的书院，历史悠久，影响力深远。充分挖掘端溪书院的历史文化内涵和历任著名山长丰富的教育思想，弘扬书院历史荣光，是肇中传承中华优秀传统文化最朴实而有意义、最校本化而有实效的做法。由此，通古博今，寻找和丰富新时代办学的源头活水，落实立德树人的根本任务，将中华优秀传统文化的精髓深深植根于书院文脉传承与校园文化建设中，以"明经行修"的创新方式继往开来，努力推动中华优秀传统文化校本化的实践，以德育涤心灵，以文化冶品格，涵养深厚的文化底蕴和人文情怀，形成中华优秀传统文化教育肇中校本特色。

挖掘端溪书院文化历史内涵，创新发展历任著名山长的办学思想，对传承中华文脉和母校精神的涵养有着不可替代的作用。端溪书院作为明清岭南学术研究的中心，一大批有名望的硕儒担任山长，如全祖望、何梦瑶、冯敏昌、谢兰生、林召棠、梁鼎芬等，他们治学严谨，成就卓越，其教育思想深刻影响着岭南文化、教育的发展，具有非常宝贵的研究价值和深远的研究意义。

2017 年，我校举办了主题为"寻找四百多年人文历史之根脉，传承端溪书院之薪火，建设全国最美中学"的第二届人文国学节。全校师生掀起了对端溪书院文化价值与历史变迁的研究热潮，大家积极收集相关史料，组织专项研究，开展论坛研讨，共同追根溯源，探寻两广端溪书院史话。

2018 年，我校与肇庆市教育局、肇庆教育发展研究院联合举办"明经行修 崇善尚美"互联网＋星湖教育论坛暨两广端溪书院开山 445 周年纪念活动。邀请著名书院专家毛静、华南师范大学教授黄牧航和端溪书院全祖望、李材、林召棠山长后人等，紧紧围绕书院历任山长的办学思想、家训等展开深入探究和解读。论坛融古通今，传承和发扬了书院精神和著名山长的教育思想，对肇中的长远发展起到积极的推动作用。

三、富情怀

（一）用肇中人的母校情怀，培育师生共同价值追求

创新育人模式，深化"三自五修，特色育人"校本模式实践研究，培育学生核心素养。充分发挥各学科在培养学生的核心素养中的作用，关注学生的思想品质、思维方式，鼓励提问、质疑、反思，培养学生的学科素养和创新能力，提升学生的合作意识和交流能力，关注学生的精神发育、德行发展与人格修养，启动学生绿色培养和成长计划。强调所有学科在培养学生的素养中发挥出应有的作用，所有教师在每一个教育教学和管理中落实育人目标。

教师需要更包容、更富有情怀地工作，才能培育出有情怀的学生。过度教育、超负荷学习最终导致负增长，持续健康的生活和学习才是最重要的方向，我们培育内心有光芒的学生，尊重、理解、鼓励和支持学生多样化发展的愿望，保护学生的兴趣、禀赋、好奇心、探索力。

（二）全力以赴办好新疆班，使之成为培育学生家国情怀的重要抓手

承办新疆内高班是维护民族团结、政治稳定的重要举措，使命光荣。我校于 2007 年开始承办内地新疆高中班的办学任务，至今已近 16 年。我们从办班实践中提炼出志存高远、崇善感恩、理性大气、勤奋进取、多才多艺、博学创新、身心健康、乐于服务的"肇中新疆班精神"。学校党委班子进行顶层设计，带领各部门、各年级

在对新疆班学生的教育教学管理中认真贯彻"爱、严、细"的教育原则，建立、完善学生成长导师制，大力推进混班混宿、朋辈结对、导师制，形成春节"温暖家庭"、暑假"校园结情谊，万里走亲戚"民族家庭共建活动、国庆研学旅行暨爱国主义教育社会实践活动、香港"摘星计划"助学活动等品牌特色，铸牢了中华民族共同体意识，打造出了民族团结的肇中样本、肇庆模式。

每年寒假，学校领导带头开展"温暖家庭"活动，带着学生回家过年，游走端城，欢乐相聚，共度佳节。新疆学生与本地生混班混宿，朋辈结对。全方位的民族融合，不仅让新疆班孩子在千里之外依然感受到家的温暖、感受幸福广东，也让本地同学感受到民族大家庭的美好。每年暑假组织的"校园结情谊，万里走亲戚"赴新疆家访活动，是肇中民族教育的一大亮点和特色。这有力地促进了本地同学与新疆同学、家长的交流交融，进一步铸牢民族共同体意识。香港"摘星计划"助学活动持续开展8年，迄今已资助新疆班毕业生156人，累计金额374.4万元，让家庭困难的孩子感受到人间大爱。

2018年，全国内地民族班"同课异构"开幕式暨高中语文教研活动在我校成功举办。肇中的办班经验，赢得教育部民族教育发展中心领导和全国各地办班学校盛赞。同年，我校新疆学生参加广东省第六届少数民族传统体育运动会荣获健美操项目铜牌及表演项目一等奖，并代表广东省参加2019年全国少数民族运动会，荣获全国三等奖。截至2020年6月，我校已毕业内高班学生1087人，其中45人在校时加入了中国共产党，3人考上北京大学，70多人获国家级、省级各项比赛大奖，1人获国家知识产权局发明专利。2020年，621位新疆学生在老师们的守护下在校园平安度过寒假，并克服疫情带来的不利影响，取得高考全面丰收。我校办班工作得到国家、广东省、新疆教育厅等有关部门多次好评。2019年，我校被定为广东省民族团结进步创建活动示范单位；2020年获表彰为"广东省民族团结进步模范集体"，新疆部王文成主任获评"广东省民族团结进步模范个人"。

四、打造肇中教育梦之队

教师是学校最宝贵的财富，是质量的关键。习近平总书记讲道："一个人遇到好老师是人生的幸运，一个学校拥有好老师是学校的光荣，一个民族源源不断涌现出一批又一批好老师是民族的希望。"有高质量的教师，才有高质量的教育。促进教师专业发展是学校重要、基础、持久的工作。建设全国最美中学，培育内心有光芒的学生的核心因素是教师，教师最重要的素质是视野。锻造一批有视野、有情怀的学术型教师团队是重要的人力保障。

（一）构建校本教师荣誉体系

学校通过建立教师成长、发展、评价、激励机制，建立以促进教师专业成长和发展，提升教师专业素质，引导教师自我实现、促进教师成名成家的荣誉体系，形成一套相对成熟的以教师培训为主线、以实践为主要方式、以职称和岗级提升为主要动力驱动的专业发展路径。

1. **校本教师荣誉体系基本框架**

校本教师荣誉体系基本框架是校本教师评价、激励机制—教师专业发展路径（自我规划、结对帮扶、团队引领）—教师岗级聘任制度—教师人文素养提升—学校人文生态构建。教师的荣誉感建立在充分尊重与信任的基础上，物质荣誉、精神荣誉、人际荣誉同等重要。

2. **构建校本教师奖励、激励机制**

学校每年评选十佳教师、十佳班主任、十佳职工、民族团结先进工作者；每两年分别评选十杰教师、十杰班主任；班主任系列奖项有班主任奉献奖、成就奖、功勋奖。把班主任岗位摆在重中之重的位置，鼓励优秀教师争当班主任。

3. **注重构建和谐的从教环境**

学校注重构建和谐的从教环境，并在教师成长和发展上提供更多的专业引领，在教育教学管理中有更多的人文关怀，引导教师自我实现，促进教师安心从教、热心从教、舒心从教、静心从教，激发教师在专业发展上的高度自觉。

4. **重构校本培训、考核、评价激励制度促进教师专业成长**

优化骨干教师评选制度、青年教师培训制度，提升校本培训质量，完善校本教研制度和教师交流研讨制度，培训与实践相结合，自主研修与团队研讨相结合，构建起教师学习共同体，全方位提升教师素质。优化综合评价方案，鼓励教师主动作为，提升学科视野，增进教研活力，以日常创新求作为，以团队进步保地位。

（二）构建学习共同体，用团队的力量唤醒职业沉睡的教师

学校构建学习型、研究型的优秀教师团队，成立学科委员会，开展学术沙龙活动，加强学科建设，通过集体教研，构建现场学习、研究的共同体，在制度机制上发力，在创新落实上下功夫。学校建立"模范引领、教师结对、自我反思"三位一体的教研格局，用团队力量唤醒"沉睡"的教师，改造其内心景观，开展以"理论学习、集体备课、主题教研、反思交流"等活动为基本形式的肇中教研新常态，培育创新型的优秀教师团队。

结束语

教育的发展前路正长，要有理想的坚守，亦要有风骨的延续。坚持让每个孩子内心充满光芒的教育思想，我们有信心立足新时代国家教育综合改革的大背景，打破经验藩篱，突破内心障碍，对接过去与未来，创新发展，整体推进学术型人文肇中建设，建设全国最美中学，培育内心有光芒的学生。坚守教育的过程中，有寂寞、有艰辛、有挫折，也会有彷徨。庆幸的是肇中人在探寻的路上从没退缩，永不懈怠。我们既有美好的当下，也有诗意和远方。教育是美好的，肇中的学生是幸福的，因为最美的肇中教育，让他们心中充满了光芒！

育。《国家中长期教育改革和发展规划纲要（2010—2020）》和《教育部关于普通高中学业水平考试的实施意见》（教基二〔2014〕10号）陆续出台，均明确提出了"建立学生发展指导制度""加强学生生涯规划指导"的相关要求。2016年9月，围绕"立德树人"根本任务，"中国学生发展核心素养"体系总框架正式提出。2018年，随着我省普通高中课程改革和考试评价制度落地，我们开设了生涯规划指导课程，帮助普通高中学生树立主动发展的观念，提高社会适应能力，因为这已成为普通高中教育的重要内容和普通高中学生发展的迫切需求。

  高中生的自我意识和独立的处事能力逐渐增强，因为他们逐步摆脱对父母、老师及同辈的依赖，特立独行地审视和处理自己的社会生活问题。但高中学生涉世未深，他们在审视社会、选择未来职业、规划未来生活等方面还不够成熟，常处于独立与依赖、自信与盲目、发展自我与社会约束之间的矛盾与冲突中。生涯规划教育可以帮助高中学生在社会化的过程中，顺应客观世界和个体发展规律，确定正确的人生发展方向，顺利度过人生的关键期。为扶助学生"做最好的自己"，我校以广东省教育研究院教研室编著的《高中生生涯规划》为主要教材，采用"课内+课外，课程+活动，专家/导师/家长+学生"的模式，开展高中生涯规划教育引领学生理性成长的实践研探。以目标为引领，以活动为载体，充分发掘学生的潜能，建构以学生为中心的教学模式和课程体系，注重对学生的独立、坚韧、合作、缜密等优秀品质的塑造，重视对学生的创新能力和终身学习能力的培养，以三大领域六大素养为核心培养与社会发展相匹配的自信、自主、自强的中学生。通过打造"以德修身"的教化环境，践行"以美育人"的办学理念，夯实"健康成长"的发展基础，在"生涯规划"引领下理性成长，促进了学生全面发展、多元发展和优质发展。相关成果于2018年3月在粤派校长论坛上做了专题分享。

教育思想

  师生的教学相长、学校的持续发展，无疑是每一位校长的理想与追求。与时俱进方能适应教育新常态，精细管理才能推动学校大发展。脚踏实地，慎终如始，扎扎实实地做好学校各项工作，才是学校持续发展的根本。要提高教育质量，必须建构丰富多元的校本课程和自主参与的社团活动，以爱生善教德高艺精的教师团队，引领学生确立目标，焕发激情，自主投入紧张有序的学习和生活中。要为学校教育注入激情和文化内涵，要激发师生的进取心和内驱力，才能促进师生主动发展和持续发展。

一、学校教育，要为未来社会培养建设者和接班人

  一个有责任心、有教育情怀的校长，既要有前瞻的眼光，又要有务实的作风；既要跳出教育看教育，又要回到原点思考教育，即未来30年，中国需要什么样的人，世界需要什么样的人，学校要培养什么样的人。

习近平总书记说过，教育要让每一个孩子都对自己有信心、对未来有希望。21世纪的今天，以计算机为基础的信息技术、数据技术和人工智能所带来的技术革命，给教育带来了前所未有的挑战。智能时代，技术革新节奏更快，职业更迭时间更短。未来，不是知识的竞争，也不是考试的竞争，而是创造力、想象力的竞争。学校教育是要培养人，而不是把人训练成工具或机器。教育不应仅仅是生存技能的训练，它的宗旨和使命应是引导和教会学生对自己有信心、对未来有希望，努力成为国家需要的人才，努力去追求幸福的生活，追求有质量的生活，追求有意义的生活，做最好的自己，成就最美的人生。

现在的教育，要为未来培养人才。近代大多数的学校教育，强调的是"标准化"，重视知识的传授，按照一个套路培养人才，只要学生符合了标准，就是"完成了教育任务"。而智能时代，这个世界的变革和机会远超想象。

二、适切的课程，能为学生成长提供必需的养分

课程是学校教育的核心，也是教育思想和教育观念的具体呈现。学校只有提供适切的课程，才能施行适合的教育，进而促进学生健康发展。当前，基础教育课程改革正向以课程建设为核心的学校整体改革推进，课程创新已成为越来越多中小学校的自觉选择。以课程建设为切入点，从学校课程建设的系统性、层次性、多样性出发，正视和尊重学生的个体差异，鼓励学生特色发展，打破整齐划一的发展模式，用教育的智慧实现智慧的教育，才能担起为学生未来发展奠基的责任。

学校课程建设要基于学生核心素养，构建特色品质课程；要立足国家对人才培养的要求，立足学生的需求，立足学校的实际，转变育人模式，整合教育资源，发挥学校、教师及学生的优势；要以"开放、选择、多元"为文化内涵，把学科教学、德育活动、体育锻炼、社会实践等一系列有计划、有组织的活动统一纳入课程管理范畴；要以领域、学科、模块层级课程体系为基础，构建科学规范、多元开放、求实创新、特色鲜明的学校课程体系，才能促进全体学生全面而有个性地发展，使学校教育教学水平再上新台阶。

学校层面的课程建设是发展适宜学生成长的路径，是学校特色化发展的需要，更是新课程理念要求下的学校责任。学校要对国家课程、地方课程和校本课程进行整体规划与实施；要转变教育观、质量观和人才观，充分认识课程的地位和作用、课程的特点；要改进教学模式和教学方法，整合教学内容，优化课程功能，使学生通过有效的学习活动，掌握学习方法，获取知识，提高能力；要基于个体差异，关注每个学生成长，唤醒学生追求成长的自我意识，提供适合每一个学生智能特点及其个性特长的教育方式，让每个学生的潜能都能得以发掘和发展。简而言之，学校要凭借恰切的课程，开展有效的学习活动，让优秀的学生卓越，让大多数学生进步，让有特长的学生彰显，让每个学生的潜能得到充分的发展。

三、优秀的教师，应该懂得欣赏和造就学生

教师的核心素养，就是教师热爱学生与培育学生健康成长的必备职业品格与专业能力，包括热爱学生的情感、正直做人的品格、指导学科学习的能力、跨领域的学科视野、创新与实践的精神等等。教师的核心素养中最重要的是"热爱学生的人格魅力和通过学科知识引领价值观形成的教学能力"。一个优秀的教师总能发现每学生的优点。每个学生都是独特的，都应该有他的个性发展、成就自己的过程。教育者要怀着一片诚心，献出一片爱心，同时保持一分耐心，来帮助、支持孩子的成长。

没有对学生的热爱，就没有真正的教育。不论时代怎样变化，不论课程怎样改革，不论学校形态如何存在，教师的爱都是学生成长的精神动力，是他们生命成长的养料。

教师是托起太阳的人，成就学生，就是成就自己。让学生比自己好、比自己强，是师者最殷切的期盼。引导学生关注自己的发展，选定自己的目标，勇于正视问题，善于合作和沟通，应该是教师工作的重点。教师要锻造学生坚强的意志和正直的品格，教会学生批判性思维和解决问题的能力，引导学生勇于担当、挑战自我，对学生的成长意义深远。教师的工作目标，应该是培养充满好奇心、自信、快乐、适应性强、能够迎接未来任何挑战的学习者。

四、优秀的学生，应该内心充盈行动积极

古语有云：寸有所长，尺有所短。一个班，几十人，只有一个第一名，但每个人都可以通过努力成为最好的自己。教育应关注学生的生命本质，而不是考试成绩。学校教育要注重对学生的习惯以及人格的培养，使之成为内心充盈、行动积极的人：有理想，有担当，乐于奉献，不断探索和实践生命价值的家庭合格成员、社会合格公民。

内心充盈，是智慧、知识和信心的体现，是心态端正、意志坚忍，是有智慧、有知识、有信心并有能力去做任何事。学生在学科课堂上积淀文化底蕴，在社会参与中锤炼责任与担当。学生从培养好习惯开始，从正能量生活开始，从多看书、多学习开始，让所有的坚持变成日常，沉淀为内在的充实快乐：成为一个自信的人，具有人文素养和科学精神，礼仪为先，志趣高雅，正直善良；成为一个自主的人，能够自我规划、自我完善，具有思辨能力和创新精神，身心健康；成为一个自强的人，具有家国情怀、国际视野，有责任担当、领袖能力和坚毅品格。

学校教育应该在多元智能视角下理解并尊重学生的个性差异，通过适切的课程和社团活动，挖掘学生个性潜能，张扬学生个性特长，展示学生个性风采，实现学生个性发展，让每个学生的智能强项都得以彰显，让每个学生都正视差异，做最好的自己。

五、学校文化，要在发掘传承的基础上融合重构

文化是根，精神是魂。抗战时期的西南联合大学之所以能经受生与死的考验，创

造出教育和学术的奇迹，正是凭借着它的精神："自由自治，兼容并包"的大学精神，"刚毅坚卓，追求真理"的学术精神，"诲人不倦，弦歌不绝"的教育精神，"贫贱不移，威武不屈"的大丈夫精神，也是一种"多难兴邦，匹夫有责"爱国家爱民族的精神。

学校文化，来自办学的积淀与传承，是一所学校的"魂"。它是一种无形的力量，作用于学校发展的始终，规范着师生的行为方式，引领着师生的价值取向。传承与重构学校文化，是关系学校兴衰成败的大事，是学校可持续发展中不可回避的问题。从溯源的角度看，传承是前行的基础。追溯一所学校的历史，关键在于其办学精神的传承。文脉相传，积淀的是历经实践检验的价值取向、理想情操和道德规范。具有悠久办学历史的学校，其特定的历史文化就是一个富有教育意义的大课堂，可以润物无声、育人无形。从发展的角度看，重构是历史的必然。文化是富有生命力的，与时俱进，自然消长。学校教育是特定的文化系统中衍生的一种文化范式，面对复杂的文化生态、文化冲突以及价值选择，必须在一定的文化价值观的指导下对文化进行甄别、筛选、扬弃并重构。

学校文化是以教师文化、学生文化、课程文化、活动文化为内核，以校园文化为外显的综合体。有形的楹联、雕塑、诗句、名篇，承载的是无形的价值取向、理想追求和时代精神。打造学校文化，以传承之名生搬硬套固然不可取，以重构之意推倒一切也非善举。学校文化，需要在发掘传承的基础上，发挥融合创新的功能，应社会发展的需要适时重构，才能更好地焕发生命力和凝聚力，推动学校健康快速地发展。

教育实践

肇庆市第一中学（以下简称"一中"）前身是宋朝名相包拯于1040年在端州创办的星岩书院，是肇庆历史上第一所官办书院，1908年正式改为高要县阖邑公立中学堂，1961年改为肇庆市第一中学，是广东省一级学校、高中教学水平评估优秀学校、肇庆市级重点中学。2016年，肇庆市一中进入了一校两部的发展新时期。随着高中部的建成并投入使用，肇庆一中办学规模迅速扩大。承载百十年底蕴的老校名校，社会对学校发展的期望居高不下。如何实现规模扩大与质量同步提升，这是一中发展新阶段要面对的新命题。

一、因应实际，准确定位，确立发展新思路

作为百年老校，只有从更高的层次去认识和建设学校文化，深入发掘和利用百年老校积淀下来的优秀文化传统，使文化真正成为学校的核心发展力，才能更好地促进学校的后续发展。我校遵循"传承千年文化、发掘百年传统、实现创新发展"的指导思想，传承"礼仪为先，崇尚高雅"的育人传统。学校以"学会生活、和谐发展、崇尚高雅、勇于创新"的育人目标，构建"正直友善、互为成就、团队合作、追求卓越"的学校文化,以学生的全面发展为本,以高雅教育为引领,以自主管理为核心,以特色活动为载体,以校本课程为品牌,走"文化育人""艺术育人""活动育人"之路,践行"做最好的自己"的办学理念,创设优质而适性的教育环境,让每一位师生成就最好的自己,让学校凭借先进的办学理念、鲜明的办学特色和良好的办学业绩,赢得良好的社会声誉。

基于高考改革和学生发展核心素养的教育背景,我校致力于培养学生适应终身发展和社会发展需要的必备品格和关键能力,落实立德树人根本任务。广东在2018年出台并实施高考综合改革方案,即2018年及以后入学的高中一年级学生,高考实施"3+3"模式,高考成绩由3门统一高考科目成绩和自主选择的3门普通高中学业水平等级考试科目成绩组成。我校在深入学习高考综合改革方案的基础上,制定了与校情生情相匹配的应对策略;大力推进"生涯规划"课程的实践研探,帮助学生科学规划学涯发展;配套完善分层分科的选课走班体系,以满足学生个性化的发展需要。

结合现代化中学的建设目标,我校充分发挥"互联网+环境下信息技术"在教学中的优势,打造智慧化的校园工作、学习和生活一体化环境。借助大数据、云计算、人脸识别、人工智能等先进技术,打造无处不在的网络学习、融合创新的网络科研、透明高效的校务治理、丰富多彩的校园文化、方便周到的校园生活。基于计算机网络的信息服务融入学校的各个应用与服务领域,为广大师生提供一个全面的智能感知环境和综合信息服务平台,为学校与外部世界提供一个相互交流和相互感知的接口。

二、强化校本培训,锻造专业团队,引领学生优质发展

人,才是决定学校质量的关键。学生发展,是学校发展的终极目标。教师发展,是学校发展的内生动力。为此,我校致力于通过规划引领、岗位研修与成长激励,促进教师专业发展。通过教育教学表彰、"感动一中年度人物评选"等活动的常态化开展,促进教师自主提升。通过丰富团队文化生活,增强团队的凝聚力,展现教师的魅力。通过教师退休前的职场分享,让每一位教师的成长历程都成为团队进步的阶梯和财富,让传承与发展成为学校凝心聚力的主旋律。

(一)加强师德建设,建设高尚师风

教师是人类灵魂的工程师,是人类文明的传承者。新时代对广大教师落实立德树人根本任务提出新的更高要求,规范了职业行为,明确了师德底线,要求教师要有责任感、使命感、荣誉感,要努力成为有理想信念、有道德情操、有扎实学识、有仁爱之心的好老师。我校以《新时代中小学教师职业行为十项准则》为学习重点,深入广泛地开展教师思想政治教育和职业道德教育,明确新时代教师职业规范,划定基本底线,深化师德师风建设。积极倡导"学高为师,身正为范"的师德风范,大力弘扬勤勉踏实的治学精神、教书育人的师道风范和为人师表的高尚品德,使广大教师树立了正确的教育观和价值观,增强了育人的使命意识,为建成一支"守法、品高、

业精、人和"的教师团队奠定坚实的思想基础。

（二）实施强师工程，锻造专业团队

新教师成长，青年教师成才，骨干教师成名家，这是教师专业发展理想的进阶式态势。为此，我校积极推进"1358青年教师培养工程""名师工程"，落实"一课一研"。设置梯度成长目标，引领青年教师自主发展，从教学新秀、骨干教师、学科带头人、市区名师到特级教师（正高），扶助教师实现可持续发展和全面发展。以骨干教师引领为核心，以名师工作室为载体，通过学习、研究、展示和孵化，发挥其学科教研方面的示范引领作用，促进工作室成员教科研能力和专业水平的进一步提高。以备课组为单位推进"一课一研"，从"个案"到"公案"，集中解决短板，力争做到精细实，经过群策群力、反复斟酌推敲，研出新方法、新理念，形成凝聚集体智慧的精品课。

（三）规范培训形式，保障持续发展

为确保培训对教师专业发展的促进作用，提升教师的理论水平与实践能力，我校以"请进来、走出去、坐下来、钻进去"为纲要，拓展培训渠道，规范培训形式，完善相关评价与考核方案。通过组织骨干教师经验交流、专题讲座、上示范课等多种推广形式对全校教师进行培训，让骨干教师充分发挥辐射引领作用。规定外出学习交流的老师要将所学向科组内甚至全校老师进行汇报交流，实现"一人学习，全员受益"的目标。组织开展教师能力大赛，围绕"三分钟演讲""学科特色板书展示""信息技术与学科教学融合与创新的展示"和"教学特殊案例分析及对策"四个环节比拼专业素养，夯实教师的专业知识和综合素养。组织开展新教师汇报课活动，组织教师参加中高考同步模拟考试，举办高考题研究成果专题论坛，实践与研训结合，提升教师的专业能力与水平。抓住教育教学的关键节点和难点，以提升课堂效率和备考质量为重点，积极开展课题研究，通过级级、科科、人人自觉参与课题研探，掌握教科研的基本规律和有效方法，实现以研促教的终极目标。

（四）推行校本研训，夯实成长平台

德育是学校教育的重要组成部分，是素质教育的核心。学校要以德育人，立德树人，保证德育工作的有效落实，就必须建立一支高素质的德育队伍。我校从班主任理论素养和能力提升着力，通过组织开展系列化、常态化的德育专项校本培训，保证了德育工作的有序开展和高效推进。学校定期举办德育研讨会，从安全工作、心理健康教育、校风和班风建设、班级文化建设、班主任队伍建设、学生干部队伍建设、家校共建工作等方面进行经验分享与交流；组织教师积极参与主题微班会比赛、班主任专业能力大赛以及名班主任工作室专题交流分享活动、广东中小学优秀主题班会课观摩暨班级文化建设研讨会、广州名校考察暨班主任工作论坛等德育活动，在竞技交流中提升德育能力。德育能力培训校本化，德育理论专题学习、德育经验专题分享以及校内外观摩学习常态化，紧扣班级管理的热点与难点，开展主题式班主任研训，借助培训前的主题选取、多元互动的培训过程，有效促进班主任的专业成长。

三、合理规划课程，提升综合素养，扶助学生多元发展

课程是培养人才的基石，是教师、学生、教材、环境四个因素的整合体。随着我省普通高中课程改革和考试评价制度改革的不断深入，分类考试、综合评价、多元录取的考试招生制度基本成形。整合课程优化学科组合，引领学生优质发展科学选课，已成为课程建设的重要内容。为此，我校以"构建适合并服务于学生发展的课程"为宗旨，把学科教学、德育活动、社会实践、体育锻炼等一系列有计划、有组织的活动统一纳入课程管理范畴，构建以课程为中心，以教师、学生为主体，以活动为载体，以学分制评价为纽带，以"开放、选择、综合"为文化内涵，构建适合学生发展的多元课程体系。

（一）开好必修课，夯实学科基础

文化课是发展学生个性、提高学生综合素质的基础课程。高中阶段的学生还要面临文理分科和升学专业的选择，符合个人特点的科学的课程修习计划，能为学生将来的学习和就业提供更好的知识和能力储备。在抓好知识传授、能力培养的同时，我校注重学生认识能力、学习心理、情感意志、身心协调的培养。例如，语文教学通过"诵名诗名句，读名篇美文，关注热点焦点，抒发情感体验"等一系列听、说、读、写综合能力的培养来激发学生自主意识；数学课程教学注重开发学生的潜在能力，让学生在数学问题中发现思维规律，主动获得解决问题的方法和技巧；英语教学采用英语课程所倡导的任务型教学模式，注重培养学生的英语交往表达能力，使每个学生都有口头表演发挥的机会，课堂教学呈现师生互动、生生互动的教学情景。

（二）重视实践课，培养综合素养

研究性学习、社会实践和社区服务是培养学生综合素养的实践课程。我校注意发挥家长与社区资源的作用，树立"大课程"理念，合理开发利用校外课程资源，为学生构建一种开放的学习环境；有计划地组织学生走进社会，参与社会实践，开展参观、调查、考察等活动，拓宽学生的视野，激发学生探究问题的兴趣，提升运用知识和解决问题的综合能力；利用节假日组织优秀学生分赴实践基地进行社会服务活动，提高学生感恩社会、服务社会的意识及学生与社会交往的综合能力；利用本地资源拓展综合实践课的课程资源成为学校课程开发的一大特色，"走进端砚世界""肇庆古城墙的历史变化和现状""星岩摩岩石刻的资源""调查星湖水位与季节的关系估计存水量""北岭的森林开发价值""七星岩外来植物生存状况调查"等成为极具地域特色的校本课程。

（三）拓展活动课，创设交流平台

活动课对促进学生基本素质的全面发展、个性特长的形成、各种独立活动能力的培养，具有不可替代的作用。我校坚持将学生的课外活动列入教育教学计划和课表，做到组织、时间、地点、指导和经费"五落实"，初步形成了较完整的活动课系统：校园十大中英文歌手大赛、英语节、科技节、体艺节、读书节和社会实践活动等。学

校的学生社团有科技社、书画社、摄影社、文学社、英语俱乐部、动漫社、毽球社、健美操社、合唱社和管乐社等，各类社团组织的活动既丰富了校园生活，也给师生提供了展示个性特长的舞台。

（四）丰富选修课，实现多元发展

体现地域和学校特色的校本课程，为满足学生个性化需求和多元发展创造条件。我校建立了"国家、地方与校本相结合，学科类与综合实践类相结合，必修与选修相结合"的课程体系，不断完善基础型、拓展型、研究型等校本课程类型。注重课程资源的开发和整合，注重课程内容的探究性、实践性和多样性，为学生自主发展提供了选择余地，形成了与领域、科目、模块、培养目标相对应的校本课程体系。多元化的校本课程，丰富了学校实施素质教育的形式和内容，满足了学生的多元化、个性化发展需要，保证了学校素质教育的稳健发展。

（五）打造特色课，促进优质发展

量身定制特色课程，满足学生的优质发展需要。基于网络学习空间，我校设计、实施和运用多元评价，开展跨学科学习和项目式学习；开设中国人民大学附属中学（以下简称"人大附中"）的学科奥林匹克训练营活动课程，与北京人大附中仁华学校超常教育合作试验研究基地，实施超常生教育；开设DIY创新思维活动课程，培养学生的创新精神与合作能力，鼓励学生进行实践探究；设立科技创新课题研究课程，为热爱科学、富有钻研精神的优秀学子提供一个学术研究、交流的平台，培养学生严谨求实的作风，持之以恒的精神，诚实守信的态度，志存高远的胸怀；建成面向智能制造、生命科学、宇宙探索、智慧阅读、艺术创作等的创新实验室，为开展研究性学习、实施创新教育提供科学教育所需的技术环境，通过实验项目带动学生进行创新实践与科学研究，培养与社会发展相匹配的创新能力与科学素养。

四、践行德美育人，重视规划引领，促进学生全面发展

立德树人是教育的中心环节。学校教育要尽到教书育人、立德树人的责任，并把这种责任体现到平凡、普通、细微的教育教学管理之中。我校以"追求卓越，崇尚高雅"作为学生发展所需的必备品格，以"用心做事，正直做人"作为学生发展所需的成功基石，坚持以形成健全人格为核心，以日常行为规范的养成、健康身心素质的培养为基础，以社会主义核心价值培育为重点，着眼于每一个学生的健康发展。

（一）文化育人，打造"以德修身"的教化环境

1. 营造润物无声的文化氛围

我校关注校园文化的建设，努力创设一个"时时受教育、处处受感染"的成长环境，充分发挥环境育人的作用，培养"学会生活、和谐发展、崇尚高雅、勇于创新"的学生。植树造景，建设八大主题园区，增加绿化面积，绿化美化校园。以端砚文化和书院文化为核心，利用校训、楹联、诗歌、名人警句、师生书画作品等，为校园增添绚丽的人文景观，陶冶学生情操，形成内涵丰富、特色鲜明的环境文化。通

过读书亭、图书阁、阅览室和电子图书馆等，向学生推荐经典文学作品，展示优秀作品，使校园散发书香气息，让学生感受书籍的魅力和读书的乐趣，为学生的精神成长打下坚实的基础。

2. 构建正直友善、互为成就、团队合作、追求卓越的学校文化

我校既有激励人心的高三传统活动，如备考启动仪式、百日誓师、高考壮行大会等，还有创意无限的成长系列活动，如心理健康节、"创意集市"社团文化节、校园十大歌手、成人礼、毕业礼等。活动育人的教化特色得到了充分彰显，在传承一中精神，夯实学生综合素质方面取得了显著成效。其中，新年音乐会、志愿服务节、感动一中颁奖晚会等经典项目凭借高质量、高品位和良好的社会效应，现已成为学校文化活动的品牌和标杆。

3. 传承和弘扬一中精神，积淀和夯实文化底蕴

2018年12月，适逢建校110周年，以"沧海弦诵百十载"为主题，多才多艺的一中人以一场意义非凡、精彩纷呈的演出为母校庆生，同时向社会各界展示我校艺术教育的成果。根据地方志所记载，我校的前身是宝月台的星岩书院，是肇庆历史上第一所官办书院，至今已有979年的历史。在近千年的历史长河中，肇庆市第一中学的前身两地迁徙，十次改名。虽然历尽沧桑，但星岩书院一直是教化的圣地、传播文化的基地、培养人才的摇篮。春华秋实百十载，薪火传承育人才。面对教育发展的新时期、新常态，一中人继续弘扬"励志笃行、厚积薄发"的校训精神，始终把"建优美校园，塑儒雅之师，育高雅学子"作为孜孜以寻的追求，脚踏实地，砥砺前行，齐心协力，创新发展。

（二）活动育人，践行"以美育人"的德育理念

1. 规范引领健康发展

我校重视学生的日常行为和学习行为规范，严规矩，明礼仪，抓习惯，营造了良好校风、学风，打造了"养成教育"德育品牌；重视班级文化和宿舍文化建设，鼓励学生自主设计打造具有鲜明个性的文化标识，举办"最美宿舍"评选和班级文化建设交流专题分享会，增强班级凝聚力和向心力；重视心理健康教育，关注特殊群体学生，面向教师、学生、家长三个群体开展丰富多彩的心理健康教育活动。坚持以形成健全人格为核心，以日常行为规范的养成、健康身心素质的培养为基础，以社会主义核心价值培育为重点，着眼于每一个学生的健康发展。

2. 榜样引领卓越发展

我校注意利用升旗集会、级会和班会课组织学生开展优秀学生事迹宣讲教育活动，树立榜样，传递正能量，营造良好校风。通过奖学金等各级各类教育教学表彰、"感动一中先进人物"评选和搭建"新年音乐会""校园十大歌手"等才艺展示平台，引领学生追求卓越，做最好的自己。与中国香港培侨中学、美国宾夕法尼亚州印第安纳公立学区等缔结友好学校；抓住粤港澳大湾区文化交流的契机，组织学生到中国香港、中国澳门参加经典美文诵读活动、演讲比赛、校访活动等；组织学生到新加坡、

马来西亚等地进行体育、艺术交流等;通过组织开展国内外交流活动和访问活动,拓展学生国际视野,培养有领袖素养和国际视野的品学兼优的现代人才。

3. 活动引领多元发展

我校积极推进"学生志愿服务"以及"社会实践教育"德育品牌建设,通过常态化的艺术节、运动会、研究性学习、探索体验课程以及各类社团活动,让学生的思想、性格、品质、才能、体质、特长等素质充分发展,为学生的全面发展和多元发展奠定基础。我校培养学生生存和生活技能,落实高中生"四证考核"(心肺复苏证、游泳证、烹饪证、志愿服务证),开设"心肺复苏课程"和"我青春·我快乐中学生健康知识教育及实践操作校本课程",在高一年级开设游泳课程,指导学生利用寒暑假学会做"八菜一汤",印发《肇庆市第一中学学生志愿者手册》,并要求学生在高中三年完成不低于 200 小时的志愿服务时间,力求每一位同学都能在一中成就更好的自己。

(三)生涯规划,奠定"终身发展"的成长基础

1. 以课程为引领,为规划生涯提供理论指导

我校利用学前教育、心理健康教育课、主题班会、选修课程、研究性学习等课程为学生传授生涯规划所需的知识,特别是态度和观念的导引。学校通过学前教育,对学生进行生涯规划的摸底调查,让学生了解生涯规划的重要性以及学校实施生涯规划的基本内容;通过心理健康教育课,让学生充分认识自我、学会时间管理和情绪管理,了解自己的基本性格特征,找到自己的职业兴趣和方向;利用主题班会引导学生了解自己的兴趣和专业,对学生进行选科的指导。学校研发生涯规划相关校本课程,让学生可以根据自己的兴趣和职业目标自行选择不同的课程进行学习,了解更多的课外知识。以小组为单位在导师的指引下开展实践研探,让学生通过自己的研究了解更多与生涯规划相关的情况。

2. 以活动为载体,组织学生开展生涯探索

除了常规开展心理健康节、成人礼、高考百日誓师等主题活动,组织设计类比赛(明信片、手抄报、漫画、板报)和语言类比赛(演讲、情景剧、小品)外,我校重点在假期综合实践活动上下功夫,利用寒暑假和周末等课余时间组织全体学生以小组为单位进行生涯探索活动,让学生走出学校、走进社会,进行职业体验,让学生在活动中了解自己、熟悉自己、认识世界、大胆探索,为自己的生涯发展路径做出合情合理的规划。

3. 校社联动,家校共建,为生涯规划配套保障机制

为了让每个学生都能制订出适合自己的生涯规划,保证生涯规划的科学实施,我校积极探索"专家引领、导师指导、家长护航"的联动机制。邀请来自华南师范大学、深圳大学、汕头大学、北京师范大学的知名教授到学校给不同的学生群体开展人生规划和心理疏导等主题的专题讲座和专业指导。以小组为单位给学生配置生涯规划导师,除了进行常规的学业指导外,还要进行职业规划指引,让学生在规划生涯发展

时明确清晰的方向，并向家长详细讲述生涯规划的目的意义，明确生涯规划的注意事项，确保家庭和学校目标一致，成为孩子人生规划上的指路明灯。

五、凝心聚力，提质增优，凸显办学成效

近四年来，我校基于"一校两部"的办学格局，以科学发展观为指导，围绕"规模扩大与质量同步提升"的基本目标，充分调动广大师生参与学校建设与发展的积极性，共同推动学校的科学发展和持续发展，致力于建设团队、提升质量和打造特色，各项工作顺利开展并取得了显著的成效。

（一）凝聚师生合力

基于学校发展的新阶段和教育发展的新常态，科学谋划学校发展，"规模扩大与质量同步提升"成为团队的共同愿景。师生之间、生生之间、干群之间、学校成员与社区成员之间建立起良好的团队合作与互动关系。教师的素养、课堂的特色、学校的文化在实践研探中积淀成型。

（二）锻造优质师资

我校建构了"1358青年教师培养体系"，健全了专业发展进阶机制，促进了教师主动发展、持续发展和科学发展。一大批中青年教师在各级各类专业竞技竞赛中脱颖而出，成为我校乃至市、区的教育教学骨干，逐步成长为研究型、专家型名师，为学校可持续发展储备了优秀的专业人才。

（三）促进学生发展

我校探索生涯规划教育，建构以学生为中心的教学模式和课程体系，注重对学生的独立、坚韧、合作、缜密等优秀品质的塑造，重视对学生的创新能力和终身学习能力的培养。通过打造"以德修身"的教化环境，践行"以美育人"的办学理念，夯实"健康成长"的发展基础，促进了学生的全面发展、多元发展和优质发展。

（四）夯实文化底蕴

我校以110周年校庆为载体，传承星岩书院的千年文化，发掘教化圣地的百年历史；传承"礼仪为先，崇尚高雅"的育人传统，构建"正直友善、互为成就、团队合作、追求卓越"的学校文化；弘扬"励志笃行、厚积薄发"的校训精神，始终把"建优美校园，塑儒雅之师，育高雅学子"作为孜孜以寻的追求。

（五）凸显体艺特色

初中部重点打造精品体艺社团，高中部重点培养拔尖人才。2018年，我校被评为首批广东省艺术教育特色学校，为体艺类重点高校输送了大批拔尖人才，先后承办了第十五届广东省省运会、全国健美操华南地区分站赛、广东省健美操决赛等大型赛事。合唱队、舞蹈队、单簧管乐团、健美操队、毽球队、足球队、游泳队等参加省、市级比赛均取得喜人的成绩，成为学校一张张亮丽的名片。

（六）提升教育质量

落实精准备考，以正确的方向、准确的落点、扎实的过程和有效的方法优化教学

进程，使我校成为全市近四年中高考教学质量提升最快的学校（中考稳居区属中学首位，高考重本率连年高增长），并且多次荣获市高考成绩优秀单位奖、市高考先进学校、市高考突出贡献奖、市高中教育质量综合评价一等奖以及区中考教学成绩达标一等奖、区初中教学质量达标一等奖、区教书育人先进集体、区国家义务教育质量监测先进集体等荣誉称号，实现了规模扩大与质量同步提升，一中进入全新的发展进程。

结束语

勇立改革开放潮头的广东人，最大的特点是"务实"。重实情，做实事，见实效，既是粤派教育的底色，也是粤派教育的亮色。回顾本人多年的办学实践，凝练浓缩之后，不过是"务实"两字而已。

粤派教育有着海纳百川的胸襟，讲究的是兼收并蓄。不管是注重开发和挖掘人自身的禀赋和潜能的"以人为本"，还是更关注人的发展的完整性、全面性的"全面发展"；不管是强调教育教学过程是一个高度创造性的过程的"创造性教育"，还是以最大限度地开启学生的内在潜力与学习动力的"主体性教育"；不管是主张针对不同的个性特点采用不同的教育方法和评估标准为每一个学生的个性充分发展创造条件的"个性化理念"，还是在传统的封闭式教育格局被打破后取而代之的全方位开放式教育的"开放性理念"。理念的名称是什么都不重要，符合教育发展的趋势与规律才重要，与校情生情相匹配更重要，用在哪里以及怎么用好最重要。不必为我所有，但求为我所用。

粤派教育重结果更重过程，讲究的是循序渐进。把平常的事情做到极致也是一种境界。无论做人还是做事，都应该踏踏实实，从大处着手，从小事做起。学校的管理工作更是如此。作为管理者，如果能结合学校发展需要，从实际出发，按规律办事，多些思考，多些体察，于平实中下功夫，于细节处见精神，校园自然会充溢着教育的智慧和人文的光辉。一步一个脚印，未来自然可期。

文润德泽，润物无声

德庆县香山中学　粟顺阳（第二组）

导读语

粟顺阳，中共党员，高中语文正高级教师，广东省特级教师，广东省新一轮"百千万"高中文科名教师，广东省南粤优秀教师，肇庆市西江第十三批拔尖人才（西江名师），德庆县首批名教师。著有图书《高中学生作文多元评价建构与实施》和《中学语文教学与管理研究》，参与国家教师资格考试指导教材《语文学科知识与教学能力》一书编写工作，近5年来主持省、市级课题3项，在省级以上刊物发表教育领域学术论文7篇。

本人秉承"勤、俭、毅、诚"的校训，坚持"让师生健康发展"的办学理念，积极推动山区学校的课堂教学方式的变革，从而为学生的健康成长引路，为学生的可持续发展奠基。从教多年来，我一直主张教师要有教育情怀，具备爱国的品质、自由的思想、独立的人格，拥有自己独特的工作、生活和行为方式，坚守内心最深处的宁静，守望一份最美好的教育理想，拥有一份物质无法衡量的快乐，传递好中华优秀的传统文化。

成长档案

我出生在湖南省一个小山村的教师家庭，从小就被父亲"上善若水，静等花开"

的教育情怀深深地感染。1995年师范大学毕业后,我坚定地投身伟大的人民教育事业之中,至今已有25个春秋。我先后担任班主任、备课组长、科组长、年级组长、德育处副主任、德育副校长、教学副校长、两间学校的校长。时间更迭,角色变换,但我始终坚持人民教师要心怀大爱,上善若水,尊重每个灵魂的独特性,乐学生之所乐,忧学生之所忧,如水般呵护与滋润学生,静静等待,避免一切以教育为名义的鲁莽,以生命面对生命,目睹花儿绽放的美丽,领悟教育者独有的幸福。

坚守着自己对教育的那份情怀,25年以来,我不断审视自身之不足,主动发展、勤奋上进,坚持终身学习,在学习中充实自己、提升自己、完善自己,把成为学者型的老师作为自己的目标,孜孜以求,不断增强业务素养,深入钻研教材,认真进行教学研究,将实施新课程的理念和方法运用到具体的教学中去。教学中,我坚决贯彻因材施教的原则,始终把学生的"学"放在教学的核心位置上,加强学科间的知识渗透,使学生的知识面更广、更宽,激发学生的求知欲望,力求做到每一节课都生动活泼,把每一节课都当成优质示范课来上,让学生从心底里喜欢上语文课。

一个好校长就是一所好学校,一个好校长才能带出一批好队伍,一批好队伍才能培养出一批好学生。自2009年担任学校副校长到2016年担任校长,我深刻感悟到做校长是一种修行,修行重在修己。我一直在努力地修正自己、提高自己,要求自己在专业水准和人格修养方面不断地完善。

刚刚担任德庆县孔子中学校长时,我对工作充满激情与期待,但是由于缺乏实践管理经验,困惑与困难接踵而至。但通过不断的学习与反思,不断调整自身的角色与心态,我很快走出了困惑与迷茫。随着对困惑的不断探寻,我渐渐地感到了自身的一些变化,逐步具备了自己的教育价值观和管理观念,工作方式也由以前的被动模仿、学习适应,转变为主动探索、积极创造。

2017年,我调入德庆县香山中学担任校长。香山中学是一所底蕴深厚的百年老校。如何才能让这所百年老校在现有的教育教学基础上再次得到突破呢?我的首要工作,不是在学校的教育教学改革中大展拳脚,而是理顺学校发展的路径、理顺学校的管理机制、做好学校教师的专业发展培训。前期工作凝心聚气,后面的教育教学的变革也就水到渠成。香山中学近三年高考本科率平均每年以10个百分点增加,得到社会特别是家长的普遍认可。2018年我校高考本科率为51%,2019年本科率为65.07%,2020年本科率为70.2%。所以,校长要善于抓住学校发展的契机,探寻个人思想与学校的特点,利用合适的时机和运用系统的策略,实现对学校发展和教师发展的全面引领。

教育思想

一、文润德泽,润物无声

"做有良心的校长,办有温度的教育"一直是我作为老师、校长的座右铭。德庆地处粤西，基础教育比较薄弱，相比珠三角的学生，德庆学子要想上大学难度更大，于是我号召老师一定要为学生的人生发展树立"为多一个大学生努力"的信念，做一个有情怀的、有爱的好老师。

2016届高三学生毕业茶话会上，同学们把对每一个老师的深情感谢和祝福投影到屏幕上时，既为语文老师又为校长的我内心是满满的幸福。"上语文课原来是如此有趣并能学到知识，谢谢你，我们的老粟大叔""您是我见过的最幽默的语文老师""在课堂的不经意处，总能感觉到您智慧的无处不在""在你的身上，我看到了什么叫作博学多才，什么叫作气场强大"，学生的评价让我对语文教学有了更深层的理解：让自己的语文教学成为一颗种子在学生的心里生根、发芽、开花、结果，是一件多么幸福的事。

"粟老师，您就是我的再生父母。"曾经有学生这样评价我。诚然，为更多的山区孩子铺垫人生，把他们送到大学的殿堂，成就与他们"面朝黄土背朝天"的父母不一样人生，我很自豪。2020年，香山中学的本科率为70%，党委政府还有群众给予了我们很高的评价。

二、做青年教师成长的同行者、陪伴者和引领者

"不把校长当作官来当"是校长的基本品质，而培养青年教师是校长的第一使命。一个好的校长，必须在自己的专业有好的建树。20多年来，我一直在学科的道路上探索前进，坚持做青年教师的同行者、陪伴者和引领者。

2018年7月，我主持的广东省教育科学"十二五"规划项目课题"高中学生作文评价研究"结题会上，当每一位参与课题研究的年青老师手里捧着沉甸甸的有着自己心血的《高中学生作文多元评价建构与实施》（北京工业大学出版社）一书时，有人竟然激动得流下了泪水。他们不曾想过，在这样的山区县，竟然有一位老教师带领他们做学科探索；他们也不曾想过，自己的名字作为参编者竟然能出现在一本著作里。

在德庆教育的历史上，我是第一个有自己著作的老师，也是第一个带着老师写书的校长。有着这样的成绩，与自己的努力是分不开的，当然也与这个团队的努力是分不开的。2019年4月，我个人的专著《中学语文教学与管理研究》（世界图书出版社）又出版了。

三、校长应该是课堂教学管理的行家里手

2017年12月，我被调到香山中学任校长，通过听课发现，香山中学"教师讲得多，学生动手动脑少"现象严重，这种低效课堂让香山中学这所百年老校暮气沉沉，失去了生机。于是，香山中学的校园里就出现了这样一道风景线：上午我带着相关老师去课堂听课，下午组织相关老师讨论课堂教学中存在的问题和整改意见，晚上为白天听课的学生和上课的老师以及相关科任老师在学校报告厅做课堂教学和学习方法培训，培训从晚上7:00一直持续至10:20，老师和学生兴趣盎然，不愿结束。

针对这种情况，我在全校开展了课堂教学"整风运动"，给老师做了四条课堂教学规定，给学生提出了五条课堂学习要求，简称"四·五条"。

（一）教师四条课堂教学规则

1. 更新观念，彻底打破"满堂灌"的教学理念

"满堂灌"的教学方法使广大学生深受其苦。老师不管学生知之与否，"灌"了再说，学生的智能、辨疑解惑、独立思考和解决问题的能力没有得到发展。我通过听课发现，香山中学"教师讲得多，学生动手动脑少"的课堂现象较为普遍，为了整治这种低效课堂，我先后到各年级开展有效课堂教学方式的校本培训，并向教师提出在不降低课堂教学效果的前提下，课堂讲授时间不得超过20分钟，追求"一例一得、一课一得"的课堂教学效果。另外，在年级教学管理上，要求各年级级长深入课堂听课督查。经过一段时间的"整风运动"，该现象得到了有效的制止，各学科备课组备课教研的气氛深厚了许多。由此，我校2018届学生的高考也取得了很好的成绩，本科上线率首次突破50%。

2. 团队备课，备课要强化教学任务和目标引导，同时要因班而异

教师要把备课的有效目标定位在学生能力可及的有效范围，一节课，作为教学者应在备课时准备好相应的练习，课堂一开始就明确告诉学生学习的任务是什么，在疏通完应学习的知识点后，立即展开练习让学生巩固刚学到的知识。孔子中学、香山中学的学生学习基础均衡度差，班级类别较多，有文化班、体育班、美术班、音乐班。我在听课过程中，多次出现艺术班与文化班的教案、练习题完全一致的情况，而且艺术班明显有消化不良的情况。为此，我在全校的校本培训上向全体教师提出以备课组为单位进行集体备课，取长补短形成集体智慧的课时教案，同时还要求教师根据所带班级进行二次备课。

3. 给足学生课堂上思考练习的时间

老师提出问题的意义是让学生对知识进行生成与领悟。课堂中，教师提问既要遵循从简单逐步走向复杂，也要注重学生之间的差异。学生对知识的掌握取决于对知识的理解领悟程度，每个学生的理解力是不一样的。所以，教师在课堂上要有"等待与发现"的情怀。

4. 区分课型，追求思路清晰的课堂教学效果

长久以来，很多老师以为复习课就是一锅"大杂烩"，结果是学生不明白教学主题，甚至教师自己也稀里糊涂。这样的教学行为无疑在做无用功。在高考第一轮复习中，我们香山中学2018届高三老师们应明白三类课型——主干知识复习课、检测练习加强课、查漏补缺评讲课。在我们的课堂里，老师们时常将三者混杂在一起，这样的教学方式严重损害了教学效果。如何区分高考第一轮复习教学课型？我们必须做到三清晰——教学者思路清晰、学生思路清晰、听课者思路清晰。能做到三清晰的课堂，也一定是高效课堂。

（二）学生课堂学习五条要求

1. 更新观念，不要被老师牵着走

老师布置学习任务往往得顾及整体，但作为学生却"因人而异"，作为不同的个体，要想夯实基础，就必须密切结合自身情况去学习，制定自己的有效学习计划，并在学习过程中不断改进自己的学习计划，形成自己的风格。

2. 注重基础，做好回归课本工作

在教学过程中，老师和学生经常会陷入一个误区，即认为单凭题海战术就可以提高学习效率。这是一种舍本求末的做法，主干知识不明白，知识网络还未构建，基本的解题方法还没有掌握，就想凭借题海战术来提高学习效率，这无异于在建立"空中楼阁"。只有熟悉、掌握课本知识和能运用基本的方法解决问题，才是提高学习效率的"必杀技"。

3. 端正态度，重视做题的规范性和正确性

我们通常会犯这样的错误，简单的题也会做错了。这其实与我们的能力无关，而是与我们的态度有关。有些题，很多同学认为一眼看过去就明白了，或者借助参考书就不用再做了，结果下次考试还是错了。对于这些题目，一定要用严谨的态度去完成，即使是在草稿纸上计算，都要做到工工整整，清清楚楚。

4. 培养自己的解题思路，注重学科能力的培养

对主干知识中经常要运用到的部分，我们要不厌其烦地重复。对考试过程中要运用的解题方法，我们要经常强化，要让它们在自己的脑海中生根、发芽、开花、结果。在评讲课过程中，在对得分情况进行了分析之后，对得分比较低的题，学生应有一个强烈的意识：这部分题，我们的解题思路存在很大问题，因而要花大力气去审题，思考老师演示的解题思路，并注意关键点。我们在培养学科能力的时候，还应注重对学科术语的运用，达到规范答题的目的。

5. 专注课堂训练，不应付课后作业

课堂上，我们经常会遇到这种情形，老师已经把训练要求布置出来了，但是学生却迟迟没有动笔。其主要原因有两种，一是怕做错，二是不认真。要知道，这是老师们课前精心准备的题目，如果不认真练习就浪费了。因此，我们应增强以课堂训练为主阵地的意识。另外，很多学生喜欢做自己的题，把科任老师的课后作业丢到一边，不予理睬。其实这是一种错误的做法，因为在下一节课老师进行讲评时，他们又失去了一次学习的机会。

结合学校的课堂教学实际，我提出了如下一些课堂教学的基本理念：一是追求"一例一得、一课一得"课堂教学效果；二是教会学生听自己课的老师才是好老师；三是学会听教自己老师课的学生才是有思想的学生；四是让学生在课堂学习过程中获得习得性成果的课堂才是好的课堂；五是在课堂教学中传授给学生的应是解决问题的思路和方法。

教育实践

自18世纪英国建立第一所中学以来，中学校长的社会角色在不断地演化，并被赋予了时代发展需要的很多规范和期望。随着社会的发展，政府和社会将赋予校长更多、更大的权力。当前，人们广泛认为校长担任着学校负责人的角色，所以，校长必须对自己的角色进行客观、正确地定位，并承担起学校生存和发展的职责，在实践中不断促进学校变革和完善，办人民满意的教育。

有人说一个好校长就是一所好学校，其内涵阐述的是一个校长正确的角色定位。德育工作是一个学校的首要工作，而教学工作是学校的中心工作。如何让学校的教育让人民满意？其中，提升学校教学效能是校长工作的重中之重，而抓住校本课堂教学核心，不断推进与时俱进的课堂教学改革是提升学校教学质量的有效途径。校长要站在时代的潮头，抓住课堂教学改革的核心，定出适合校本的课堂教学规范，对教师提出课堂教学要求。高效的课堂教学效果和学习效果，是一所学校教学质量提升的基本要素。

作为校长，立足课堂教学，把课堂教学作为教师专业发展的有效平台，对每个学段、每一层次的教师和学生提出课堂教学和学习目标，让老师明白学生需要什么，如何做才能让学生学得明白，让学生懂得如何去听老师的课、适应老师的教学方式方法，做教师课堂教学和学生课堂学习的"双向桥梁"，这是一个学校校长应该承担的责任。

在从老师成长为校长的路上，我对教师专业发展有了新的认识。从单一对老师进行培训到深入课堂教学，把老师的专业发展落到教学实处，再到从学生学习的角度来扩展教师专业发展的途径，最后形成"做教师课堂教学和学生课堂学习的双向桥梁"教学管理思想，这是一个自我学习、自我认识、自我提升的过程。

关注教师专业成长，对教师实施校本培训，通过简单的业务培训提升教师的业务能力，这种想法我在十年前就有了。我作为当时新提拔的副校长，在年级教育教学的管理过程中，加大对教师的校本培训，确实在某种程度上起到了一定的效果。我出版的著作《中学年轻语文教师应重视校本培训》和《引领新教师专业成长的路径》就是这一时期思想的表现。

把教师专业发展落实到课堂教学的培训中，针对每个学段、每个学生群体、每个教学阶段，提出不同的课堂教学规范。由于起点是课堂教学，是校本的课堂，培训的方式接地气，这个阶段的教师专业发展指导起到了极大的推动效果。2014年到2019年，每学年我旁听的课均在100节以上，每周参与备课组的教学研讨活动均有两次以上，每个学期我上的公开课、示范课均有5节以上，推动发起老师上公开课每个学期达20节。这个阶段，建立在收集大量校本课堂教学实例的基础上，学校开展了"高考第一轮备考复习教学建议""高考第二轮专题复习与突破""高三新教师课堂教学培训指导""高一高二教学建议"等教学指导活动，为教师的专业发展注入了动力。这种以课堂教学为基点展开的教师专业发展培训，为提升教学质量打下了坚实的基础。我任校长的孔子中学在2014年、2015年、2016年、2017年四年间，高考本科率均居肇庆市重点中学前列，2018年我任校长的香山中学高考本科率由2017年的40%上升到2018年的51%。2019年高考再创佳绩，上优先投档线57人，比2018年增加26人，增长83.87%；上本科线639人，比2018年增加95人，本科上线率由2018年的51%上升到2019年的65.07%，2020年本科率更是上升到70.2%。

真正认识到要"做教师课堂教学和学生课堂学习的双向桥梁"，是基于课堂教学中很多老师不关注学生是学习主体的普遍现象引发的。作为山区学校，学生课堂学习主体的主动性、积极性欠缺是一种普遍现象。这种现象的产生，一方面是由于学生的基础知识不牢而引发的，另一方面是因为教师没有关注课堂教学应该关注的具体环节。

思路决定出路。2018届、2019届高三，我在针对老师提出了第一轮备考复习的教学建议之后，紧跟着对学生也进行了第一轮备考复习学习建议，让老师和学生明白彼此在课堂教学上需要达到什么样的配合才算默契。在对老师实施了"高考第二轮专题复习与突破"课堂教学培训后，也对学生进行了第二轮备考复习的学法指导，告诉学生学校对老师提出的第二轮备考复习课堂教学"先学，后研，再做，最后修正"四个环节规范，也对学生提出了必须按照老师的要求做好课前复习的准备，这样就避免了以往第二轮备考复习"炒冷饭"的现象，师生之间的双向合作提高了，课堂效率也提高了。从近几年的高考成绩来看，效果凸显。

结束语

文润德泽，润物无声。教育是和风细雨中培育每一株桃李的过程，需要始终保持对师生宽容尊重的育人温度。20多年的教书生涯中，我始终怀揣教育情怀，将育人作为自己最崇高、最自豪、最光荣的事业。我不断努力提升自己的文化素养、道德情操、专业水准，始终做一个有厚度、懂尺度的老师或校长。我与师生感同身受，用简单含蓄的方式去引导师生，用师生听得懂的语言与其交流，在学校的点与滴中将自己的学生观、教师观、课堂观潜移默化地感染和影响着全体师生，并将迸发出来的激情和力量落实自己的一言一行，努力提高学校教学质量和育人实效。

"云山苍苍，江水泱泱，先生之风，山高水长！"中国是一个尊师重道的国度，中国人的师承关系讲求的是耳濡目染，中国人传道授业要求师者身体力行，我会一直朝着"文润德泽，润物无声"的方向走下去。

传承广信文化，践行品质教育

广东省肇庆市封开县江口中学　马治广（第二组）

导读语

广信，即广信县，今封开县，古代地名，取汉武帝圣诏"初开粤地，宜广布恩信"之意。因其独特的地理位置，自古以来，广信县即是岭南重要的交通枢纽，汉代统治者对此地颇为重视，将交趾刺史部始建于此地。同时，因为其独特的地理位置，广信县成了汉代海上丝绸之路的重要对接点，对岭南地区的开发及岭南与中原地区的经济交流和文化交融产生了重要作用，并成为汉代岭南地区的政治、经济和文化中心。

广信，是粤语的发源地，吸引了无数的专家学者驻足停留，沉吟至今。暨南大学侯兴泉教授带领师生回到广信，回到母校——江口中学做研究，寻着了那遥远的乡音，悦耳动听。

广信，有一所市属重点中学——江口中学，青山相护，绿树成荫，繁花似锦。丰富的社团活动，优雅地联袂了对联与书法，创新动感的民俗舞蹈——《五马巡城》，让莘莘学子深刻体味着传统文化的厚重。优美的校园，勃勃生机，欣欣向荣，处处洋溢着青春气息，散发着浓厚的文化气息。

一方水土养一方人。江口中学的学子们浸润于沉甸甸的广信文化，渐渐地养成了自强不息的品性。建档立卡的贫门学子梁朝森，在2020年高考中以总分629分一举夺得封开县理科状元，这就是最好的印证。梁朝森，不是唯一，只是其一。以"品质教育"为引领，江口中学在办学期间培养了无数优秀的社会主义建设者，如中国社会科学院的陈铭院士、深圳微电影导演植海洋、暨南大学教授侯兴泉、"朝阳永续"基金会倡议人宾国强博士、回乡创业竹荪领头羊陈嘉龙等。

成长档案

我出生并成长于宁夏固原，现任封开县江口中学校长。宁夏固原是国家有名的贫困地区，干旱少雨，环境恶劣。贫困的生活和恶劣的环境，更是激发我好学上进。我坚信，只要不折不挠，百倍努力，成功的大门一定会依时敞开。有心人，天不负，辛勤付出，终于换来了丰厚的回报。1992年，我考取了国家重点师范院校——陕西师范大学，并于1996年大学毕业后到江口中学任教。弹指瞬间，已是二十五度春秋。漫漫的求学生涯使我深刻懂得：自信、坚强、毅力、勤奋，才是成长道路上攻坚克难、砥砺前行的利剑，所向披靡。

我在江口中学沐风栉雨，筚路蓝缕，已有25个年头。无论是面对工作上的压力，还是面对教师生活的清贫，我自任教的那天起，热爱教育的情怀从没改变过，始终忠诚于党的教育事业，全身心投入到教育事业中去。在江口中学任教的第三年，因为工作成绩突出，我被安排到高三毕业班工作，之后就一直担任高三毕业班工作。江口中学是封开县的窗口学校，是县里唯一一所市属重点中学，承载着全县人民群众对教育的重托。江口中学历年来的成绩，不负众望。身为高三毕业班骨干教师的一分子，心有荣焉。

25年的教学教育工作中，我担任过班主任、高三备课组长、物理科组长、副校长、校长。从普通教师到学校的主要领导，无论角色如何变换，对教育的虔诚始终不变。由于工作表现突出，我多次荣获国家和地方各级政府以及教育部门的表彰与奖励，如"全国物理奥赛肇庆市优秀辅导教师""南粤优秀教师""肇庆市优秀教师""肇庆市高考备考先进个人""封开县优秀班主任""封开县优秀教师"等。这些荣誉的获得，是党和政府对我多年来工作成绩的肯定，同时鞭策着我在往后的工作中要不断超越。

2015年8月，我被封开县人民政府任命为江口中学校长，肩挑重担。工作中，我积极进取，认真履行校长职责，团结协作，廉洁奉公，全面贯彻党的教育方针政策，努力推进素质教育，学校的教学成绩不断提升，高考上本科线的人数逐年递增，学校教育教学工作取得了前所未有的好成绩。

成绩只代表过去，因循固守只会使人僵化，我会不断地学习、不断地思考、不断地提高自己和完善自己，把自己放到教育改革创新的大潮流中，奋勇搏击，力争上游，争取在教育教学工作和学校管理工作中取得更优异的成绩。

教育思想

  2017年12月16日上午，在封开县委、县政府，封开县教育局，暨南大学汉语方言研究专家的大力支持下，"暨南大学汉语方言科研实验基地"揭牌仪式在江口中学图书馆隆重举行。在揭牌仪式上，侯兴泉教授发表了重要的讲话，他介绍了暨南大学汉语方言研究中心的工作以及自身经历，并对广信方言、历史、文化资源的发掘和宣传做出了一个展望。从此，江口中学把粤语文化推广作为学校特色教育的一个重要组成部分。

  2018年10月4日晚上，我在学校图书馆会议室组织了"封开县江口中学与暨南大学语言系的方言科研交流会"。校友侯兴泉教授在交流会上分享了他研究广信方言的心路历程："我喜欢方言有偶然因素，也有必然因素。上大学期间，我兴趣广泛，最后两年才集中在方言上。当时大家探讨岭南文化包括粤语的发源地，广信是一个主要的源头之一。我没想到我们家乡那么贫穷，但在历史上还有那么浓墨重彩的一笔，我有自豪感，也有怀疑，所以就翻阅相关的书籍，上相关的课程。其中还有一个原因就是，当时几位教方言的老师开的课都很有意思，于是，我就系统地学习了与语言、方言有关的东西。"

  2019年7月，我组织部分师生，陪同校友侯兴泉教授以及他所带领的研究方言的暨南大学师生，一同到封开县名胜古迹进行方言文化调研。沿途游览了名胜古迹杏花古村（蔼然书室）、千层峰林（奇山异石）、龙山景区（岩洞文化）、黄岩溶洞、陈列史馆。在欣赏自然风光的同时，我们深入研究探讨，既收获了迷人的、神奇的自然风光，又深入感受了广信历史深厚底蕴：名人轶事、状元精神、古私塾特色、溶洞文化等。途中，一个学生感慨道：原来我们的家乡这么棒！是啊，一个小小的地方，却有如此沉甸甸的历史文化！只可惜很多人不了解本土文化，这是多么可惜的事情。

  我陷入了反思，学校不应只是传播科学知识文化的场所，更应肩负起弘扬传统历史文化的责任。于是，我大胆做出了一个决定，每年组织学生进行一次乡土文化调研，让他们深入了解本地的历史文化。回校后，我立刻组织各年级负责人，召开全校师生大会，让参加调研的学生代表分享这次参观调研的心得体会，让更多的师生感受封开粤语方言文化的魅力！紧接着，校园组织了有关粤语方言的各种活动，如话剧表演、诗词朗诵、主题演讲等，极大地促进了对粤语方言的宣传效果！

  如今，江口中学已经成为粤语的研究基地，粤语教育已成为学校特色教育的一门重要课程。除在寒暑假组织师生一同实地研究广信方言，此外，学校语文教师还经常组织学生开展一些用方言朗诵古诗词的竞赛，以此来让学生时常感受广信话韵律悠然、朗朗上口的魅力，培养学生对广信文化的自信和家国情怀。

教育实践

历史上,广信的对联文化和书法艺术颇为兴盛。中国楹联学会副主席、广东楹联学会主席邹继海老先生曾多次到封开采风、讲学,曾录制 12 集电视系列片《海说封开》。江口中学也早于 2005 年开始就指定夏睿轩老师负责高一年级学生必修课"对联"的专题讲学,其讲义也纳入了江口中学校本教材并付印、再版。十多年来,江口中学培养出了一大批热爱对联、热爱写作、热爱语文的优秀学生,也影响了一批热爱对联讲座的老师。

我校于 2017 年被授予"广东楹联学会教育基地"称号,并于 7 月 28 日下午举行了授牌仪式。

近年来,学校充分发挥楹联文化的育人功能和美育功能,不断提高师生的语言文化素养。为庆祝中华人民共和国成立 70 周年,作为广东省楹联文化教育基地,学校于 2019 年 9 月 30 日举行了学生迎国庆对联大赛活动。活动得到学生的积极响应,学生积极创作,一副副词美意幽、雄豪磅礴的楹联,惊艳四座。此次活动,既增强了学生对楹联文化浓厚的兴趣,更为祖国生日献上了一份真诚的贺礼!

楹联文化活动的深入开展也激发了师生对书法的热爱。自 2016 年起,由学校团委、校学生会、美术科组、校书法社联合举办了"十月金秋,文化长传"大型活动——江口中学第一届"广信杯"书法比赛,至 2020 年已连续举办了五届,在展出的书法作品中,或行云流水,气势贯通,彰显狂放不羁的气概,或潇洒灵动,舒展大方,行款整齐,在方寸之间,挥洒自如。

"五马巡城舞"是广信独具特色的一种民间舞蹈,起源于宋末,盛行于明清,现主要流行于贺江流域的大洲镇一带。"五马巡城舞"表演阵容壮观,表演者多则上百人,至少也需 30 多人。表演时,五人身穿古代战袍扮演将军,分别骑着红、黄、绿、黑、白 5 匹马,其中,骑黄马者为主帅,统领全局。在引马童子和宫灯罗伞的簇拥下,随着强烈的锣鼓节奏,来回穿越东、西、南、北、中 5 个城门。早在 2007 年,"五马巡城舞"被列入广东省第二批省级非物质文化遗产。我校与"五马巡城舞"结缘于东莞的一次活动。2010 年,我校被指定为县非物质文化遗产"五马巡城舞"推广点,并成功组建了江口中学民间艺术传承队。

为了取得更完美的表演效果,学校邀请了"五马巡城舞"的省级代表性传承人——年过八旬的陈立邦老师来指导。陈立邦老师在保留舞蹈原生态韵味的前提下,将原来的"五马巡城舞"按照"雄风""巡城""沙城""凯旋"4 个部分进行编排。重新改编过的"五马巡城舞",在情节上加入了现代化的审美元素,学生排练起来也更容易,节目也更具观赏性。

学校体育科组勇挑重担,积极利用课余时间组织学生进行刻苦训练。不管是酷暑,还是严寒,为了让整个舞蹈表演显得更有气势、伸展有序,杨姿敏、曹朝涓、卢珊、李燕等老师带领着学生在操场上进行忘我排练。我曾多次站在操场边上看他们排练，也深深被他们丰富的舞蹈动作和气势恢宏的场面所震撼，深深感受到广信传统文化的无限魅力。早些年，学校排练条件较差，设备陈旧，队员也没有统一的服饰。后来，我克服了种种困难，争取到专项经费，更换设备，改善排练环境，并定制了具有封开民间特色的道具服饰。经历多次排练，这支具有封开特色的民间舞蹈终于可以闪亮登场，再现当年历史雄风。

2015年10月31日，我校民间艺术传承队带着《五马巡城舞》节目应邀参加了2015佛山秋色欢乐节。我十分重视此次表演机会，让经验丰富的曹朝涓、李燕等老师带队指导，选派了高二年级周广霖、苏健灿、徐石燃、陈文毅、龙燕梅、陈子洋、侯有泉等24位高水平表演队员积极演出。在历时两天的表演活动中，我校学生精神抖擞，气势昂扬，凭借精湛的演技赢得阵阵掌声，为此次秋色欢乐节献上一抹耀眼的惊艳。这次活动充分展现了我县优秀非物质文化遗产的独特魅力，对做好我县非物质文化遗产的保护和传承工作具有积极的意义，同时也加深了学生对家乡特色文化遗产的自豪感。

2019年第49届校运会上，《五马巡城舞》作为压轴戏闪亮登场。战鼓声声，战旗猎猎，表演者发出雄壮有力的呐喊，迅速吸引了全场师生的目光，赢得热烈的掌声！

2020年4月，为了配合央视拍摄录制《五马巡城舞》节目，我校体育科组杨姿敏老师带领着黎德铖、袁梓杰、莫嶅强等29位学生穿上特制服饰开始了紧锣密鼓的排练。我也抽时间到操场看学生排练，只见"先行官"振臂挥动令旗从后场翻跟斗出列到舞台中间，接着，"战将"骑着"战马"扬鞭策马指挥战斗。除"引马童子"和"战将"外，其他的都在小步慢跑，各队伍往各个方位穿梭行进，气势恢宏，但我总觉得缺少些内在的东西。服饰和音乐效果都已经具备了，那到底缺少什么呢？后来我发现，是扮演将帅学生的脸部表情不到位。于是，我深入地跟他们再讲述有关五马巡城的历史，让他们懂得这支舞蹈的内涵：古代5名将军率领军队保家卫国出征归来，受到百姓的热烈欢迎，从此共享太平。我的讲解不但让学生们受到了爱国主义的熏陶，更是加强了他们团队合作意识。此后，经过多番排练，我校终于顺利配合央视完成了《五马巡城舞》的拍摄任务。通过央视的拍摄，《五马巡城舞》向全国人民展示了封开县非物质文化遗产的艺术魅力，给封开打造出一张漂亮的文化名片，促进了封开县非物质文化遗产保护工作的深入开展。

江口中学作为我县的非物质文化遗产传承基地，我深知任重而道远。然而，让我感到欣慰的是，我校每年都有数百名学生想加入民间艺术传承队，未来可期。

江口中学的老师一直有情怀，一直在言传身教，一直在教学中育人，在教学中指引学生健康成长。学校的学风教风、人才培养、校园文化，一直稳扎稳打逐步提升：从县级普通中学、县级重点中学、市级重点中学、省一级学校、省教学水平优秀学校，再到广东省国家级示范学校；2020年更是荣获了"肇庆市先进集体"称号，并多次获各级文明单位称号。广信的优秀传统文化一直在江口中学传承着。

江口中学培养的一批批优秀的社会主义建设者，在各自的领域里大放异彩：在科技领域里，供职于中华人民共和国社会科学院的陈鸣；在艺术领域里，在深圳声名卓著的微电影导演植海洋；在政法领域里，毕业于中国人民大学的律师陈演明；在文化领域里，毕业于中山大学文学院非物质文化遗产专业的硕士研究生何蕾、供职于暨南大学文学院的教授方言研究的专家侯兴泉；在爱心领域里，坚持了10年做"朝阳永续 贫困助学"的宾国强博士；在农业领域里，毕业于郑州大学回乡建设创业有成的特产竹荪领头羊的感动封开的十大人物之一的陈嘉龙……

各项传承活动的开展，既丰富了学生们的课余生活，也加强了学生对家乡文化的自信，激发了学生对先贤自强不息、好学、自主等优秀品质的继承和发扬。我校的学生，在传统文化的影响和老师的教化下，总表现得彬彬有礼，乐于助人。他们大都有自己明确的生活目标，知道生而为人最基本的道德礼仪规范。在德、智、体、美、劳方面能够严格地约束自己，尽可能地学习着先辈们优秀的品德：对社会而言，自强、爱国、守法、诚信、友善；对家庭而言，诚恳、孝顺、忠诚、理智；对工作而言，乐于奉献，敢于拼搏。他们步入社会后，绝大多数都在各个岗位上勇于担当，积极奉献，可圈可点，为社会、为家乡努力奋进着，哪怕务农，也能成长出像陈嘉龙这样的感动封开的新农民。在学校里，他们以学校为荣；出了学校，学校以他们为傲。

结束语

江口中学一直致力于对优秀传统文化的大力挖掘和精心养护，在教育教学中，深知文化立校是本，传承教育是根。江口中学所进行的传承教育，就是充分汲取先贤的优秀品质，使之成为当今学生的学习动力和成才基因。封开厚重的历史文化，过去是，现在是，将来必定还是江口中学办学的宝贵财富。

历史属于过去，成绩还看未来。江口中学将会更加深入地狠抓传承校园建设，再接再厉，把传承优秀的民族文化进行得更加细致、更加多元、更加丰满、更加精彩！

践行励志教育，培育时代新人

怀集县第一中学 欧阳资仁（第二组）

导读语

我是欧阳资仁，中学英语高级教师，怀集县第一中学党委书记、校长，怀集县第五批县管拔尖人才、肇庆市教育系统第三批名教师、肇庆市人民教育家培养对象，先后荣获怀集县"先进教育工作者""十佳园丁""模范共产党员""优秀校长"，肇庆市"先进德育工作者""优秀教师""优秀校长""全国中学生英语能力竞赛优秀辅导教师"，和"高考成绩突出贡献奖""全国中小学外语教师园丁奖"等荣誉称号。在繁重的工作之余，我积极撰写教育、教学论文和专著，先后在市级以上刊物发表论文20多篇，参与编写和主编专著8本，并主持了广东省"十一五"教育信息技术课题"信息化条件下高中政治课堂教学创新模式研究"、广东省"十三五"规划重点课题"山区中学励志教育模式研究"等课题研究。

读大学时，我最喜欢阅读20世纪美国伟大的心灵导师和成功学大师戴尔·卡内基（Dale Carnegie）的书，其中有一句话对我影响深远："朝着一定目标走去是志。一鼓作气，中途绝不停止，是气。两者合起来就是志气，一切事业的成败都取决于此。"几十年过去了，现在这句话已然成了我的座右铭，而它的教育价值也随着我从教生涯的不断延长，有了更深刻、更触动初心的理解：人无志而不立，志无激而不发。所以，激励意志是孩子成才的有效途径，而励志教育则是教育达成育人目标的重要手段。

"以励志教育培育时代新人"这一教育思想并非我一时的心血来潮，更不是凭空臆想出来的。它始终伴随着我成长，是我教育理论学习研究与教育教学实践相结合的深度思考，是我30多年教坛生涯心路历程的凝练和总结，更是我今后矢志坚守的教育信念与教育追求。

成长档案

1990年秋，我带着满腔的热情和对南方热土的向往，和许许多多的年轻人一样，大学刚毕业就从老家湖南来到了广东，来到了怀集，当起了梦寐以求的"孩子王"。

那一天，我在县教育局办理了报到手续后，教育局领导毫不讳言地向我介绍了怀集县中学英语教学的落后现状，其中以乡镇中学更为突出，并希望我能到更需要英语教师的乡镇中学去。或许是领导的目光殷切，又或者是少不更事，年少气盛的我"勇敢"地向领导提出要到最偏僻的乡镇去任教。可是，当"跋涉"了崎岖的泥沙山路，两脚真的踏在了距县城30多千米的永固镇时，我才惊愕地发现，永固镇墟镇简陋不堪，村庄散落偏远，道路泥泞颠簸。我难以想象，处在改革开放前沿的广东，竟然还有如此落后的乡镇和如此简陋的学校！我要任教的永固中学，整个校园除了一幢已经停建多年的两层教学楼渗透着一点现代气息外，其他都是建于20世纪五六十年代的破烂砖瓦房。

但是，我对学校环境的糟糕印象被"人为"改变。经过一段时间的接触，我发觉素有"私塾随处见，秀才满街走"之称的永固镇民风淳朴，学风浓厚。永固镇虽然地处偏远，墟镇简陋，但街道、路边却有不少"知识改变命运，教育开创未来"之类的宣传语。村民们尊师重教，口中念叨的是"考高中，上大学，改变落后面貌"。孩子们最大的心愿是考上县一中，踏进大学门，所以他们勤奋、好学、上进。

我就在这样环境简陋但学风淳朴的永固中学开始了我的执教之旅，这一教就是四年。四年里，我不仅要面对学校英语教学设施设备欠缺的困难，还尝尽了学校环境偏远、条件简陋、生活不便的苦头，但幸运的是，我也尝到了激励教育的"甜头"。了解到学生及家长想要改变命运的迫切要求。我以此为契机，经常对学生进行理想和前途教育，激励他们克服困难，努力拼搏，争取考上重点中学。就这样，在简陋的学习环境下，很多学生凭着"知识改变命运"的信念、"考高中上大学"的朴实志向和顽强拼搏的精神，克服了很多城里孩子无法想象的困难，努力考上了县一中，从此走上了更广阔的天地。

1994年，我担任班主任的班上有个梁同学，开学一周了还未回到学校注册。据同学反映，他可能因家庭困难考虑退学。凭经验，我知道有了休学念头的学生单靠一两个电话是很难令他回心转意的。尽管他家离校几十千米，要走3个多小时的山路，我还是决定亲自上门了解情况。那天，我刚吃过早点就骑车出发了。在崎岖蜿蜒的山路上骑了大半天才在半山腰上找到梁同学的家。那时已经是下午5点多钟了，在无法当晚赶回去的情况下，我只好在他家里留宿。当晚，我与梁同学和他家长围在一起谈了很多，特别是跟梁同学讲了很多古今中外的励志故事，以此激发他树立远大志向，克服眼前困难，艰苦奋斗，自强不息，为自己、为家人争一口气，为国家的强盛、为民族的复兴而努力读书。精诚所至，金石为开，一宿长谈，言真意切，家访后的第三天，梁同学就回到了学校，最后顺利考上县重点中学。

几年后的一个春节，梁同学来到我家，感谢我在他人生的关键时刻所给予的关心和鼓励。此时的他已经高中毕业并顺利考上广州大学。从他淳朴的眼神中，我感受到他对美好生活充满了自信和向往；从他的言谈中，我也感觉到他的满意和幸福。

在永固任教的经历让我体会到：每一个学生的潜能都是巨大的，关键是看教师怎样去挖掘，怎样去激发。学生需要激励，教育需要唤醒。这种对学生进行激励教育的感知使我的励志教育思想萌芽。在后来的教育实践中，我越来越深刻地感受到励志教育的魅力，也更加坚定了我进一步探索励志教育的决心。

1996年秋，我被抽调到怀集县第一中学（以下简称"一中"）任教，至今已经24年，我从一名普通高中英语教师、班主任、年级长、备课组长、教研室主任、主管教学的副校长成长为学校的校长。其间，教育教学工作和学校管理的经历，让我的眼界不断开阔，我的思考也越来越深刻，我的励志教育思想也逐渐清晰并成型。

刚进怀集一中，初识这所百年老校，我就被它深厚的历史文化底蕴、优良的爱国传统和"赤足"办学的奋斗精神深深震撼和折服。怀集一中创建于1915年，是一所有着一百多年办学历史的山区县重点中学。这是一所传播科学、文明的学校，更是怀集革命的摇篮。百年老校创建之初，正值内忧外患，国难当头。为救民于水火，解民于倒悬，学校师生一边坚持上课，一边开展抗日救亡活动。他们抛头颅，洒热血，涌现了许多可敬可爱的革命先烈，留下了许多可歌可泣的动人事迹，形成了优良的爱国传统。在众多的历史文化中，"赤足精神"是最为典型的一中精神。赤足精神源自赤足科学馆。1940年，学校为了改善办学设施，时任校长邓罕孩号召全校师生不穿鞋，或穿草鞋，把连续三年节省下来的钱捐出来兴建科学馆，称之为"赤足科学馆"。赤足科学馆的兴建，是一项壮举，是怀集一中先辈崇尚科学、追求真理的真实写照，更是一中人无畏艰难困苦、自强不息、顽强不屈的奋斗精神的伟大彰显。后来，这种崇尚科学、追求真理、不畏艰苦、顽强不屈的"赤足精神"成为学校的精神核心，一代代传承下来并支撑着学校一路前行，怀集一中也由县城东北角的一座"破庙"日益发展壮大，成了县、市的重点中学。

我还了解到，在之后的办学历程中，在"赤足精神"的引领下，怀集一中始终秉承"明德、博学、笃行"的校训，以"培养健全人格，造就创新英才"为目标，为各行各业培养了一批批优秀人才。一批批的一中学子，在这里学得经纬之才成为国家的中流砥柱，在海内外各条战线建功立业、报效祖国、服务社会。其中，有革命先烈朱锡昂、梁一柱、邓拔奇、钱兴、邓偶娟,有科学家卢百铿、陈石登,有军政英杰蔡如流、文炮田,有国画大师邬邦生,有优秀企业家黄明英、欧洪先等,他们在各行各业为国家、为社会奉献着自我,谱写了怀集一中壮丽的教育诗篇。

在怀集一中工作的时间长了,我欣喜地看到,"赤足精神"在学子们身上一直有所传承和延续,所以,校园里一直不乏与命运抗争、艰苦奋斗、自强不息、追求卓越的优秀学子:有面对家庭变故努力克服生活困难、坚持追求梦想考上重点大学、被中央电视台《共同关注》节目三次追踪报道、目前成为公务员回报家乡的"拾荒大学生"邓茂云;有与古稀阿婆相依为命、克服求学路上常人难以想象的困难考上华南农业大学、目前在深圳创业的杰出学子陈蒙伟;有为了让拿到大学通知书的哥哥入读大学而主动放弃重点高中入学机会而南下打工、几年后才怀揣过期的"高中录取通知书"再次获得入学机会并考上师范大学最终成为一名中学老师的"大龄高中生"黄英;有因车祸失去了双腿、在同学和老师的鼓励和帮助下考上五邑大学从此走上成功人生路的励志典型黄明锋;还有刻苦拼搏、勇于超越,以优异成绩考上清华大学,创造偏远山区中学"三年四人上清华"教育奇迹的4名优秀学子……在他们身上,留下了一中"赤足精神"的烙印,体现着自强不息、奋发有为的抗争精神。

这些优秀学子成长成才的故事引发了我的思考:百年一中革命先烈的奋斗精神和杰出校友的榜样力量对后来学子无疑有着极大的激励作用,但在一个万人大校里,如果这种激励作用只在少数同学身上产生,那是远远不够的。那么,如何让这些能激励人的精神力量和榜样力量最大限度地发挥作用?这是我一直以来深入思考的问题。

2016年之前,我是学校主管教学的副校长,主要关注的是如何提高学科课堂教学效率,如何提高学校整体教学质量。2016年2月,我正式担任怀集县第一中学校长,全面负责学校工作。作为一所山区市县重点中学、省一级学校的校长,我深知肩上责任的重大,更知教育使命的神圣。苏联教育家苏霍姆林斯基曾经说过,一个好校长,就是一所好学校。校长的教育理念、办学思想直接影响着学校的今天,甚至未来。从那个时候开始,我就不再局限于教学质量方面的思考,而是更多、更深入地关注和思考关于学校发展、学生成长、教育创新、特色建设等问题。

2016年,在推进教育现代化过程中,根据市、县教育局的要求,学校正式把特色学校创建工作提上了日程,这促使我和学校领导班子对当代教育的社会形势、社会人才需求以及学校的办学理念、培养目标、办学特色等做了更全面、更深入的思考。从教育规律出发,结合当今社会需要、学校实际以及我近30年的教育教学实践的思考,我提出了励志教育思想,并在这种思想的指导下建构起学校的励志教育思想体系,"以励志教育培育时代新人"也成了学校特色教育的不懈追求和奋斗目标。

教育思想

学校应该培养什么样的人?如何培养人?这既是关于教育的大命题,也是达至细节的小命题。从教 30 年来，我在教师岗位上思考、拷问、实践，也在校长岗位上锤炼、深化、反思，我深深认识到，要让教育真正发挥育人效能，必须充分激发学生的内生潜能，让学生始终处在一种励志环境中。因此，以励志教育培育时代新人，激励学生刻苦学习，努力拼搏，努力把学生培养成"有远大志向、有家国情怀、有奋斗精神、有创新能力、有健全人格的德、智、体、美、劳全面发展的时代新人"成了我孜孜以求的工作目标和严谨治学的思想核心。

终身之计，莫如树人；育人之本，莫如铸魂。教育的目标和任务是使受教育者获得发展，成长为德、智、体、美、劳全面发展的中国特色社会主义合格建设者和接班人。习近平总书记在不同的场合对当代中国青年提出要求："当代中国青年要自觉按照党和人民的要求锤炼自己、提高自己，做到志存高远、德才并重、情理兼修、勇于开拓，在火热的青春中放飞人生梦想，在拼搏的青春中成就事业华章。"（《致全国青联十二届全委会和全国学联二十六大的贺信》）。在北京大学师生座谈会上，习近平总书记要求青年立鸿鹄志，做奋斗者，要培养奋斗精神，做到理想坚定，信念执着，不怕困难，勇于开拓，顽强拼搏，永不气馁。2020 年的"五四"青年节，总书记激励青年"青春由磨砺而出彩，人生因奋斗而升华"。我们不难看出，习近平总书记寄予厚望的能担当时代重任的当代青年应该是胸怀大志、意志坚强、不怕困难、勇于开拓、有奋斗精神的人才，而培养这种人才则是学校教育的神圣使命。

但我们不得不承认，改革开放下的市场经济在给我们带来富裕的物质生活的同时，也带来了精神追求和意志力的严重缺失，社会上不少人沉迷于物质财富的追求，金钱物质至上，自私自利，缺乏社会责任感（远大志向和精神追求），贪图安逸，受不了"心志"之苦和"筋骨"之劳，怕苦怕难……这些思想大行其道，潜移默化地影响着青少年学生的身心健康，对学校教育造成了严重的影响，也提出了极大的挑战。在这种社会环境和教育形势下，学校对学生进行理想教育、信仰教育、苦难教育、磨砺教育、艰苦奋斗精神的教育显得尤为重要，而这些正是励志教育思想的内涵。

什么是励志教育？按照教育心理学和教育管理学理论，励志教育就是通过一系列的激励手段来帮助学生树立远大的志向，唤醒学生的内动力，激发学生的斗志和潜能，使学生从"被成长"中产生生命自觉，用自己的力量成长成才，成就自己，服务社会。"励志"一词最早见于汉代班固的《白虎通·谏诤》："励志忘生，为君不避丧生。"意为奋志，集中心思致力于某种事业，这应该是较早将励志赋予一定教育价值的论述。心理学认为，意志是自觉地确定目的，并根据目的来支配、调节自己的行动，克服各种困难，从而实现目的的心理活动。一个具备坚强意志力的学生，才能拥有自己独立的见解，能够抵御不可靠的意志，尽力克服一切障碍将自己的智力、能力发挥到极致，实现崇高的人生目标。美国当代著名心理学家马丁·塞里格曼（Martin E. P. Seligman）认为，教育的成功，就是对学生个体价值的成功开发和挖掘。从教育学的层面理解，励志教育就是借助充满正能量的人、事和精神力量来激活学生的求知欲望，激励学生的奋斗意志，使其能集中心思致力于求学、修身、养德等学业上，从而实现个体价值的成功开发和挖掘。有效的励志教育可以使学生形成良好的心理品质、积极进取的学习精神和乐观开朗的生活态度，从根本上促使学生的身心发展，形成健康心理，成就价值人生。

怀集一中深厚的历史文化、优良的革命传统和无畏艰苦追求科学的"赤足精神"，是学校的历史优势，是一笔巨大的精神财富，更是现代教育中充满正能量的励志教育素材，一直激励着无数后来者刻苦拼搏，砥砺前行，写下了怀集一中教育发展一页又一页的新篇章，造就了怀集一中今天的辉煌。为了让励志教育理念在教育实践中落到实处，达成培育时代新人的最终目标，2016年我们以推进教育现代化和创建特色学校为契机，在发扬学校优良传统的基础上，对学校的历史文化底蕴进行挖掘、梳理、整合、拓展和延伸，结合新形势下的教育新趋势、新要求，重新提炼了学校的"一训三风"，确立了"胸怀天下，砥砺前行"的办学理念和"传承赤足精神，打造励志教育"的办学特色，构建了新的励志教育文化体系。

学校励志教育文化体系的构建依据来源于怀集一中兴教救国、筚路创业、"赤足"办学、砥砺前行而日益发展壮大的办学历程。它既蕴含了"赤足办学，砥砺前行"的办学历程，也体现了"兴教救国，启智育贤"的建校初衷，还融入了怀集一中今日的办学宗旨——培养"有家国情怀、有奋斗精神、有创新能力、有健全人格的德、智、体、美、劳全面发展的时代新人"，更寄托了学校对学子的殷切期望——作为一中学子要志存高远，把"赤足精神"根植于内心深处，崇尚科学，追求真理，无畏艰难困苦，自强不息，不断向前进步。同时，它明确指出了学校今后的发展方向——致力于打造既有百年老校底蕴，又有时代特征的励志教育，让学生在励志教育中磨砺坚强意志，养成健全人格，成长为时代创新英才。

励志教育文化体系的构建，有效推进了我校的励志特色学校建设，也正式开启了我校"励志教育"的特色办学之路。

教育实践

走进怀集一中，你会发现校园里有一块校友纪念石十分醒目，上书"志——志之所趋，无远弗届"，意思就是一个人只要有远大的志向，不管遇到多大的困难，都能克服；不管路有多遥远，都能达到。励志，是崇高教育理论精髓的践行，也是浸染于百年学府"赤足精神"中最有代表性的文化基因的具体体现。近年来，怀集一中自始至终围绕着"坚持励志导向，以励志教育培育时代新人"的教育目标，着力抓住"励志"这一"牛鼻子"，做好励志教育文章，开展和实施山区中学励志教育模式的探究与实践，有力推进学校教育事业持续、健康、稳定发展。

为了让学校历史文化和学校育人目标紧密结合，形成教育合力，每学年开学，我们都开设"新生励志文化学习周",让新生与新教师走进有着历史厚重感的励志大课堂——校史室,了解一中历史,领悟赤足精神,理解一中文化,学讲一中故事,熟记学校一训三风、办学理念、办学特色,以此引导学生树立远大志向、坚定理想信念、厚植家国情怀、刻苦学习、努力拼搏、立志成才。2020届高三A(10)班的梁同学、高三B(1)的郭同学等三位同学高一入学时接受了励志文化教育、国防教育和新生军训。从那时起,他们就树立了投身于军营、立志报国的远大志向,整个高中三年努力学习、刻苦锻炼,练就了一副好身体,锻造了过硬的思想素质。虽然高考成绩上了本科线,但他们却报名参军,立志到军营去锻炼自己、提升自己、成就自己,为祖国的现代化国防建设做贡献。

此外,我们还充分利用校园的每个角落,创设励志教育的文化氛围,让学生只要身处校园,就能时时处处接受文化物象"润物无声"的熏陶教育。我们在校门口广场打造了圆环主题雕塑《锤炼》,给校道和教学楼加上励志元素,用校训给校道、教学楼命名,在教学楼上刻上学校的办学理念、办学特色、一训三风,在楼道、班级、走廊张贴了以"赤足"为核心精神的励志标语和班级名片,校道旁、草坪里,立着历届毕业生捐赠的人文景观石"传承""砺""志""美""德"……校园的每一条路、每一面墙、每块景观石、每个角落都成了一本本活生生的励志教科书,让学生随时随地受到熏陶与感染,振奋人心,润泽心灵,启迪智慧。

怀集县是粤西北一个山区人口大县,经济欠发达。许多学生因父母长年在外务工而成为留守学生,导致他们思想上缺少引导、学业上缺少辅导、心理上缺少疏导、生活上缺少指导、成长上缺少向导。为了让每个学生都能健康成长,我结合形势发展需要,着力创新励志育人管理模式。2019年5月,我主持了广东省"十三五"规划重点课题"山区中学励志教育模式研究",重点开展"小组管理励志导师制"的研究。课题在以学校18个班级为实验试点的基础上扩大至全校所有班级,不断扩大代表性。时至目前,课题活动已经进入中期报告阶段,在规范落实"面向全体、全员参与、共同育人",实现"老师人人都是德育工作者,学生个个有成长导师"等方面积累了丰富的实验素材和制度补充。今天的怀集一中,每一位教师都是励志导师,都要担负起"五员"职责,即学生的思想引导员、课业辅导员、心理疏导员、生活指导员、成长向导员。励志导师既要关注学生日常学习生活,还要根据学生的个性特征,通过面谈、网络信箱、微信等途径与学生进行定期和不定期交流,引导学生身心健康成长。特别是对家庭贫困、学习困难、行为偏差、心理障碍、家庭环境不良的学生施以全员化、个性化、亲情化的励志教育,做到"师师要育人,生生有人育,励志全过程,励志全覆盖",收到了很好的育人成效。

2017年入学的黎同学是个建档立卡的贫困生,其父母外出打工,由70多岁的爷爷奶奶照看她和弟弟妹妹的生活。黎同学从小喜欢画画,考入美术院校是她的梦想,但学美术花费高、耗时多,周末她还要回家帮爷爷奶奶做家务、照顾弟妹,安排不当还会影响文化课学习。两难选择之时,班主任鼓励她,树立她的信心,坚定她的理想，最终她选择了美术这条路。但美术之路不好走，一路坎坷，一路苦累，熬夜画画是家常便饭，没有假期，没有课余时间，有的是画不完的速写、洗不完的调色板、削不完的炭笔，还有学习成绩不稳定带来的情绪波动、心灰意冷，甚至理想目标的动摇。她的科任老师随时关注着她，帮她合理地规划时间，及时打气鼓励，适时进行心理疏导，给她亲人般的温暖。班主任和科任老师对她的温暖、关怀和鼓励，给了她克服一切艰难困苦继续前行的决心和勇气，2020年高考，她以文化课394分、单考245分的优异成绩被广州美术学院录取。

新时代的教育必须是创新的教育，创新教育的主战场自然在课堂。为了更好地将励志教育与创新人才培养有机结合，我们在充分学习现代教育理论、借鉴教育先进地区成功经验的基础上，结合山区学校的实际，大胆进行教学改革，积极引导励志课堂、励志课型形成，促进教师课堂教学方式的转型和学生学习方式的变革，努力打造"4+1励志课堂"，要求每个学科每个课时都要充分体现励志价值，让每节课都撬动人的生命发展和人生成长契机。目前，我校基本形成了"前置性学习—小组合作探究—学习成果展示—巩固拓展提高"的"4+1学案式励志课堂"模式，为学生的研究与创新创设氛围，让学生的研究意识与创新思维在励志课堂中得以激发和提升。

一位物理老师在上"电磁感应现象"一课时，采用了"4+1学案式"课堂模式，取得了很好的课堂效果。第一个环节是"前置性学习"。他针对"电能生磁"现象设置了问题情境，启发学生进行逆向思考："磁是否也能生电？如果可以，产生电流的条件是什么？"他引导学生针对这些问题进行思考，展开讨论与交流，大胆做出假设。第二个环节是"小组合作探究"。在前置性学习的基础上，学生以实验设备为单位就近分小组进行探究。第三个环节是"学习成果展示"。各组对实验数据进行汇总和归纳推理，分别展示学习推理的成果，最终得出"产生感应电流的条件是闭合回路中的磁通量发生变化"这一重要结论。最后一个环节是"巩固拓展提高"。学生完成生活中一些常见的电磁感应现象的相关练习，进一步理解电磁感应现象。该堂课包含提出问题、做出假设、制订计划、使用工具、收集证据、处理数据、解释问题、表达交流等步骤，体现了一个完整的科学探究过程，有效地培养了学生的问题意识、探究能力，学生的自主学习能力和创新能力都得到了极大的提高。

"4+1励志课堂"模式在全校推广实施后，课堂教学质量明显提高，学生的学习成绩不断进步，动手创新能力得到了很大的提升，学生参加各类比赛成绩突出，取得了多项突破性奖项。在2020年广佛肇中小学生自然知识竞赛中，我校学生分别获省一、二、三等奖；在第三十七届全国中学生物理竞赛中，我校17名学生分别获全国一、二、三等奖；在第36届肇庆市创新大赛中，我校老师所指导的中学生科技创新项目和青少年科技实践活动项目分别获市一、二等奖；在第八届广东青少年科技创新实践成果交流活动中，我校代表队获二等奖；在第四届肇庆市青少年科技实践能力挑战赛中，我校代表队获市第一名；罗雷多老师获肇庆市"优秀科技辅导员"奖。

为了让学生成为德、智、体、美、劳全面发展的时代新人，我校着力推动励志教育活动体系建设，不断完善励志教育活动的目标、内容、方法、途径、队伍和工作机制，探索构建一体化的励志育人活动体系。我校利用"国旗下的讲话""经典诗文诵读""课间励志跑操""励志主题班会""师生励志书画展""励志读书分享会""高考励志演讲""优秀学子励志报告会"这些主题活动让学生陶冶情操、升华情感、触动心灵、振奋人心、努力上进。文学社、摄影社、棋艺社、篮球队、航模队、科普工作室等各种社团课程活动开展得如火如荼。在社团活动和才艺大赛的舞台上，学生们大显身手，个性特长得以充分张扬，青春风采得以淋漓展示，实现了在生活、学习、文化中育人的效果。

学校通过开展系列励志育人活动，极大地增强了学生的获得感、成功感和幸福感。近几年，教师指导学生参加各类竞赛成绩斐然。在2018年举行的广东省第九届规范汉字书写大赛中，高中部的陈沣光同学获硬笔书法一等奖。在2019年举行的全球华人少年书法大赛中，初中部的李艺涵同学入选硬笔组100强选手，并获"明日之星奖"。在2020年举行的第九届全国少年儿童书法、硬笔书法大赛暨规范汉字书写大赛中，我校学生麦苑琴获一等奖、黎蓉获优秀奖；节目《山之深处》荣获第五届广东省科普剧大赛剧本创作和表演赛二等奖。这些荣誉与奖项，是学子们成长的印鉴，更是励志教育的果实。

励志教育，砥砺是手段、过程、方法，成志立品才是励志的目的，良好的励志环境和励志氛围，能让学生健康快乐地成长和全面发展成才，同时推动着学校教育教学事业的健康发展。近几年，学校高考优投、本科上线人数、上线率逐年稳步提高。学校先后被评为"广东省中小学心理健康教育先进单位""广东省青少年书法教育名校""广东省依法治校示范校""国防教育特色学校""广东省安全文明校园""广东省书香校园""广东省健康教育促进学校""肇庆市中华传统文化教育特色学校""肇庆市教书育人先进单位""肇庆市高考突出贡献学校"，英语科组荣获"2019年广东省五一劳动奖状"。一张张沉甸甸的奖牌，一个个鼓舞人心的荣誉，记录了怀集一中励志教育的累累硕果，铸就了怀集一中卓越的励志教育品牌。

结束语

几十年来，我坚守"励志教育"初心，始终以立德树人的教育追求，创新和丰富学校德育内涵；以高尚宽广的教育情怀，推动文明校园、励志校园建设；以勇立潮头的竞争意识，实现课堂模式的创新和优化；以强烈的工作热情，实践自己的教育思想；以忠诚的使命担当，谋划和推动着学校制度建设、文化建设，不断取得学校教育教学工作新突破，"广东省山区励志教育特色品牌学校"建设步伐走得扎实和坚定，为百年学府新的百年辉煌打下了扎实的发展基础。

为孩子点亮心灯，让孩子阳光自信

肇庆市高要区第一中学　彭司先（第三组）

导读语

从教近30年以来，我与高要教育结下了深厚的缘分，高要教育的发展进程，融入了我个人成长的历程。从一线教师到级组长再到校长，我对教育的理解和热爱，随着时间的积淀变得更加深刻。我扎根于肇庆高要这片土地上，秉持"让每个孩子阳光自信"的教育初心，致力于学校课堂教学改革，在多年的教学和管理实践中，教育理念和教育思想紧跟时代的变化与发展。

我先后主持"园地教学法促进素质教育的开展""运用CAI加强学生智能素质教育""以心理教育为突破口，全面推行素质教育""运用网络技术促进家校协同教育研究""全面启动学生自信心系统研究""促进学生整体发展的信息化教学及多元评价体系研究与实践""重视专业化发展，促进优秀班主任成长""中学生自信教育""'少教多学'与高效课堂研究""基于学科核心素养视角下高中生地理阅读能力评价研究"等多项国家级或省级课题，成果显著。我积极总结并形成论文，先后在全国刊物发表论文3篇，论文获全国性奖励7项、省级奖励5项、地级奖励4项、县级奖励7项。自2006年开始，我负责并合作主编了"新课标·高考金钥匙"系列丛书共11册，已由暨南大学出版社出版。我曾荣获广东省优秀教师、中华文化基金奖章、首届中小学德育创新一等奖、名校长培养对象、中小学名校长工作室主持人（2015—2017，2018—2020两届）、广东省优秀校长工作室主持人（2015—2017）等；获市级第十三批西江拔尖人才、教育家培养对象、名校长（首批、第三批）、十佳优秀校长、优秀教师、优秀共产党员等；高要区（市）优秀校长、优秀人才、市长基金奖、十佳人物等称号。

我有幸受聘于教育部"国培计划"专家库专家、广东省级教育厅校长培训授课专家、教育厅中小学德育指导委员会委员、教育厅中小学校长培训中心兼职教授、教育厅高中教学水平评估专家、国家级示范普通高中评估专家、教育督导学会高中教育督导评估专家、省一级普通高中评估专家、中小学后备校长人员培训项目（高中班）实践导师、广州市卓越中学校长培养对象实践导师、华南师范大学教师教育学部兼职教授、文化素质大讲堂讲学专家、基础教育培训与研究院兼职教授、名校长讲堂讲座教授、广东教育学会研学旅行教育专委会副理事长、教育评价专业委员会副理事长、粤港澳大湾区教育协同发展专委会理事等社会职位。

成长档案

一、湘西风物孕初心

1969年，我出生在湖南省湘西的保靖县，这里风景秀丽，山雾缭绕，民风淳朴，人性善良。苗家阿妹在江边浣衣，苗家阿婆背着竹篓上梯田，老艄公在清澈的河流中为乡亲们摆渡，吊脚楼的倒影在水中摇曳多姿。这就是湘西土家族的独特风韵，是一幅美丽的画，一首悠扬的诗；凤凰毓秀，沱江钟灵，哺育着一代又一代像沈从文、黄永玉、宋祖英这样的古城儿女。"精华聚于武陵，灵气钟于吉首"，我在这里度过了童年和少年时光，并养成了乐观、自强的性格。

虽然出生在湘西偏僻落后的少数民族地区，但我的骨子里正如父亲为我取的名字一样"敢为人先"。我的母亲是一位勤劳、善良、自强、乐观的中国典型农村劳动妇女。母亲的性格在我心里打下了深深的烙印，她的影响力，犹如一股永不间断的力量，伴随我的一生。懂事的我常常帮助母亲做农活和家务事。我10岁的时候会在读书之余跟着母亲背着竹篓上梯田。一路上母亲语重心长地对我说："孩子啊，读书这件事一定要坚持，人生的路要自己走，没有人能一直搀扶着你。"母亲朴实的话语，"独立自主，自强不息"的家风，融入并渗透在我的骨血中，成为我与母亲之间的精神纽带，这也是母亲留给我终生最宝贵的精神财富。

虽然出生在大山深处，饱受贫穷落后带来的苦难，但在母亲的教诲下，我从小立志高远，渴望走出大山。在小学、初中、高中时期，我鸡鸣而起，不忘初心；对待功课脚踏实地、勤奋好学，对待生活乐观进取、直面挫折，中学时代的成绩均是全级第一名。1987年高考，我以保靖县理科状元被北京师范大学录取。

二、京城游学植根基

1987年9月，故乡的田野里一片金黄，儿时嬉戏玩耍的小溪在太阳的照耀下，泛着清澈的光芒，在乡亲真诚的祝福中，在激动忐忑的心情下，我背起行囊，踏上了前往北京师范大学的求学路。

当坐上绿皮火车的那一刻，我感觉自己就像是《平凡的世界》的孙少平一样，带着一种神圣和庄严、一股不屈和倔强、一份纯真和善良，走出大山，走向一个未知的五彩世界。

20世纪80年代的中国是一个知识急剧传播、文化剧烈碰撞的时期，对于从穷乡僻壤中走出来的我，改变狭隘的精神生活的渴求远远大于改变物质贫困生活的冲动。我看着周围的高楼大厦，看着城市的灯红酒绿，在这样的城市感到陌生，在这样的大学充满压力，但骨子里的坚强和乐观激励着自己。我虽来自湘西贫困的山区，但我却可以通过自己的不懈努力和奋斗去谱写自己的未来。大学四年，为了学好专业，北京师范大学（以下简称"北师大"）的教室、图书馆、宿舍，甚至校园的每片绿荫下，都曾留下我如饥似渴汲取知识养分的身影和足迹。我尤其喜欢大师们的讲座，一有讲座，我必会早早去一睹他们的风采。从大师们的讲座中，我不仅吸收了知识的养料，更是扩充了视野，陶冶了情操。

大学四年，虽然我的专业是地理，但我对计算机也有着狂热的热爱。我购买了很多计算机方面的书，常常通宵达旦地阅读，到现在我还一直记得给北师大后门那条街上的网吧电脑安装程序的情景。大学四年，为了强健自己的体魄，我每天早上6点半、傍晚7点准时出现在运动场上，恣意奔跑，挥洒着汗水，从皑皑白雪寒冬走向炎炎烈日酷暑，从来没有间断过。

三、高要基层毓灵秀

1991年春的毕业季，各招聘单位络绎不绝地进入校园，看着同学们纷纷将简历投向北京、上海等大城市，我也跃跃欲试。然而，我没有像其他同学投完简历后的那种期待，我内心充满了矛盾——我该何去何从？什么地方才是我实现梦想的地方呢？广东省肇庆市高要县（现为肇庆市高要区）教育局到北师大引进人才。经过一番思考，我知道我找到了属于自己的地方，去山区发光发热，给贫困山区的孩子们带去希望。高要地处粤桂交界处，是典型的山区地方。我毅然选择最偏僻、与自己童年生活环境相似的广东省高要县，到高要一中做一名普通的地理老师。刚开始接触一线教学，我仗着自己北师大毕业生的身份，打心里不信服一些老教师，认为他们的教学理念陈旧、教学方法单一，甚至有几次就教学问题与同事争得脸红脖子粗。老教师们总是包容着我，用他们几十年在一线的经验帮助我。黎维楷老师多次对我说，"你的教学理念是很先进，但还要根据课堂教学的实际，多思考高要这个偏远山区孩子们的实际情况"。在高要一中，我一干就是8年，也是这8年让我明白了一名教师站稳讲台的重要性。

1998年年初，为了适应基础教育快速发展的需要，高要市政府决定在南岸城区再建一所完全中学，这就是高要市第二中学（以下简称"二中"）。我服从组织安排，被调到尚在施工的新学校,成为高要二中的第一批开拓者。在这里,我的优势很快就发挥了出来,致力于教学教研、探索学校管理模式,我先后担任班主任、科组长、教务处副主任、副校长等职务。在边建设、边教学的岁月里,我协助李建志校长给学校确立了第一个十年发展目标:一年打基础、三年见成效、五年大发展、十年创名校!

2006年,我担任高要市第二中学党总支书记、校长,开始思考着校长到底该做什么,思考着高要二中的发展思路和管理模式,提出了"精致化管理""目标管理""量化管理""有效授权"等管理模式。在这个过程中,我对校长是"做什么的"、对校长要"怎么做"有了更深刻的认识。与此同时,高要二中经过8年的发展,学校开始停滞不前,校风学风下滑,师生矛盾突出。我寝食难安。一个好好的学校不能垮在我手上,我必须要让高要二中重放光彩。同年,我到山东安丘四中参观学习。安丘四中在实施自信教育后,由一所普通的县级中学一跃成为潍坊市的重点中学。我被深深地震撼了,同样是面向农村中学生,为何安丘四中能取得如此辉煌的成绩?

2006年暑假,我在华东师范大学学习期间,整整一个月我都泡在图书馆,查阅国内外自信教育的相关理论资料,提出了"二中没有差生、二中潜力无穷""让每个学生都阳光自信""一个学生都不放弃"的办学理念,制定出高要二中自信教育实施方案,并于同年9月将方案全面实施铺开。功夫不负有心人,事实也证明我的思路是正确的。经过几年的努力,自信教育终于结出累累硕果:2007年、2008年连续在肇庆市重点中学高考综合排位中居第二位,2011年在肇庆市重点中学高考综合排位中居第一位,2005—2016年连续12年高考本专科上线率和上线人数居肇庆前列高要市第一,2011—2016年连续6年有学生考上清华大学、北京大学。

2017年8月,我调往高要市第一中学(以下简称"一中"),任党总支书记、校长,让我又回到了教书育人的第一站。面对昔日的校领导、同事,我内心充满了忐忑,倍感压力。该如何让一中这所老牌高中重焕生机?如何让一中人重拾自信?没有调查就没有发言权。我开始走进课室、宿舍,走近教师、学生,深入调查研究,找到了解决问题的"牛鼻子",即从思想引领开始,提出了"没有差生,只有差异,适性扬才,多元发展"的办学理念,同时也提出"把一中办成壹中"的目标,带领着一中人在办人民满意教育的道路不断前进。

教育思想

关于教育,我们要重视学科教学的高效性,还要回答三个问题:培养什么人?怎样培养人?为谁培养人?作为校长,要用宏观的思维去规划和构建学校教育的整体蓝图,思考教育的意义,进而引领老师们一起践行教书育人的职责。同时,校长要有自己的"品牌",形成品牌效应,这不仅会影响本校的学生和老师,还会辐射一个区域,引领一种教育风尚,形成一种教育思想。

一、做校长该做的事

社会分工决定了，不同分工的人需要扮演不同的角色。作为校长，应对学校的全盘工作进行宏观的把握，微观上的掌控。简言之，做校长该做的事。作为校长，除了思考学校的日常管理运行、学科教学效果、师生的健康成长与发展之外，最重要的是做学校思想的引领者，以核心的教育思想将老师们团结起来，找到共同前进的方向，一起为这个教育思想的实现而努力。

校长不仅要做教育的管理者，更要做教育思想和教育文化的引领者。我坚持"立德树人"，厚植家国情怀，坚持让每个孩子阳光自信，以此为核心，开展学校教育。让每位学生都享有受教育的权利，实现适性扬才多元发展。让每个人成之为"人"，让每个人都实现自己的人生意义。我认为，这是作为一个中学校长在教育管理之中应该有的教育之思。为未来培养人才，培养人才的未来。培养祖国未来的建设者，培养社会主义的接班人。这是回答培养什么人，为谁培养人。

二、思想很重要，贯彻思想更重要

教育思想建立在实际的人文环境、学情、教情之中，教育思想是宏观与微观的结合，教育思想的终极意义在于贯彻落实到教育教学中。为贯彻落实"让每个孩子阳光自信"的教育思想，我通过几项具体的措施贯彻落实。一是自信教育，二是课堂教学改革，通过这两个方面，落实"让每个孩子都阳光自信"的教育理念。其中，自信教育已经成了特色教育品牌。

学校的教育教学质量，我认为要站在教学改革的前沿，深入教学实践第一线，研究教学环节的每一个细节，并且抓住教学质量这个"牛鼻子"，把学生培养成德智体美劳全面发展的高素质人才。因此，我提出"引进来，走出去"的策略，让教师与先进地区的教师进行学习与交流，不断提高教学水平，实现高效课堂，从而逐步提升教学质量。

在思想贯彻落实的过程中，可能会遇到这样或那样的问题，但是，遇到问题不可怕，可怕的是在实施的时候不正视问题、不解决问题。思想的贯彻过程是理论与实践相结合的过程，也是理论与实践相磨合的过程。在这个磨合的过程中，应当树立这样一种思想：实事求是，以人为本，敢于面对问题，及时解决问题；既有敢为人先提出改变的宏观叙事，又有落于实际、包容创新的微观执事。

三、让合适的人做合适的事

在学校德育、教学以及日常的管理中，我一直坚持这样一个原则：让合适的人做合适的事。

学校由于特殊的性质，让每个人都能在合适的位置上做合适的事，是保证学校正常运行，并且平稳和长远发展的前提。学校的人员构成比较简单，主要由老师和学生组成。但是，老师和学生又有其自身的特性，因此要根据特性将他们放在合适的位置上，这样才能实现"教师+学生"的能量最大化。

（一）教师各安其职，实现职业成长

首先，关注青年教师，多举措助力青年教师成长。青年教师是学校的未来和希望，但青年教师工作阅历浅，教学经验不足，往往需要经过一段时间的"传、帮、带"或者重点扶持和培养，才能成为可用之材。

我通过以下几项措施帮助青年教师实现成长，同时为学校培养充实的管理后备军。第一，实行导师制，在学校大范围开展师徒结对活动。学校聘请有实际工作经验的一线骨干教师作为青年教师的导师，对青年教师进行一对一的培养。第二，学校为青年教师搭建活动平台，通过举办学术报告会、各类专业知识比赛、青年教师专业成长报告会、培优经验交流会、说课比赛等，促使青年教师在实践中得到锻炼和提高，在活动中脱颖而出。第三，给青年教师委以重任，着力选拔和培养学科带头人，组建富有实战经验的骨干教师队伍，要求他们在教学中要有规范化的教师形象、复合化的教学能力、多元化的知识结构、多样化的教学方法、现代化的教育技术，在教学中营造民主、宽松、和谐的课堂氛围，创设开放、探索、合作的教学环境。

其次，教师队伍，实行精致化管理模式。"量化管理"是"精致化管理"的具体体现。在这种管理模式下，各个教师分工不同、各司其职、明确责任、按责论功，最后论功行赏。这极大地调动了全校教职员工的积极性，又促使其最大限度地发挥潜力，在不同的岗位都结出了属于他们自己的硕果。关注教师的职业成长，为教师搭建对内和对外交流的平台，校内设竞赛、引进校外专家开展讲座，加强交流，让教师在一个开放、多元的学科教学氛围中实现自身学科教学水平的成长，同时构建自身良好的职业发展愿景。

再次，对于学校中层教师队伍的管理实行"有效授权"模式。在学校管理中，校长出思想、出创意、出点子、出方法，具体实施方案安排给副校长、各部门主任、各年级组长去操作。而校长在方案实施过程中，不仅听中层干部的情况汇报，而且花时间去深入基层了解这些思想的实施情况并做经验的提升和总结。在这种"收"与"放"之中，学校管理团队紧紧围绕一个中心，又适度的自由发展，从而实现管理的精致化。同时"有效授权"让学校的中层可以放心大胆地做事，校长可以腾出更多的时间出去考察、学习、交流，扩大视野、拓宽思路、继续充电，也腾出更多的时间和精力去思考学校的发展大计。

（二）关爱学生，让每个孩子阳光自信

关于学生的培养，我坚持"一个学生都不放弃"的自信教育思想，坚持"没有差生，只有差异，适性扬才，多元发展"的理念，让每个学生在接受教育时都能享有平等对待的权利，在立脚点上求平等，于出头处谋自由，坚持"有教无类"，因材施教，让学生在学校发现自我，发展自我，成为自我。

通过在山东潍坊市学习时所接触的信心教育，根据学校所处的环境以及特殊学情，我开始尝试因地制宜地实施自信教育。坚持"让每个孩子阳光自信"的核心教育思想，主要通过以下几个方面展开自信教育：一是教师课堂教育，二是校园文化环

境教育，三是自信教育活动教育，四是构建"家—校—社—伴"四位一体的网络德育。通过这四个方面的教育教学实践活动，全面启动学生的心理自信系统，让每个孩子都阳光自信。

通过鼓励学生、激励学生，每一位步入校园的人们都能看到"我自信、我出色、我努力、我成功""自信创造奇迹""我行！我能行！我一定行！"之类的标语；教室、寝室、教学楼到处都张贴着"三好学生""优秀学生干部""学习成绩优秀奖"等优秀学生的照片和事迹等。在学校中，自信无处不在，自信心无处不在，这种自信的魅力感染着每一个进入校园的人，感召着每一个在校的学生。

学生在这样有着"自信"文化氛围的校园里成长和学习，很自然地就会收获胜利的喜悦和成功的硕果。这是自信心的一种，也是自信教育的回报。每个学生都将自己看成独特的、非常重要的人，不断发现自己的优点和长处，实现自我认可、自我肯定，在这些平常的积淀和积累中，最终实现自我的飞跃。让阳光洒进每个孩子的心灵，播撒自信的种子，在孩子们未来成长的道路上，不断地长成一棵参天大树。

通过思想的贯彻，以及让合适的人做合适的事，我在教育教学管理实践中，回答了教育中怎样培养人的问题。培养什么人？怎样培养人？为谁培养人？我的教育之思紧紧围绕这三个问题进行。这是教育者在实施教育教学中必须回答的三个问题，要回答好这三个问题并不容易。教育之路漫漫，吾将上下而求索。

教育实践

从教近30年以来，从一线教师到级组长再到校长，我对教育的理解和热爱，随着时间的积淀逐步变得更加深刻。实践是真理的来源，同样也是检验真理的唯一标准。在多年的教学和管理实践中，我对学校的办学理念和管理思想也有了更加深入的体会和理解。"让每个孩子阳光自信"，是我多年教育教学及管理过程所获最深刻的教育理念，是我的教育"初心"，同时我也将这份教学理念以"自信教育"作为突破口，不断地贯彻到我的教育管理之中。以"自信教育"为品牌特色，形成独特的教育理念，影响了肇庆高要万千学子的成长。

一、"自信"理念构建

根据"立德树人"的总体要求，构建自信教育的理念体系，在教育教学实践中系统地回答了"办什么学""育什么人""怎么办学育人"的问题。

（一）自信教育的主要内涵

经过多年的理论和实践研究，我认为在中学教育中，自信教育即要通过学校具体实践活动对学生多激励、多鼓励，激发学生的自信。激励教学理论认为，激励和鼓励是教育的本质。激励和鼓励的神秘成分是"希望"，有"希望"才会成功，有成功才会产生"成功感""成就感"，只有"成功感""成就感"，才能使学生产生"自尊"

和"自信"这两种品质。"自尊"和"自信"可以使学生产生最积极的学习心态。

(二) 自信教育的主体

中学教育的自信教育主体有两个,一个是学生,另一个是老师。学生是受教的主体,而老师是授教的主体,两者都在自信教育中起着非常重要的作用。

首先,学生是自信教育受教的主体,培育学生的自信也是自信教育的目的。因此,在中学教育中的自信教育的主要措施和活动,都是针对学生而言的。所有的学生都应是自信教育的主体。基于高要中学生源构成的复杂性,更显示出学生群体的特殊性,学校坚持自信教育的基本原则,将所有学生都视为具有巨大潜力的人。

其次,教师作为教育的实施者,是自信教育授教的主体,是自信教育得以实现的重要"媒介"。教师在教育活动中的重要地位不言而喻,因此,要想做好中学学校的自信教育,最重要的是要有一批专业素养高、教育理念优、师德高尚的教师,来落实自信教育的各种举措。如果说学生是种在校园里的一颗"幼苗",那教师就是浇水施肥、播撒阳光的"农耕者"。教育的"耕种"不能"听天由命",而要"事在人为"。

因此,对教师的专业化发展,对教师工作热情的激发,以及对师德的考察和培育也是我们实施自信教育的主要环节。我们要对教师们在工作中所产生的困惑,做出相应的解答,让教师这个自信教育的授教主体,能够充满激情地去在"幼苗"的心中播撒阳光与自信。

(三) 自信教育的目标

我们自信教育的目标是:一个学生也不放弃!我们坚信"没有差生只有差异,适性扬才多元发展",学生来校学习是为了更好、更快的成长,在教育中善待每一个学生,相信每一个学生,不放弃任何一个学生。使每一个学生都能学习有目标、生活有规划、未来有希望。

二、自信教育的实施

自信教育既从学校的宏观范围开展活动,又落实到班级管理的方方面面,以润物细无声的方式培育学生自信。

(一)"自信"德育

自信德育坚持四个基本原则,即发现原则、共情原则、赏识原则、激励原则,班主任在班级工作中坚持自信教育的几大原则管理班级和辅导学生,以及指导工作。

1. 自信德育以发现为基础

班主任在进行班级管理时,往往会遇到一些非常有个性的学生,班主任要善于"发现"这些学生的特点,不仅要快速掌握他们的学情,更要善于发现生活中存在的问题。对班级学生进行深入的调查和研究,理解学生的需求,发现班级管理中关键问题并寻找突破点,从解决问题的关键点切入开展自信德育,以点带面,用合理的方式解决遇到的问题,让自信教育成为一种无形的班级文化,在潜移默化中实现德育教育,培育学生的自信。其中,高三的梅老师就在新接手高三班级时通过坚持自信教育而走进学生的内心，以文化人，以自信育人。

梅老师是临时接手高三（18）班。在第一次和学生见面前，她已经有了足够的思想准备，但当面对学生的时候，事先准备好的发言稿全派不上用场。本想像以前一样，在讲台上侃侃而谈，但是她发觉台下没有一个学生听她讲。梅老师非常尴尬地在教室转了几圈。有个男同学从她进教室时就在睡觉，直到梅老师走出教室他还在睡，即使梅老师从他身边走过，他这个行为让梅老师心里很不舒服。几堂课下来，其他学生慢慢接受了梅老师，唯独那个男生依旧在睡觉。但是几次在课下碰到他，他又特别的活跃，班内的男生以他为中心"忙"得不亦乐乎。当梅老师饶有兴趣地走近时，他们就马上散开，并始终对梅老师保持"沉默"。

班主任要想成为班级的真正领导者，并不是一件容易的事情。这需要班主任有着善于发现的眼睛，要深入了解和研究，发现班级问题的根本所在，从而探究一套解决问题的方案。在班级管理中，老师不能和学生"硬碰硬"，尤其是碰到比较难接触的学生，应当要"发现"问题，同时掌握好发现的方法和发现的角度，当"正攻"不行时要从侧面找到突破口，从而通过表象发现问题的本质。

梅老师通过班里的同学得知部分男生在班上有聚赌行为，而那个男同学就是庄家。就这样，梅老师发现了男生为何以他为中心，如果能够突破那个男同学，那么就能从根源上解决班级的风气问题。而对于这样的学生，批评的手段是发挥不了作用的，于是梅老师决定从一首歌开始，邀请他一起听歌曲《我的未来不是梦》。一到课余时间，梅老师就邀请他一起听歌，让男生们的"活动"没有了庄家，因此，班上的班级风气相对有了好转。可是时间长了，这位男同学产生了不耐烦情绪，但是碍于面子，他也不好说什么。

通过班主任在平常的调查和探究中，发现班级学生存在的问题，"擒贼先擒王"并且具有针对性地采取"软"措施，突破学生的心理防线，为进入学生的内心做好铺垫，同时也善于发现造成学生现状的客观和主观原因。一个班级的学生的行为表现总有其内在原因，要善于探究问题和发现原因，并采取可行的措施，从而激发学生对生活的积极性，脱离低级趣味，积极地对待学习和生活。

2. 自信德育以共情为基调

班主任在通过认真研究学生的基本情况后，采取相应的措施去规范学生的具体行为，但是这种行为是有时效性的，而对学生思想的引领不具有深远性和长久性。

梅老师为更进一步地走进学生的内心，与学生产生情感的共鸣，与学生建立情感联系，从而真正地解决问题学生的思想问题。她联系了那个男同学的母亲，对他进行了详细的了解。原来他的父母因做生意比较忙，常常忽略他的生活和学业。梅老师了解情况后，又得知他的生日快到了，于是，梅老师在他不知情的情况下精心地为他准备了生日晚会，还特意邀请了男同学的妈妈和他的好朋友一起给他过生日。在充满爱意的生日气氛中，在他母亲的注视中，再次播放了《我的未来不是梦》这首歌，男同学被这样充满关爱和关怀的情景触动了，他眼角闪烁着泪光。在那之后，他不仅停止了那些无聊的活动，不再在课堂上睡觉了，还在语文课上积极地回答问题，目光也变得柔和了，并且主动要求与班级前几名的学生一样，6：20就回教室学习。

班主任通过了解学生的情感需求，用"软"行动构造一个充满爱的情景，通过特殊的情感节点击中学生内心最柔软部分而打动学生，与学生产生情感的共鸣，让学生从内心深处认同班主任的引领，激发学生主动学习的内动力。学生也会对生活充满激情，愿意投入学习中去。这种通过共情的方式来引领学生自信，是班主任实现自信德育的深远性和长久性的基调。

3. 自信德育以赏识为动力

班主任要真正地引导和教育学生，不仅要掌握班级的具体情况，发现班级存在的问题，激发情感共鸣，还要懂得赏识学生，发掘学生的优点。

这位男同学虽然转性开始学习了，而且起到了很好的带头作用，但是课程落下了太多，他学习起来非常吃力。很快，刚建立起来的自信开始动摇。他每天都闷闷不乐，而且很快就要面临期末考试了，再怎么早起好似也无力回天。

班主任了解到这一情况，协同班级各科任老师一起进行分析，决定从他相对感兴趣，并且也是他的强项——地理入手。地理老师利用休息时间每天给他补课，并且很快就取得了效果。由于地理成绩提高了，期末考试的成绩他从倒数第一名升至倒数第六名。因为这次的成绩激励了他，在高三的第一次月考中他的成绩提升了137名，第二次月考他的地理成绩在班上排第一名。地理科的成功带动了其他科目的学习，并且激发了他的学习兴趣。他开始不再满足自己的成绩，并且知道努力学习了。

班主任要懂得赏识学生的优点，并且用爱去包容、去教化。人们都希望得到赏识，尤其对自身优点的赏识，能激发人的潜力。学生是最希望得到赏识的一个群体。赏识的根本是爱，学会赏识，就是学会爱。只有爱，才会有长期和真正的赏识，才能把无穷的潜力激发出来。班主任通过对学生的优点的赏识，激发学生的内在动力，从而收获了良好的效果。

4. 自信德育以激励为保障

班主任在培育学生自信时要在发现问题、赏识学生优点的基础上以学校的自信教育的激励措施为依托，根据班级自身的情况，以持续性的激励方式保证学生自信发展的可持续性，为不断激发学生的潜力提供保障。

首先，完成学校自信教育的规定动作。引导学生积极参与学校开办的礼仪教育、军事训练、校史教育、安全教育、自信教育启动仪式、交往礼仪讲座、上课礼仪和规则教育等，要求学生学有所获。鼓励学生积极参加学校的社团活动，发挥学生的各方面才能。在学校统一的自信教育活动中不断地激励学生，发掘学生的多方面才能，适性扬才、多元发展。

其次，班主任在学校规定动作下根据班级特点自选动作，通过系列的班级激励措施持续地激发学生的自信。具体措施如下：

第一，发动学生一起设计独特的班级名片。名片内容包括班级目标、班歌、班级誓词等，在这个过程中可以加强学生之间的沟通与交流，增强学生对班级文化的认同感。

第二，请学生选择班级文化墙的励志名言，每个班级做到让"自信上墙"，用充满正能量的班级文化环境熏陶人，充分发挥学生的主观能动性，让学生主动创造激励的环境。

第三，设计班级每周之星，分为规定项目与自选项目，每周评选数量必须在两个以上，不设上限。规定项目有学习之星、文明之星、进步之星、体育之星、艺术之星、文学之星等。自选项目是由学生结合自身优势进行自荐评选。采取由班主任、班委会和小组推荐、学生自荐相结合，在班会课上进行评选，以全班同学民主投票的方式举行，得票率达75%为通过。每周之星要把自己的获奖感言以文字的形式写下来，分享给班上的同学，激励大家一起发现自身的长处，一起进步。

第四，每周写一篇成功案例，用400至600字描述一周内所做的感到骄傲或者充满了自信的小事或者所见所闻。内容必须是正面、积极、激励的内容，做到肯定自己、表扬自己、激励自己。班主任对学生的成功案例进行评价，选出优秀的案例张贴在班级文化墙上或在班会上朗读。

第五，设置班级作业展出栏、成绩公开栏，每门科目优秀的作业贴到展示栏进行展示，并且张贴每次考试成绩优秀和成绩进步的同学的名单，树立榜样，激励大家共同进步。

通过一系列的学校普遍活动和班级的特殊激励措施，全面铺开自信教育激励机制。班主任通过这些具体的策略，确保了学生从生活到学习都在感受正面的引导，在这个过程中确保自己作为学生自信长期有效激发的领导者。

（二）"自信"课堂

1. 创建"有备而来"的自信课堂

集体备课是教学的重要环节，提高集体备课的有效性是教师集体备课的核心任务。第一，要求教师做集体备课活动的发言人，阐明自己的教学设计。集体备课是教师们对课程认识互相交流、对教学环节互相完善、对教学设计互相评价的活动。第二，要求通过集体备课明确每节课老师讲的时间、学生练的时间，明确课堂问题，明确要讲解的例题、课堂练习、课后练习等。让每位教师准备充分，让课堂更紧凑、更高效，使教师对课堂充满自信，这样，学生才能学有所获，才能体会到成功的快乐，从而强化学生的自信。

2. 创建"互动伴学"的自信课堂

环境对一个人的成长起着非常重要的作用，良好的环境是学生形成正确思想和优秀人格的基础。要铸造学生自信心，环境的浸染非常重要。

（1）创建自由、安全、和谐的课堂，激发学生学习潜力。教师应努力营造学生自我展示舞台的课堂氛围，创设教学情景，使学生进入角色，让学生大胆发言、讨论，从而给学生自我表现的机会，达到培养学生自信心的目的。

（2）创建民主、平等、友爱的课堂，确立同学型师生关系。在老师眼里，每一个学生都是一样的。教师要表现出来对学生的爱，并让他们感受到。作为教师在课堂上要放下架子，走下讲台，到学生中去；用微笑面对每一个学生，做学生忠实的听众；对于学生的意见和想法，不要立即下判断，要鼓励和容忍学生表达不同的观点。当意见和想法都提出后，利用小组合作交流，师生再共同评析。逐步建立民主、平等的同学型师生观念，使学生感受到互动分享的快乐，才能增强学习的自信心。

（3）创建交流、赏识、激励的课堂，寻找学生的闪光点。课堂上，老师要善于观察，发现学生的闪光点，并及时给予放大。自信的学生是夸出来的，学生的自信也是老师鼓励表扬的结果。赏识性是其中的一个特征，学校要求老师对学生们要多鼓励、多表扬，让他们能扬长避短，心里充满自信的阳光。

3. 创建"学生主体"的自信课堂

课堂教育教学设计要体现自信教育，在教学内容和教学环节的设计上，要以学生为主体，充分挖掘学生的潜能，充分发挥学生的主观能动性，针对学生的实际情况预设情境，鼓励全体学生参与课堂活动，并适应学生的个别差异与兴趣。同时，鼓励学生用语言、文字、图像等方式，表达自己的想法。教师提供平台给学生展示自己的作品，与全班同学分享自己的学习成果。

4. 创建"有效点评"的自信课堂

（1）用真挚的语言肯定学生，建立学生自信。在课堂上，教师可用富有激情和个性的语言评价方式代替单一的评价语言。

（2）用得当的动作激励学生，树立学生自信。在课堂上，老师一个肯定的眼神、一个确定的点头、一个"很棒"的手势、一次轻拍肩膀的动作，会提高学生回答问题的信心，会增强学生阐述自己观点的勇气，会使曾经胆怯、惶恐的学生重拾自信。

（3）用及时的交流鼓励学生，增强学生自信。及时的师生课后交流，是自信课堂教育的延伸。教师在课后，要适当地与学生面对面交流，当学生遇到学习和生活的困难和挫折时，要多倾听、多关爱、多鼓励，给他们提出合理的建议和意见，适当提高他们应对问题的自信和能力。通过沟通与交流，温暖学生的心灵，长久的暗示，会凝固成一种评价定势，学生会在这种"能行"的评价定势中，一步步产生质的飞跃。

（4）用恰当的批语与学生交心，提升学生自信。在教育教学过程中，教师批改作业是必不可少的教学环节。学生作业能在一定程度上反映其学习情况，老师可根据学生的作业情况，给出针对性强的批语，以表扬、鼓励为主，指出没有掌握的知识点，并提供有效的学习建议，逐步提升学生自信。

5. 创建"渐进成长"的自信课堂

在教学过程中，对优秀生既鼓励又提醒，防止其骄傲自满；对"学困生"要特别关爱，鼓励教师与他们交朋友，提倡"教师蹲下来和学生讲话""要睁大眼睛找学生的优点"，鼓励他们奋进。

因而，要让学生树立自信，老师要进行课堂改革，实行分层教学，为这些学生创设展示自己的空间,在课堂教学中设计不同层次的问题,让不同的学生都有成功的体验,感到自己是班级中的一员。引导学生坦然面对失败,一是引导学生正确分析失败的原因;二是引导学生正确认识自己;三是让学生坚信"天生我材必有用"。

(三)"自信"校园文化

文化对人的影响是潜移默化的,学校重视校园文化氛围的营造,力求创设"让墙壁说话,让草木育人"的情景。学校从由静而动、由表及里、由果及因的路径来构建校园文化氛围。

1. 校园公共文化激励自信

学校在楼道、饭厅、宣传栏、走廊等场所张贴着激励人心的名人名言,营造积极向上的文化氛围,如"千教万教教人求真,千学万学学做真人""育人与育德并举,树木与树人同步""一勤天下无难事,长成大木柱长天""勤学大家敬,好问志气高""不敢高声语,恐惊苦读人"等励志话语。这些话语潜移默化地影响学生的观念,提高学生的自信,从而让学生树立良好的价值观念。

2. 班级文化熏陶自信

各班根据自身情况设计班级文化、班训、班级口号、班主任每周寄语、学生个性风采贴等,同时设置班级光荣榜包括个人成绩光荣榜、文明光荣榜、每周之星、优秀作业展等,定时张贴出来。用班级文化凝聚人心,以身边的榜样和相应的具体形式勉励学生,能让学生逐渐树立自信。

3. 宿舍名片展现自信

引导学生对宿舍进行文化布置。学生可充分展现自己的个性,为宿舍取名。这个过程可使学生获得自我认同感,同时展现了才华。

(四)"自信"校园活动

校园文化活动是自信教育一个非常重要的环节,通过集体活动可以使学生形成积极的个性品质,形成健康向上、自信顽强的作风。

1. 学校组织,统一育自信

(1)学前教育活动,认同自信。通过自信教育启动仪式、军事训练、校史教育活动、安全教育、考试规则讲解、规章制度讲解和礼仪教育活动等学前教育,让学生知道自信的重要性,了解自信教育的目的、意义、理念和方法;锻炼学生国防意识及坚强意志;让学生了解学校的发展史,让学生对学校产生认同感和自豪感;让学生掌握基本的安全常识及避险方法;让学生基本具备了一个高中生应有的学习意识、日常礼仪素养和行为规范。

(2)国旗下讲话,激发学生自信。每周一早晨,学校通过升国旗仪式、国旗下的讲话等系列活动,激发学生自信的力量。国旗下的讲话,主要有学校领导发言、优秀学生代表发言、主持人点评、温馨提示等流程。

(3)激情宣誓,张扬自信。通过宣誓提升学生的自信力,是宣扬学生自信的成功举措。铿锵有力的誓言,叩击着每一位同学的心弦,激越起昂扬的斗志,张扬起自信的风帆。

（4）多样表彰大会，展示自信。学校每学期可开展形式多元、内容多样、覆盖面广、独具特色的表彰大会，集体表彰与个体表彰相结合，综合评价与单项评价相结合，规定动作与自选动作相结合，传统项目与创新项目相结合。如设置"文明班级""每周之星""优秀演员""作业标兵""最佳球员""卫生先进个人""最佳辩手""语言文明标兵"等各种奖项，让每一位同学都受到认可和表彰。

通过表彰活动，学生展现了自己的才能，了解自身的价值，这对于形成理想、增强自信心、激励进取心，起到重要的推动作用。

（5）心理宣泄活动，稳固自信。心理宣泄理论认为，人的需要、动机、本能、行为等受到挫折后会产生消极情绪，给人造成心理压力。如果不能及时排解，心理压力就会转化为行为的反向动力，使人出现反常行为，如侵犯与攻击他人。学校定期举办相关的宣泄活动，让学生的学习和生活的压力得以宣泄，从而"轻装上阵"，如跑操、宣誓、运动会、心理室宣泄等。

2. 学生自主管理，锻炼提升树自信

由于生源构成的复杂性，他们年轻气盛、精力充沛却无处发泄。于是，我们决定发挥学生的特长，在学校规章制度的范围内，给他们充分的自主发挥空间，让学生做自己喜欢的事，自主管理，并积极引导同伴互助学习，在这个过程中获得自我认同，获得快乐和自信。

3. 社团活动纷呈，张扬个性展自信

学生社团组在遵循学校规范，采用自主申请、自我管理、自筹经费、自请教练、自娱自乐、自我发展的管理模式，让学生根据自身的兴趣爱好，自发组成社团。在各种各样的社团活动中学生的特长得到充分的展示，找到了自己的用武之地，自信心倍增。学校目前有31个学生社团，涵盖了德、智、体、美、劳各方面，是学校特色文化展示的载体。学校建立导师制度，加强对学生社团的指导，提高学生的组织活动能力和创新活动意识，营造浓郁的学习氛围，让学生在这个舞台尽情地绽放自己的精彩。

4. "文化节"活动有序，多元发展呈自信

学校的校园活动有"六节"，包括书香节、感恩节、艺术节、体育节、科技节、社团节文化。学校根据不同的时间段、不同的年级，在学校开展丰富多彩的文化活动，在营造校园文化气息，打造校园文化名片的同时，让学生在活动中锻炼自己、提高自己、呈现自己。

（五）"自信"和谐师生关系

学校以"自信教育"为导向，开展一系列有利于师生身心健康的活动，促进师生共同成长、共同发展。例如，师生生日会、师生体育比赛、师生郊游活动、周末晚会等。

（六）"自信"教师队伍培育

为解答教师们对教育教学的困惑，激发他们的工作激情和自信，学校推行多种教师培训方式，培养专业教师队伍，筑牢自信教育基地。

首先，通过大会宣传，开设自信教育专题讲座、组织自信教育学术研讨会、举办班主任德育培训、举行自信教育示范班会，并定期进行同行自信教育经验分享等多种活动，积极开展自信教育理念的学习和宣传。

其次，以"请进来、走出去"的学习形式，积极与教育教学先进的兄弟学校进行交流学习，包括学科教学、班级管理、班主任德育工作、学校社团组织等内容。让教师保持学习的状态，同时也保持应对挑战的状态，快速提升教师的教育教学的素养和水平。

再次，通过日常的级组老师会、班主任工作会议、德育工作例会等，加强教师对自信教育理念的理解，熟练掌握自信教育的方法，在这个过程中对自信教育中存在的问题，及时提出，及时解决，并根据具体情况不断改进、不断总结经验和改进教育方法，最终达到教育的目的。

三、自信教育的品牌辐射效应

学校的教育管理模式彰显学校的特质，以学科教学为中心，以自信教育为文化教育体系，为孩子点亮心灯。学校的办学成绩获家长、社会的认可和上级组织的表彰。让每个孩子都阳光自信的教育已经形成了一种品牌效应。所在学校的"自信教育"实施试点，被评为广东省德育创新奖一等奖，《教育文摘》《新课程报》《人民教师》《中华儿女》《广东教育》《21世纪校长》《高要》及凤凰网等多家媒体都报道了自信教育的成果。

自信之花已绽放在校园的每一个角落，为学校赢得了良好的社会声誉。2010—2016年，学校分别接待了美国田纳西州纳什维尔市的校长考察团（三批），青海省校长学习培训班，第一、第二、第三批广东省名校长培训班学员、香港狮子会、华南师大附中、顺德一中、南海中学、东莞长平中学、广州市玉岩中学、广州四中等100多所知名学校共5000多人次到我校交流学习。

自信教育具有可迁移性。2017年8月，我轮调到另一所基础相对薄弱的学校担任校长，以"立德树人"为核心、根据新任职学校的校情，提出了"没有差生、只有差异；适性扬才、多元发展"的办学理念和"行为习惯好、道德品质好、理想信念好"的育人目标，初步实施自信教育。坚持强化队伍建设，努力提升教师的专业化水平，校风、教风、学风明显好转，教育效果明显提升，高考本科上线率从43%提升到了61%。

近年来，学校荣获了教育部颁发的全国青少年校园足球特色学校，广东省级优秀教研组（地理）、2017—2018年度"优秀社团"、第十二届科普作品创作大赛优秀组织单位、2018年健美操大赛（肇庆单项第一、团体第五，省单项第六、团体第五）、第十届中小学规范汉字大赛（优秀组织奖、原创作品朗诵比赛肇庆市特等奖）、华南师范大学卓越教师协同培养基地，肇庆市级文明的力量系列比赛（绘画比赛特等奖、朗诵比赛特等奖、书法比赛一等奖）、职工歌唱比赛特等奖、2019年中小学游泳锦标赛团体第三名、肇庆市语言文字建设查评验收达标学校、依法治校示范学校，高要区级"五四红旗团委"、教育局直属机关先进基层党组织、教书育人先进单位。

结束语

"让每个孩子阳光自信"的自信教育是我在多年的教育教学实践中，结合自身的教育经历和校领导班子、一线教师以及各个岗位的职工一起创造的教育理念。我们在肇庆高要特殊的教育环境中，坚持教育者的初心，勤勤恳恳、踏踏实实地做好中学的教育教学工作。我们坚持教育者的职业道德，用爱的教育将阳光洒进每个孩子的心田，使其孕育自信之花。

静待花开，让每个人遇见自己的美好

肇庆市封开县南丰中学　李海（第三组）

导读语

"不高的个头，中等身材，在芸芸众生里并不显眼，但那双睿智的眼睛却永远透露出一股思索和一种智慧，一种探索不止和奋进不息的精神"，这是一名记者在报纸发表的文章《扎根山区的好校长：勤恳工作　无私奉献》中对我的写照。我1994年毕业于深圳大学教育学院，是一名化学中学高级教师，现任封开县南丰中学校长。作为县的优秀校长、肇庆市"名校长"培养对象和"肇庆市人民教育家"培养对象，我没有惊人的业绩，只有执着追求、勤恳工作和默默奉献。

在长期的教育实践中，我一直致力于教育管理和教学教研方面的学习和工作，坚持"质量立校，特色强校"的办学理念，践行"以生为本，博学善行"的办学主张，打造了学校教育特色品牌，使学校走内涵发展、特色发展、优质发展之路。为了增强示范引领、辐射作用，我先后多次在全县范围内做了《用思想经营学校的管理》等专题讲座和多次经验介绍，在全市会议上做了《农村中学提升本科上线率经验介绍》的发言，在省会议上做了《农村中学发展的探索和实践》的发言等。我曾获"封开县优秀校长""肇庆市教育系统优秀党员""肇庆市先进德育工作者""广东省南粤优秀教育工作者"等称号，并获"肇庆市高考突出贡献奖"。我主持和参与多项省、市级课题并获奖，撰写的多篇课题论文在《广东教育》等刊物发表。

成长档案

一、没有伞的孩子要努力奔跑

我于1973年6月出生在封开县的一个农村家庭,父母都在家务农。在农忙的日子里,没有休息时间,非常辛苦。儿时的我,梦想当一名人民教师。外公家有3个人是教师,其他的一些亲戚也是教师。外公、舅舅和父母总是对我说,如果不想耕田,就要努力学习。为实现梦想,跳出"农门",摆脱"面朝黄土背朝天"的日子,我在小学就很努力地学习,希望通过读书改变命运,出人头地。1989年中考时,我以优异的成绩考进了梦寐以求的中等师范学校。在师范学校里,我继续努力学习,担任了学生干部。我于1992年6月加入中国共产党,毕业时以年级前三名的成绩被学校保送到深圳大学教育学院就读;在读大学时,担任了学校团委副书记、学校学生党支部负责人等职务,荣获了"南粤优秀师范生"称号。2002年9月至2005年7月,我在广东教育学院就读本科;2005年7月至2007年7月,在华东师范大学研究生课程班学习。

二、脚踏实地向前走

(一)在迷茫中寻找方向

1994年,我带着南粤优秀毕业生的荣誉,自信满怀、憧憬无限地离开学校。那时我想,我就要成为一名光荣的人民教师了,将有一方属于自己的三尺讲台。意外的是,命运与我开了一个玩笑。原先在"珠三角"找到的学校因为我的档案没有按时递交而无法录用,我被分配到封开县北部的南丰中学。看着留在"珠三角"工作的同学,我第一次面对理想与现实的差距,心里充满挫败感。那段时间我非常的浮躁,工作也没有激情,一直考虑转行或调动的事情。有所失必有所得,正在我失落的时候,时任校长吴有清找到了我,并向我说明学校极力要求教育局把我分配到南丰中学,原因就是看中了我在大学的经历和表现,让我担任学校的团委书记。中山大学毕业的吴校长从自己的人生经历,和学校的光辉历史,以及对教育的钟情等方面,为我上了工作后最重要的一课。在与他的谈话中,我得到了安慰,也燃起了对家乡教育的热爱。南丰中学是封开县历史悠久的县属完全中学,素有开建最高学府美称,虽然无法与"珠三角"的学校相比,但也算一所不错的学校。学校渊源可追溯到宋代的开建学宫,明代的南靖书院,具有深厚的文化底蕴。1994年9月,我加入了学校团委,1995年担任学校团委书记并参与学校的行政管理工作。在工作中,吴校长给了我极大的支持和信任,教了我很多教育教学经验。吴校长的办学理念、管理才能和人格魅力令我佩服,他的严谨与务实给我很大的感触。学校的支持,领导的教诲,同事的帮助,让我在迷茫中找到了方向。静下心来才发现,自己正在成长的路上,而这条路正是自己想要的。

（二）扬帆起航，仰望星空

一个人只有不停地反省自己，才能不断地完善自己，才会让自己的生命绽放光彩。这就是我对工作的一种理解，一种信条。工作两年后，我从一颗不适应的"幼苗"，成长为一颗适应环境"小树"。

1. 在探索中成长，在反思中进步

在教学上，我认真钻研教材教法，深入研究学情，精心设计教学过程，备好每一节课，上好每一堂课。经过一段时间后，感到自己不仅缺乏专业知识，文化底蕴根基也不够深厚，正是这种知识的匮乏，使我在课堂上遇到突发事件时应对不足，遇到知识面丰富的学生提问时不知所措，在课堂中学生可以说出教师并不知晓的见闻……于是，我阅读了大量教育教学方面的书籍，参加了各类新课程改革的学习、研究。此外，我虚心请教，让有经验的教师给我指导，吸收、借鉴他们的先进经验，提高了自己的业务水平。在教学中，坚持"以学生为主体，以教学为主导，以练习为主线"的理念，不断探索、采用目标教学方法，逐步形成了自己的教学风格，践行了"目标导向，自主学习，合作探究"的教学模式。我作为一名教坛新秀，积极参加市、县、校的各类教研教改活动，经常与名师进行教学大比武，参加县、市的说课、青年教师教学比赛等活动，分别获县一等奖、市三等奖等，撰写的一些作品在县教育刊物上发表；参与关于农村中学教学质量方面的课题研究，课题论文《农村中学教学质量的问题和策略》在《广东教育》杂志上发表。我一直从事毕业班教学工作，任教的班学科成绩都在全县名列前茅，所辅导的学生多次获省、市、县奖励。由于教育教学成绩较为突出，我多次受上级的表彰奖励，在师生中有较高的威望，成了校、县的骨干教师。

2. 努力的人，早晚会被时光温柔以待

"作为2012年县优秀校长，李海没有惊人的业绩，只有执着追求、勤恳工作和默默奉献"，这是卢杰丽记者对我的描述。我想，我一直以来就是这样工作的。

我从毕业被分配到南丰中学任教后，学校领导就对我委以重任，让我负责学校团委工作。在担任团委书记期间，我充分利用自己的专长，让团委工作动起来，创造了学校团工作的光辉历史，曾多次被县、市授予"优秀团委"称号，受团省委表彰。1996年，我到中央团校参加了团委书记学习班，提升了工作业务能力。

1995年至2003年，我先后担任了团委书记、德育处副主任、主任职务。2003年1月至2007年8月，我担任副校长职务，先后分管德育、教学等工作。在德育管理方面，我完善和制定学校管理制度，加强德育机构网络化、德育内容系列化、德育内容经常化、德育途径立体化等建设，加强了教师的职业道德和学生的思想教育，促进了良好校风的形成。在教学方面，我积极参与新课程的改革与研究，推动新课改的实施。我经常深入到教师的课堂中去，一同探讨、交流新课改实施过程中的疑惑和难点，听取他们的意见和建议，完善和制定一系列管理制度，促进教学质量的提高。同时，完善班子的听课、赏课等制度，增强领导的教研意识，落实目标责任，将职业道德的遵守、安全问题、质量的完成情况纳入工作考核，使老师明目标、知责任、订措施、献良策。

（三）拼搏不息，终见绚丽的彩虹

2007年8月，我调到封开县杏花中学担任校长，2015年8月调回南丰中学担任校长。在工作中，我以教师为依托，以学生为主线，本着"抓早、抓细、抓实"工作方针，强化制度建设，实行有效管理，形成了良好的学风、教风和校风。辛勤的付出换来的是丰硕的回报，学校的教育教学工作扎实有效，教育教学质量稳步提高，学校及本人多次受省、市、县的表彰。另外，我根据学校的实际，推出了特色品牌，两所学校均被教育部评为"全国青少年校园足球特色学校"。

1. 学习平台助成长

为加强素养，提升管理水平，我从2004年9月至2010年12月先后参加了"中小学校长任职资格培训班""中学校长提高培训班"和"省级初中校长高级研修班"学习，荣获"中学校长提高培训班优秀学员""省级初中校长高级研修班优秀班干部"称号；在2011年11月至12月参加了"广东省中小学校长省外跟岗学习培训班"学习；2013年12月至2018年1月参加"肇庆市中小学名校长培养工程"培训班学习，被评为"肇庆市名校长培养对象培训优秀学员"；2019年1月在国家教育行政学院参加"肇庆市教育行政管理干部（中学校长）培训班"学习；2019年7月至今，参加"肇庆市人民教育家培养对象"培训学习。

2. 在专家引领中再出发

在学习中，我聆听了龚孝华、闫德明、刘良华等专家的讲座，受益匪浅。龚孝华教授的"最成功的人是那些不断努力减少工作量的人"理念，让我明白了如何做一名好校长；闫德明教授的报告讲了学校品牌的力量；刘良华教授的《如何形成自己的教育哲学》，剖析了学校哲学从哪里来的问题，从学校哲学讲到了办学理念，令人深思。专家教授和名校长的高瞻远瞩、渊博学识让我知晓了教育的光荣与责任，领略了教育的前沿理念，丰富了管理艺术和智慧，转变了教育理念。在与教育专家、名校长的思维碰撞中，我对自己的办学思想、办学理念和学校管理进行全面的反思。同时，在专家组的引领下，我对校长责任与担当、学校管理、特色学校建设、教师专业发展等方面有了更深的理解，认识到作为一名校长应审时度势，与时俱进，集中智慧和力量，规范学校管理，不断加大改革创新的力度，全面提高学校教育的质量，促进学校的全面发展。

3. 遇到专业发展的领路人

在名校长跟岗学习期间，我走进了佛山南海石门实验中学，遇到了导师梁世安校长。梁校长独具特色的教育观念、办学理念、办学个性，以及把平凡事做到极致的工作作风给我留下了深刻的印象。梁校长的办学规划能力、课程领导能力、校园文化建设能力，尤其是"有为教育"特色教育的品牌建设，无不震撼着我的心灵。这次跟岗学习，我不仅开阔了视野，增长了见识，同时触发了对教育的许多思考和感悟，在思想态度、教育教学理念发生了深刻的转变，同时自己的专业发展水平、教科研能力也有了明显的提高。最重要的是，对校长的思想力、领导力有了更高的认识，为办学思想凝练奠定了坚实的基础。梁校长成了我的领路人，我经常到石门实验中学，跟随梁校长学习并参与教学研究。我也经常邀请梁校长到我校指导，请教学校管理方面的问题，学到了很多先进的教学理念，让我得到较好的成长。在梁校长的指引下，经过思考，我进行了集体备课的实践研究，形成了科学的集体备课模式。我于2015年在全县做《集体备课的实践研究》的讲座和经验介绍，且该集体备课模式在全县推广。

教育思想

南丰中学毗邻广西，离封开县城有80多千米的路程，是一所农村完全中学。由于学校地处乡镇，高水平教师流失严重，教师教学观念陈旧、教学能力不足，能否解决这些问题，成了学校发展道路上急需解决的问题。2015年9月开始，学校坚持全面发展的教育理念，注重优质化发展的研究，努力推动教育质量的提升。学校秉承底蕴深厚的学宫传统文化，以"博学善行，英冠斗南"为学校的办学理念，明确了学校的办学目标、追求境界，成了全校师生积极进取、健康成长的格言。静待花开，让每个人遇见自己的美好，这就是我的教育思想，也是我的追求。

一、实施智慧管理，成就学校未来

我从教27年，在学校管理岗位上工作了27年，担任正校长14年。我体会到，作为一名领导，最重要的是带好人、做好事。好的领导能带出一个好的集体。校长应识大体弃细务，善于"应管和不应管"。

学校要发展，关键是思想，重点是管理。建设一支高素质的管理队伍，才是办好学校的根本所在。在管理中，我一方面始终坚持正确的办学方向，排除社会上的干扰，把教育教学工作放在第一位，努力为学校谋划发展；另一方面致力于抓好管理队伍建设，强调管理人员要有创新意识，要将爱学生、献身教育的信念变为教师的共同信念，引导教师把立德树人融入教育的各个环节。

二、课程改革成常态，教学研究成习惯

2015年8月，我戴着"肇庆市名校长培养对象"光环，回到了南丰中学，继续我的梦想与激情之旅。在2015年之前，初中部的教育教学质量属于县里的中等水平，而且高中部的质量不好，属于典型的薄弱高中学校。高中教学质量差的主要原因是学生基础较差，入学时录取分数线全市最低。我感受到了很大的压力。经过反复的思考、论证，我以"课程引领，文理双修，特色发展"为抓手，把课程建设和特色发展作为学校的重点工作，实施"生本教育"，通过挖掘学生的潜能，激发"每个学生潜能无限"的斗志，树立学生的信心和正确的学习观。在工作中，精心开发、实施校本课程，不断完善教学内容，形成了体艺特色课程，促进了特色教育的发展。

以学定教，教学相长，是我的一种教学思想。核心是以学生的身心发展素质为基础，尊重学生学习兴趣，关注学生学习方式以及个性差异，让"教"适应不同学生的需求，促进学生的发展。在课堂教学上，教师落实"以学定教"的理念，进行科学的教学设计，选择合理的教学方法、教学手段，实现师生互动，形成一个真正的"学习共同体"。同时，教师理解课标，领会"立德树人"根本任务，形成自己的教学风格，让"学科教学"转向"学科教育"，实现学科教学的育人功能。

以研促教，教研相长，也是我的一种教学理念。教师应该加强教学与教科研之间的联系，在科研中开展教学，以科研精神提升教学质量，以科研成果支持教学改革，做到教中有研，以研促教，以教启研，教研相长。我所担任校长的两所学校，原来都存在重教学、轻教研的问题，老师普遍没有教科研意识。为此，我主持了"提高农村中学教师信息技术应用能力的研究"等省级课题研究，通过带领团队调查研究、外出学习交流、教学实践、成果分享等，让教师认识到教科研对教学的促进作用。团队教师把信息技术与学科教学深度融合，加强直观教学，使学生在直观的、形象的环境中主动思考和探索，形成了"生动"的课堂，让教师领略教研给教学带来的风采。在教学中，不断地鼓励教师在研究中开展教学活动，以科研支持教学改革，让教学与科研互动，做到教研互促、教研相长，教研工作得到了快速的发展，教学水平得到了很大的提升，我校也成了县的教学教研工作先进学校。

三、让教师体会成长的幸福

教师是教育工作的执行者，对于学校的发展举足轻重。教育应以教师为本，重视教师的发展。我把教师队伍建设作为提高教育质量的重要工作来抓。在工作中，通过鼓励教师进修、组织业务培训等，提升他们的专业知识和业务能力。我担任培训者的角色，通过导向性思想、师范性补课和示范性引领，实现教师思想和能力的转变。我注重开展师德教育活动，转变工作作风，增强教师的事业心和责任心。我设身处地为教师创造良好的条件，解决他们的实际困难，使他们安教、乐教。做到知人善任，用其所长，充分发挥教师在工作中的作用，真正让教师"联"起来，让青年教师"动"起来，让骨干教师"亮"起来，让教师在自身的发展中体会成长的幸福。

四、为学生创造成功的机会

一切为了学生的发展，是学校工作的本真。在工作中，教师不仅要教书，更要育人。教师要遵循学生的成长规律，坚持立德树人，挖掘学科育人资源，发挥学科育人优势，形成育人合力；要尊重学生，关爱学生，用爱心和耐心去影响、教育学生，了解学生的习惯以及为人处世的态度、方式等，做到因材施教，努力促进学生道德提升和人格发展。在高中生的培养上，教师要做好学生学习规划的指导，引导学生根据自己的兴趣、特长和理想寻求适合自己发展的路；在初中生的培养上，着眼于开发智力、培养能力，让学生学有所长、学有特色、学有所获。另外，育人模式不断创新，注重对学生健康成长、成才的研究，强化他们的理想信念、品德修养、奋斗精神等方面，帮助他们更好地成长。

教育实践

一、文化立校，特色强校

1992年毕业后就到南丰中学工作，我曾任学校团委书记、德育处副主任、德育处主任、副校长等职务；2007年调到杏花中学担任校长职务；2015年调回南丰中学担任校长职务。在调回南丰中学前，学校不少教师纪律涣散，没有工作责任心；学校管理秩序混乱，队伍缺少凝聚力；学风纪律不好，社会评价较差。初中质量排在县的中等水平，部分学科成绩排在县的后几名；高中每年考上大学本科的只有二三十人。很多人劝说，让我不要调回来了，因为南丰中学要发展是件很难的事，而且我到县城学校有担任校长的机会。但凭着对南丰中学的感情，以及领导的信任，我毅然回到了南丰中学，开始了新的篇章。为提升高中的教学质量，有不少人向我建议：学生文化基础差，干脆让所有的人选修体艺课程，文化类不搞了，这样高考成绩会好一点，我予以了否定。我想，学校历史悠久，文化底蕴深厚，高考不能放弃文化类，文化才是立校之根本，学校需要走自己的办学之路。经过多年的实践与探索，学校的教育教学质量大幅度提升，多次获国家、省、市、县的表彰和奖励。2019年中考，有8人进入全县前十名，高考有166人考上了本科院校，本科率达43.2%；2020年中考，有5人进入全县前十名，高考有189人考上大学本科院校，本科上线率突破50%，成了肇庆市B类高中的典范。

二、做好发展规划，重视精准管理

为办好学校，我一直在努力奔跑。回到南丰中学工作后，我做的第一件事就是调研。我召开座谈会，进行访谈，对学校发展进行了全面诊断、分析和论证，形成了《南丰中学发展诊断报告》，找到了制约学校发展的原因，以及学校发展的努力方向。为了提升学校的教学质量，形成了《学校提升教学质量的调研报告》，制定了《学校教学质量提升的方案》，为今后的教学工作指明了方向。2015年10月，我和班子成员对学校发展问题进行大量的研究，讨论了诊断报告、调研报告和质量提升方案，征求了意见，制订了《封开县南丰中学2015—2019年发展规划》，明确了学校的发展目标、工作思路和主要做法。规划中，"三个加强一个提高一个创建"的具体目标、"两个必须一个实施"的工作思路和"四个重点"的主要做法，成了学校工作的行动指南。

"文化引领、基于制度、以人为本"是我的管理理念，"全员、精细、高效、创新"是我的管理模式，"精细化的管理"是我的追求。为了更加科学地管理，我带领团队完善、制定了学校的各项管理制度，形成了学校的制度文化。在工作中，我始终把教育教学工作放在第一位，重点抓学校管理，注重管理的规范化、科学化。为进一步落实科学管理、实干兴教,我倡导和带领团队践行"六四"工作模式。"六",是行政干部的六项工作:每天至少和一个老师交流,每天至少和一个同学交谈,每天至少发现一个问题,每天至少发现一个亮点,每周至少参加一次教研活动,每周至少参加一次评课活动。"四",是每天做的四件事:看、访、查、追。第一件事:"看",就是走校园,在"走"中看人看事。看"人",主要看人的精神面貌,满面春风的要鼓励,心事重重的要开导,做事马虎的要提醒。看"事",经常到办公室或课室看老师们备课、上课的情况和学生听课的情况,了解教情和学情。第二件事:"访",就是在走校园中与老师或学生聊聊、问问,关于工作方面的了解,或者指导方法。第三件事:"查",经常巡查教师的工作落实情况,及时发现问题,防范问题的发生。第四件事:"追",发现不到位、不规范的,要及时和有关人员反馈交流,提出建议,及时跟进落实情况。在工作中,我经常出现在教学的第一线,参与听课、评课等教研活动;经常与师生员工近距离交流,把学校的办学理念、自己的想法和学校的一些要求传递给教师。几年来,我们培养出了一批优秀的学生,带出了一批优秀的教师,总结出一些好的办学经验,打造了一支凝聚力、战斗力较强的队伍,逐步形成了团队合作的文化氛围。

三、守好教学主阵地,教学常规不放松

课堂是教学的主阵地,守好阵地就是我的主要工作。在工作中,我坚持课堂教学和教学改革工作"两手抓,两手硬",努力落实"三个走进,六个要求",让课堂"动"起来。我经常深入教学第一线,走进课堂,了解教学情况;走进学生,了解学生学习的情况;走进问题,了解教学中存在的问题。"三个走进",让我了解到教学的真实情况,找到了问题。教研是解决教学问题的最好办式,于是我带领团队开展了"基于小组合作学习的初中化学高效课堂的策略研究"等课题研究。通过研究,对教师提出了课堂教学的六个要求:调动学生学习的积极性,提高课堂教学的教育性,提高课堂教学的科学性,发展学生的基本能力,指导学生掌握学科的学习方法,提高课堂的教学效率。同时,要求科组经常开展关于落实六个要求的研讨,让每一位教师都做好课堂的教学改革工作。

为抓好教学常规管理工作,学校制定了《教学常规管理制度》《课堂教学规范》等制度,确保教学常规的三个"五认真"要求的落实。在教师工作方面,要做到认真备课、认真上课、认真选编和评改作业、认真辅导、认真考查;在学生学习方面,要做到认真预习、认真听课、认真复习、认真作业、认真考试;在教学管理方面,要做到认真听课、认真开座谈会、认真进行常规检查、认真组织考试、认真考核评估。学校不仅落实了三个"五认真",还在工作中不断优化常规管理,在不变中求变,在常规中出新。尽管我们在教学"五认真"方面是统一要求的,但在具体处理上,还是把高级、中级与初级教师适当区别开来,把经验丰富的与初涉教坛的区别开来;在组织管理方面,过去的常规管理由教导处负责,改由领导牵头,各年级领导小组负

责；过去我们主要看结果性评估，现在我们则重点看形成性评估。既看教师"五认真"的落实情况，又看教师是否积极参与教学改革等表现。常抓不懈，持之以恒，教学常规三个"五认真"管理已形成规范化、常态化，也成为每位教师的教学行为准则。

四、从关爱出发，做师生发展引路人

学校最宝贵的财产就是教师和学生，最重要的功能是立德树人。实际上，没有一个学生不想学好，没有一个老师不想教好。学校以博学善行的人本文化激励人，让每一个师生都得到更好的成长。

在对学校发展诊断和教师的教学行为调研中，我发现部分教师缺乏学习的热情、工作的激情；在新课改中力不从心，产生职业倦怠；缺乏对事业和理想的追求等。为解决教师的实际问题，我重视教师队伍思想道德建设，把它作为提高教育质量的重要工作来抓，不断提高教师的师德修养，全面激发内在发展动力。我率先垂范，担任学习者和培训者角色，通过使命与愿景的导向、规划与计划的落实、技能与行为的示范、考核与激励的盘点，促使教师思想和能力的转变。一方面，经常组织教师学习法律法规，召开教职工会议，举行座谈会，进行师德主题教育等，对教职工进行思想教育，提高他们的思想认识。为树立典型，学校开展"师德标兵"评选活动，以期起到示范、感召作用，教育教师严格要求自己，提升师德修养。另一方面，抓好教师的培训工作，让教师在培训中促进专业化成长，主要从五个方面开展。一是支持、鼓励每一位教师进修学习，让教师不断提升专业能力。二是创造机会，让教师都有机会出外参加学习培训。三是全面实施三项培养工程，即名师工程、教坛新秀工程和青蓝工程。四是利用校本培训、网络学习等形式开展教师的信息技术能力培训，不断提升教师的信息素养，加强信息技术与学科教学的融合，以信息化引领教学质量提升。五是与肇庆学院共建"教师专业发展学校"，提供全方位的教师发展服务。肇庆学院经常派一些专家到校为教师开展辅导课，安排骨干教师到学院进行培训，让教师开阔了视野，领略前沿教育，提升教育教学能力。

教育的核心不是传授知识和技能，而是让学生学会做人和做事。在工作中，我始终坚持"严格要求每一个学生，不放弃任何一个学生，用爱感化每一个学生"信念，尊重、关爱每一个学生。我经常走进学生当中，与学生聊天，听听他们有什么需求和困难，掌握他们的思想、学习、生活情况，引导他们自觉规范自己的行为。当学生在思想上出现问题时，及时引导；在学习上遇到困难时，耐心帮助；在生活上如有不顺，悉心关怀。对有时犯点小错、有些缺点的学生，积极帮助他、引导他、激励他自省，不断地进步。为了让学生更好地学习，我经常与教师探讨、交流有关学生学习的方法及相关问题，指导教师上好学习方法指导课，让学生有效地学习，形成良好的学习习惯。

让每一位学生学有所得，学有所成，这是教育者的职责。学校属于农村中学，留守学生超过73%，学生学习不好或纪律有点小问题现象的情况较为突出。其实，每一个学生都想学好，但学生的"天赋"是有差异的，所以我们在教育中承认差异，因材施教。为了关心每一个学生，尤其后进生的成长，我经常引导教师面向全体学生施教，不对优生偏爱，不对差生偏见，以发展的眼光去看待学生，要相信"每个孩子都是一朵花，只是开放的时间不同"，也许有的是带刺的玫瑰，有的是寒梅，但总有开花的时候，而且是不一样的花。每个学生都蕴藏着不可估量的潜力，教师应该成为挖掘学生潜力的第一人。我们有的学生虽然文化学习不好，可是对体艺有爱好，只要我们对学生多一点关注，充分挖掘他们的潜能，引导他们根据自己的兴趣、特长选修课程，同时在思想上、行动上重视他们，给以信任和期待，唤醒他们的学习自觉，让每一个学生都能遇见自己的美好。

五、文理双修，特色强校，走特色办学之路

（一）文化立校，特色强校，是学校发展的理念

一直以来，社会对学校关注度较高，大部分人聚焦考上大学本科和重点大学的人数。南丰中学作为乡村中学，发展需要破局。在对学校的诊断和调研中，我发现：学校的师资队伍虽然有些问题，但也有一部分不错的教师；部分学生中考文化成绩不高，主要是个别学科偏低；不少学生在音乐、美术和体育方面有兴趣爱好。在经过深入的了解后，我分析了艺术类学生高考录取及毕业后就业的情况，也结合了学校的实际情况，确定了高中部发展的方向：文理双修，特色强校，走特色办学之路。

（二）文理双修，传承学宫文化，体现文化强校的理念

特色强校，传承了孔子礼乐思想，是学校体艺特色课程建设的终极目标。鉴于学校招生的实际情况，按照一般思维去办学，高中教学很难发展。学生总体文化成绩较低。为此，学校采用"文理+体艺"办学模式，最大限度地满足学生的需求。教师对个别学科文化成绩低而总分不高的，以及对体艺没有兴趣的学生，引导其选修文理科课程，走文化类高考之路；对体艺有兴趣或有特长的学生，引导其选修美术、音乐和体育学科，走体艺类高考之路。

（三）为形成办学特色，学校创建特色教育品牌

2015年10月开始，我带领团队着力打造学校教育特色品牌。鉴于学校与学宫、孔子的礼乐思想的渊源，以及学校体艺工作的亮点，为更好促进学生的个性发展，落实学校的办学目标，学校以礼乐教育为特色教育品牌。在工作中，以仁爱（礼）教育特色引领师生思想的发展，以体艺（乐）特色教育引领课程教学的发展，让每一个人健康成长。

（四）营造礼乐特色教育文化氛围

利用学校大榕树文化、校友亭文化，教育学生学会感恩，学善行善；将仁爱教育格言警语作校园的宣传用语，让教育深入人心；评选"仁爱之星"，在展板宣传，形成仁爱教育亮丽的风景；建设"激情南中，大榕树之艺术舞台"，让学生展示自己的

艺术才能；建设东湖文化长廊，展示学校的历史、特色，让更多的人了解学校，了解礼乐文化的鲜明特色。

（五）开展德育特色教育活动

仁爱教育是"礼乐"教育的主题，是学校德育特色教育，是学校立德树人的内容体系。学校开设了优秀中华传统文化课，弘扬传统文化，传承中华美德；开展了"说仁爱话""做仁爱事""行仁爱礼"系列德育特色教育主题活动，让仁爱思想、精神内化为师生的自觉行为，培养学生的博学善行品质，形成"以礼循礼，尚乐好乐"的优良作风。

（六）抓好体艺课程特色教学

一方面，做好体艺特色教学的保障工作。学校加大对体艺教育的投入，招聘、培养了一批优秀的体艺学科教师，与肇庆学院共建了艺术专家工作室，邀请了大学教授到学校担任特聘教师，为体艺特色课程的开展提供了保障。另一方面，抓好体艺特色课程教学。学校开足开好体艺课程，开展各种体艺活动，为学生特长的发展创设广阔的空间，让学生绽放出属于自己的精彩。

结束语

几年来，学校在学生的培养上注重以生为本，以体艺特色教育为突破口，形成了"文理双修，特色强校"的办学特色，教育教学成果进步明显，让学校从农村薄弱学校走向了优质化发展之路，更好地促进了学校教育的发展。

自主教育奠基幸福人生

广宁县何楮铭纪念中学　祝玉贤（第三组）

导读语

从教30年以来，我一直扎根于基层教育。在长期的教育实践中，我一直坚持自主教育，一切从学生出发，关注学生生命成长与发展，遵循教育规律和学生身心发展规律，让每一个学生都成为最好的自己，为他们的幸福人生奠基。我以实践为本，以思考为径，立足区域特色，紧扣学科发展趋势，积极推动课堂教学改革。我先后兼任了广东省中小学教师资格考试面试考官、肇庆市教育学会中小学外语教学专业委员会理事，现任广宁县何楮铭纪念中学副校长，曾获"广东省英语骨干教师""肇庆市优秀教师""广宁县基础教育系统第一批名教师""广宁县优秀教育工作者""广宁县优秀共产党员""广宁县优秀教师""广宁县优秀班主任""广宁县学科带头人"等称号。近几年，我撰写了《如何指导中学生进行英语自主学习》《如何在中学英语教学中实施欣赏型德育》《打破沉默，激活课堂》《优化课外作业设计，提高自主学习效率》等12篇论文，均获市级以上奖项或在省级以上刊物发表；实践研究"培养中学生自主学习能力的教学策略研究""初中班干部培养及其自主管理班级能力提高的研究""弘扬优秀传统文化的校本课程研究""'学案导学，自主探究'高效课堂教学研究"等8项课题均已结题并推广应用。现带领学科组团队和10所兄弟学校的组员共同实践"以数字教材规模化应用促进信息时代的'课堂革命'共同体"项目和"信息技术与学科深度融合"的研究，效果良好，为推动全县的课堂教学改革起到了积极的作用。

成长档案

一、40 年上下苦求索

40 年求学路，我从学生到教师，再到副校长，每一段学习经历，每一个研究历程，都为我的教育生涯带来难以估量的收获。我所坚持的"自主教育"，正是建立在学习、实践与研究的基础之上，这是一个节点，却远远未至终点。

（一）从困境中走出来的"路"

我出生在肇庆市广宁县的一个乡镇里，当地人多地少，十分贫穷。我于 1980 年在家乡的古水镇中心校的附属村小——南乡小学就读。学校坐落在一座山丘顶上，四周全是树木竹草，全校仅有 3 个瓦房教室和 1 个教师办公室，2 个老师教 3 个年级 3 个班，采用的是一班上课的同时另一班做习题的"复式教学"。后来我到镇的中心小学——古水中心小学就读了四年级。无论是村小还是镇中心小学，教师资源十分短缺，不乏代课老师。学校经常更换老师，可想而知，当时的教学质量是多么令人担忧。

我上了初中——古水中学才知道，学校的初中应届毕业生能考上中专、中师或县重点中学的学生为数不多。学校在我读初二那年（1987 年）组建了一个"培优班"，让十来个优秀的同学统一在学校住宿。老师们利用下午放学后一小时以及晚自修时间，分科给我们轮流辅导，同学们也学得十分刻苦。

功夫不负有心人。当年我们班有一个考上县重点中学，4 个考上了片区高中。至于我，则走进了中师。

（二）际遇结缘"自主学习"

人的际遇实在是奇妙。回头看，才恍然发现，原来我跟"自主"二字竟在不知不觉中结下了不浅的缘分。

在学习生涯中，我曾遇到过许多好老师。而在中师的职前教育阶段，令我有幸结缘对我教学生涯影响最深的两位老师。

一位是在中师一、二年级教数学的谭老师。她毕业于华南师范大学，也是当时全校 6 位讲师之一。谭老师治学严谨，课堂上风趣幽默，尤其注重学生的自主学习。每节课的例题，她总是给予较为充足的时间让全体同学独立尝试，然后巡视全班，有针对性地让一两个同学上去板演，接着让其他同学观察、讨论、发现问题、进行点评，然后他再精讲。于是，不同层次的学生在自主学习、合作交流中都得到了良好的发展。这也使我明白，兴趣是最好的老师。

中师二年级，我遇到了另一位对我影响至深的新班主任——罗老师。每个星期，罗老师都会上一节主题班会课。我记得，他针对班级凝聚力差等情况，让全班 43 个同学各自剪一个五角星共同组成两个红色大字——团结。43 颗"红心"紧紧凝聚在一起的画面触动了我们的心。也正是从那时起,我开始明白班会课应该怎么上,领悟了德育的价值。

二、20年教师,守望教育

在从教的征途上,我们应当守望的永远只有两样东西:一是学生,二是教育。当了20多年教师,最大的感触是:教师是有使命的,所以要勇于尝试,大胆创新。

(一)家乡的教学现状催我清醒

1991年,中师毕业后的我回到了家乡的一所农村中学担任初中英语教学工作。学校的教学设备简陋,教师们的教学理念、教学方式更是落后。带着对教学环境的不满和对新角色的期望,我努力贯彻学到的新理念,投入第一年的教育教学工作中,带着热情和激情完成了第一个学期的教学工作。结果出来,学生的成绩令我大失所望。我心生不忿,一边向有经验的老师求教,一边对不同班级的学生进行了调查。

"年轻人,教学不是光有学历和热情就够的,还要讲究科学的教学方法。"老教师这样跟我说。

"老师,我们很喜欢你上的课,趣味的竞赛活动,够吸引人!"学生高兴地跟我说。

学生的话引起了我的深思:为什么我用新的理念和方式来教学,教学质量并不高?满堂灌、高强度练习的课,学生不喜欢却能考出高分?带着这些疑问,我进行了更深入的调查。调查的结果让我清晰地意识到,必须进行教学改革,找寻一条能高效促进学生学习的方法和途径。带着这样的工作思路,我又投入新一阶段的教学工作中去。

(二)学生的初步成功给我启示

教学的第二年,我积极按照自己的思路和计划进行教学改革,努力寻找学生学习兴趣和提高学习能力的切入口。我首先从英语情景教学比较多的特点入手,吸引学生主动参与英语文化知识的交流和学习,然后逐步让学生学会将自己在学习过程中的具体想法、结果在课堂上展示给同学们。我对他们的努力给予充分的肯定和表扬,在此基础上进行释疑、归纳总结,并布置好适量的课外阅读作业,鼓励学生课后巩固课堂的学习效果,继续提高自己;同时,严格要求他们当天的问题要当天弄明白,当天的课外阅读作业、当天的词汇过关要当天完成,并预习第二天的学习内容。我从初二年级开始,经过两年多的努力,改革试验收到了初步效果。

我班的英语中考成绩排到了全镇的前列。教学的初步改革收到了明显的效果,课堂教学改革的收获更坚定了我继续改革的思路:引导学生自主学习,让学生展现成果,体验成功,激发学生主动学习是一种高效的教学方法。

(三)科研与培训助我前行

十年过去了,我一直按照自己的思路进行着改革实践,成功地送走了一届又一届的毕业生。在这个过程中,我又陷入了深思:实验班的教改成功不能说明什么。如何才能将我的改革深入，并加以提炼、推广，让学生都能高效学习，提高整个年级、整个学校的教学质量呢？我陷进了教改实践的瓶颈中。此时，省、市、县教研室进行的课改课题研究深深启发了我：我可以利用课题研究的契机，将我的成果向学校的同行推广。于是，我积极申报省、市级的教学科研课题，所主持的""学案导学，自主探究'高效课堂教学研究"课题研究，现已结题，并推广应用。我的研究成果获省教育科研成果奖，得到了上级的肯定，这激励着我向更高目标迈进。我申请到了广东省教育厅的创新实践共同体项目的实践研究，继续围绕课堂教学、中学生自主发展的问题展开研究，阶段性研究成果不断向同行推广。

我的辛勤耕耘得到了回报。作为普通中学的一名教师、副校长，我有幸被选为广东省骨干教师的培养对象和肇庆市人民教育家培养对象。我很珍惜这些难得的学习机会，积极参加研修学习、跟岗学习，深刻领会省教育厅和培养指导中心的培养精神，在省教育专家、教授们的指导下，自觉进行研修学习和实践活动，这使我的教育意识、教育能力、教育教学水平、管理能力有了质的飞跃。

三、10 年的副校长，一辈子的事业

校长，重责大任。如果说教师是班级的"导演"，那么校长就是学校的"导演"。作为主管学校教学工作的我，150 多位教师的专业成长、2000 多名学生的学业成绩，就是我心中的蓝图，就是我肩上的责任。所以，我把副校长当成一辈子的事业，好好做，用心做。

（一）身受重托，打好教学质量"翻身仗"

2010 年 12 月，我校主管教学的老校长退休，教育局任命我为学校的副校长。任职后的第二个星期，校长就找我谈话，跟我分析了当时学校的教学情况：学困生"面积"很大，教师工作积极性不高，教学质量不理想，往年的教学质量排名是全县 24 所学校的第 15 名，社会反响不好。校长对我说："教学质量是学校的生命线，按现在学校的状况，再过一两年连招生都成问题了，因此，你要尽快对学校的教学工作进行整改，想方设法提高教学质量，确保中考成绩进入全县前五名。"我通过向外出培训学习时认识的校长请教和交流后，结合自己学校的实际，对教学工作采用"精细化管理"，制定了对教职工的评估方案，增设了学习兴趣小组和第六节分学科辅导课等措施，目标是两年出成效。为了更好地把工作落实到位，我带着教务处两位主任，每天都去随堂听课或参加各学科组的教研活动；每周与科组长或备课组长交流至少一次，了解各学科组的教学情况，发现问题并及时整改。

2012 年 7 月，经过全体师生的共同努力，学校的中考成绩是全县的第二名。我悬着的心终于落下来了。在完成校长交给我的任务的同时，也得到县教育局领导的充分肯定，并在当年 9 月的全县教研工作会议上让我进行教学管理经验介绍发言。

（二）率身示范，开拓课堂改革之路

"终身教育理论"创始人朗格朗曾说，无论如何，教育过程如果要有生命力，为

发展中的人服务,那就必须与时间形成积极的联系。因此,教育工作者应尽一切努力摒弃任何一种把思想和道德、习俗看作一成不变的观念,不仅需要努力使人接受变革,而且需要努力以各种方法促进教育的对象机智而有效地参与各个阶段的变革。① 这段话的意思,简而言之,就是"教育不息,革新不止"。

2016年2月,根据县教育局的《关于全面推进中小学课堂教学改革的指导意见》,作为主管县城学校教学的我必然成了初中课堂教学改革的试点负责人。课堂教学改革是一场教育思想、教育理念、教育方式和教育行为的深刻变革,课改的成败关乎几千名学生的未来,我不敢贸然地开始课改。为了提高改革的成功率和更好地指导老师们开展课堂教学改革,我以自己任教的七(14)班英语学科和班主任教的语文学科开展"小组合作学习"的试验,经过一个学期的外出观摩学习、研讨与实践,终于理清思路、确定了方向。第二学期,全校推行"同伴互助,小组合作"的课堂教学改革。通过教师培训、外出观摩、跟岗学习,校内外的课堂教学研讨和总结、反思,及时发现问题,及时改进等一系列的学习、研讨活动。经过3年时间的探讨与实践,我校各学科都已形成了具有本学科特色的"362"自主课堂教学模式,并收到较好的教学效果。学校连续3年获教学质量评估一等奖。因此,学校也成了本县兄弟学校课改观摩研讨的场地。2018年9月,我被安排在县府会议中心向全县教育工作者和乡镇领导分享课改心得,为推动全县的课堂教学改革起到了积极的作用。

教育思想

作为教育工作者,我总在思考:我们的教育将走向何方?什么样的教育才是最好的教育?

我认为,如果丢下99%的人而追求1%的金牌,那不是教育,所以我坚持自主教育,让学生的主动性和创造性得到最大限度的发挥。自主教育强调以学生为本,发挥学生主体能动性,打造主动发展力,这恰恰契合了初中教育的目标,更是当下教育创新改革的大势所趋。因此,我们学校将自主教育作为初中教育改革的指导思想,从自主认识、自主设计、自主学习、自主管理、自主评价5个方面对初中教育教学进行自上而下的改革,最大限度地发挥教师的引导力和学生的主动力,以激发学生的潜能,为未来奠基。

一、自我认识教育让初中生了解"我是谁"

对初中生来说,认识自我并不是纯理性的哲学反思,而是简单的"人贵有自知之明"。初中生的自我认识教育就是关于如何帮助学生发现、认识和明晰个人所处的位置、个人的优势与劣势、个人理想与责任的教育。

---

① [法]保罗·朗格朗:《终身教育引论》,周南照、陈树清译,中国对外翻译出版公司1985年版,第47页。

初中生自我认识教育按照背景层次、现状层次、未来层次，可以分为三大模块的内容：一是关于初中生个人背景与位置的自我认识教育，二是关于初中生个人优点与缺点的自我认识教育，三是关于初中生个人理想与使命的自我认识教育。

初中生进行自我认识教育，不仅仅是学生自主教育的重要组成部分，还是学生发现自我、发展自我的重要渠道与手段，三者之间相互促进，相互作用，进而实现自主教育的价值功能和教育目标。

二、自主设计教育让初中生描画生命蓝图

在初中阶段，学生的人生观、价值观初步形成，正处于自我探索之中，对自我的发展有着相当程度的关注和重视。因此，学校在这一阶段开展自主设计教育，就是从初中生的视角出发，引导学生针对自身发展进行自主设计和自主规划。

初中生自主设计教育主要从4个方面开展：一是兴趣选择，二是专项发展，三是学习规划，四是职业设计。学习层面的自主设计体现在两个方面：①横向的各科短期学业规划；②纵向的长期学习规划，即从学校教育到终身教育的延伸。学生有必要对各个行业进行提前理解和选择，对职业的了解和规划有助于学生对未来社会生活的"预热"。

三、自主学习教育让初中生掌握终身学习能力

实现人的"自主发展"，一直是教育的终极目标。在素质教育的核心阶段——初中，教育教学就应该关注和培养学生的自主学习能力。我们在教育活动中认识学习者的认知水平、学习态度和思维方法，采用合适的教学方式和手段，充分挖掘其发展潜能，以使学生能在学习活动开始前独立确定学习目标、制订学习计划，在学习活动中对学习进展和方法进行自我监控、自我反馈和自我调节，在学习活动后对学习结果进行自我检查、自我总结、自我评价和自我补救，最终通过完整的自主学习过程，促进学生主动学习，内化和发展知识，使他们真正成为学习的主体，实现人的"自我发展"。这也是我们全面推进素质教育，实施基础教育新一轮课程改革的根本目的。

四、自主管理教育创新素质教育策略

学生自主管理是指学生自觉、主动、积极地开发自己的潜能，规范自己的言行，调控与完善自己的心理活动，从而自己管理自己，自己管理自己的班级。学生自主管理包含两方面的内容，即个体的自主管理和集体的自主管理。

我把学生自主管理的内容确定为学校管理、班级管理和自我管理3个层级，并围绕学生基础管理的中心工作确定不同层级在计划、组织、协调、控制和领导等活动中的管理目标，从而使学生管理主体在系统化的组织沟通环境中相互协调和配合，发挥一种和谐的管理合力，进而顺利实现预期目标。同时，学校对学生自主教育也从单纯偏重德育的教育，走向对全人关注的教育，走向关注人的成长过程的教育，也是素质教育大旗之下的一种创新教育策略。另外，学生自主管理也将部分地分担教师管理和学校管理工作，减轻学校管理和教师管理的负担，有助于教师转变教育观念和拓展专

业发展空间。

五、自主评价教育激发学生心灵的力量

自主评价是指学习者以自我评价为中心，将评价纳入自身发展框架之中，唤醒学生的责任心，使学习者能在评价过程中不断激励自我，让他们学会在复杂多变的环境中做出正确的判断，在监控、反思、改进的过程中实现自我教育与发展，最终实现全面发展。

我在教育教学改革中一直把评价方式的变革作为重中之重，把单一的成绩评价转化为多元化的全面评价。学校把每学期期末的"成绩通知单"改为"成长报告"，把成绩排名公布改为全面汇报学生在校的学习生活情况。新的评价方式就是评价教育功能的最好体现。学生多元性评价是学校教育中最基本的评价，也是学校教育评价的重点和难点。现代学生多元性评价在理论基础、价值取向、内容、标准、原则和方法等方面的发展都表现出多元化的趋势，更加注重基础与个性、过程与结果、定性与定量的有机结合，尤其注重学生的健康成长。让学生在自主评价教育的熏陶下全面、健康地成长。

教育实践

在近30年的初中教育路上，随着时间的积淀，我对学校的教育教学也有了更加深入的体会和理解。"探索自主教育，为学生的幸福人生奠基"，是我多年教育教学中最深刻的教育理念，"让每一个学生都成为最好的自己"是我的教育"初心"，同时我也将这份教学理念以自主教育作为突破口，通过实践和反思，形成了一套完整的初中生自主教育的行动策略。当顶层的理念架构、中层的评价检测、低层的操作系统相互支撑和依托，并成为一个相对完整的体系时，自主教育终于指向教育的整体改革和学生的健康成长。

一、"自主"理念的构建

根据"立德树人"的总体目标要求，构建自主教育的理念体系，在教育教学实践中系统地回答"办什么样的教育"和"培养什么样的人"等问题。

（一）自主教育的主要内涵

经过多年的理论和实践研究，我认为在初中教育中，自主教育即要通过学校具体实践活动对学生进行人文关怀，并最大限度地调动学生的自主性，唤醒自主意识，培养学生自信、自立和自律的主动精神，发展自主能力，即让个体在受教育的过程中形成一种自觉且持续不断的内在动力支持，进而促进其主动参与、主动学习、主动建构、主动创新，最终实现个体的主动发展和人格的完善。

（二）自主教育的主体

从师生地位和关系来看，自主教育的主体是学生，教师在教育过程中只是发挥了

主导作用，即引导学生主动探索、主动建构，师生之间是一种平等的对话关系。

（三）自主教育的目标

从教育目标来看，自主教育是要唤醒和培养学生的自主意识，激发学生的自主潜能，发展学生的自主能力，帮助学生实现主体人格的完善，最终实现自我全面发展。

二、自主教育的实施

自主教育通过一整套的教育体系具体落地实施。自主教育既从学校的宏观范围开展实践活动，又落实到班级管理的方方面面，以润物细无声的方式培育学生的主动发展和终身发展。

（一）"自主"德育

自主德育通过目标管理、运行机制、激励机制、自主评价4个实践路径，充分发挥学生自主管理的职能进行班级管理，班主任做好学生的辅导以及指导工作。

1. 落实三层面的管理目标

初中生自主管理教育的总体目标是：实现管理育人，使学生的自发教育走向自觉教育。我校的管理者一开始就将学生置于管理的中心位置，采用民主决策的方法，让学生自己给自己定目标。学校通过班级值周等制度来实现宏观层面上的学校自主管理；通过班级文化建设来实现中观层面上的班级自主管理；利用"中学生成长管理日志"来完成学生对自我的全面、全程指导和评价，实现微观层面上的学生自我管理。通过学校教育，有目的、有计划地培育学生自我发展的目的性、能动性和创造性，使每个学生在学校教育环境中能得到真正个性化的、平等的尊重，让他们的主观发展需求不断自我创生、自我完善，并最终走向成熟。

2. 构建系统化的运行机制

实施初中生自主管理要建立简洁、明了、贴合教师和学生实际的制度，以我校的自主管理体系为例，主要包含3种制度，即《学生值周制度》《班级建设制度》和《中学生成长规划制度》；也要利用相关技术研发初中生自主管理的工具和平台，如《班级值周手册》《班级建设手册》《中学生成长管理日志》等；研发初中生自主管理评价工具，如《学生自主管理评价手册》《学生自主管理奖励条例》等。这些工具是学生自主管理的行动指南，也是自主管理绩效评价的蓝本。这就需要学校进行整体布局，构建一套系统、科学、规范的自主管理模式，研发一套可操作、高效的管理工具，并成功开展初中生自主管理研究，促进学生健康成长，促进教师的专业提升，实现学校的转型发展。

初中生自主管理机制的运行、监控和评估，要有一个强有力的组织来保障。我校坚持"树立自主管理观念是前提，提升自主管理能力是基础，组织自主管理实施是根本，监控自主管理过程是关键，评价自主管理效果是保障"的工作思路与原则。我们成立了学生自主管理委员会，培养优秀的学生自主管理干部。自主管理委员会包括学校自主管理委员会、班级自主管理委员会、学生自我管理指导委员会。各级自主管理组织开展工作的基本流程为明确目标和行动计划、执行计划、评估效果、总结经验和提出问题。

3. 打造动静结合的激励机制

初中生自主管理是一种新型的自主管理模式，更是一种新型的管理理念和管理文化，其顺利开展也需要一定的文化作为土壤。例如，在我校的自主管理教育中，班级文化的展示就是一项重中之重的工作。班级文化展是学生进入初中的第一个活动，从取班名到选班训，从设计班徽到制作班徽，从文本解读到展示，处处都展示着孩子们的智慧与梦想。学校通过组织文化建设，营造一种鼓励创新和合作交流的氛围，营造学生自主管理的校园文化，使每一位教师和学生都树立学生自主管理的意识，在心理上接受和认同学生自主管理，在行为上支持学生自主管理。

初中生自主管理也可以通过各种活动进行激励。激励可以使学生在有趣的活动中进行自主管理，也可以提高学生的自信心。我校学生每年都有丰富多彩的活动，在活动中，学生自主参与、自主管理，能力、自信、视野、观点也在其中渐渐形成。在挖掘活动课方面，学校开发了"班级文化展""经典诵读赛""圣诞英语节""学生辩论赛""初三毕业典礼"五大特色活动课程，做到人人参与，尽力让每一个学生的潜能都得到发挥。

4. 发挥自主评价的功能与作用

从成长规律来看，初中生往往意志薄弱，缺少恒心，在主体意识形成的过程中常出现不自觉的行为反复。针对这一特点，我校的《中学生成长管理日志》就是出于这样的考虑，旨在帮助学生反思自己的言行，调节情绪，并引导他们坚持写成长日记，可起到与自我对话的作用，逐步提高学生自我观察、自我认识、自我分析的能力，使学生在自我反思中发现自己的进步与不足，并及时进行行为矫正。

在评价中，以自评为主，他评为辅，"定性"与"定量"相结合，使学生在成长过程中随时自动调整发展中的不足，从而和谐、主动地发展。通过评价，步步深入，看见每一个细节，学生主体意识由被唤醒到形成到加强，让学生学会运用心灵深处的能量照亮自己的精神世界，时时刻刻做自己生命航船的主人。

（二）"自主"课堂

1. 创建巧用学案、智慧导学的自主课堂

学案导学是指以学案为载体，以导学为方法，以教师的指导为主导，以学生的自主学习为主体，师生共同合作完成教学任务的一种新型教学模式。该学案通过预设情境，激发学生的学习兴趣，培养学生的综合能力。教师通过训练迁移来提高学生的整体素养，并合理指导学生学习，把学习的内容、目标、要求和学习方法等要素有机地融合到学习过程中，编写出适合教师使用的学案，让学生理解和掌握学习方法、学习路径，促使学生不仅"学会"，还要"会学"，充分体现了教师的主导作用和学生的主体地位。

2. 创建自主探究、智慧学习的自主课堂

自主学习就是为学生终身学习能力和发展能力打好基础,把学生作为主动的求知者,在学习中培养他们主动学习、主动探求、主动运用的能力,使学生真正成为课堂的主体。自主学习是通过创造思维空间、巧妙设计问题、明确目标任务、鼓励自主选择、发掘学生潜能、倡导合作探究等方法对学生进行自主学习的引导,在"能学"的基础上,引导学生"想学",教学生"会学",从而进一步导入学生能"坚持学",使学生从"要我学"转变为"我要学"。

3. 创建小组互动、智慧合作的自主课堂

小组互动是学习小组中充分发挥优秀学生的帮、传、带作用,共同解决在学生自主预习过程中所遇到的问题。通过互动,进行小组合作解决问题、知识探究、"一帮一"学习、知识竞赛等。在小组合作探究过程中,科学分组,取长补短,合理分工,各司其职,规范和完善小组合作学习的机制,竭力挖掘小组合作学习的潜能,充分发挥小组合作学习的积极作用,提高课堂教学质量。

4. 创建多元展示、智慧激趣的自主课堂

自主课堂中的多元展示是指在教师的指导下,从精彩展示激发学生的学习探究兴趣,进而上升到头脑风暴。通过展示对象、展示形式、展示内容的多元,让学生讲述所学的知识,并用所学的知识解释社会和自然现象,解决实际问题所表现出的顿悟、自信、责任、智慧。在交流过程中的课堂生成,具有丰富的联想、异想天开的想象、知识的创造、智慧的升华,是自主课堂教学的精华所在。教师有效正确的指导和设计展示内容,让每位学生主动、健康地发展。

5. 创建反馈巩固、智慧评价的自主课堂

自主课堂中的反馈巩固,是指课上留几分钟进行检测,目的是及时让学生发现自己在课堂学习中存在的问题,及时解决,不留遗患。要求大部分学生掌握本节课的知识技能,让学生在反馈巩固、智慧评价的基础上,形成批判性的思维,再次上升到头脑风暴。如在中学语文《氓》一课的教学过程中,用PPT制作了《氓》知识检测课件,具体的内容有字音辨识、通假字、一词多义、古今异义、词类活用、特殊句式。学生亲自走上讲台操作,答对了,屏幕会出现"QQ笑脸"图标;答错了,就出现"QQ悲伤"的图标。

智慧评价是一个全面、立体的评价体系,注重从多方面考察学生的学习情况。兴趣、态度、习惯、方法、过程、智力与非智力因素,以及获取知识的情况,学科学习的能力、沟通交流合作的能力、获取信息的能力、运用学科知识分析解决问题的能力,都进入了评价的范围。

(三)"自主"校园特色文化

对学校发展而言,文化的作用是显而易见的。特色学校的关键在于特色,它的核心也在于文化。一所学校最值得品味的就是其深厚浓郁的文化,之所以成为特色学校,根本的体现就在于它独特的文化上。我校的自主教育特色主题是植于自主合作的文化中,在整合学校各种资源进行特色学校建设的过程中,在平日的教育生活中提炼着"自主合作"这一学校"灵魂",不时地对学校教育教学生活的课程、规章制度、师生行为,以及学校符号进行整合,不断挖掘符合特色要求的各种资源并赋以"自主"色彩,进而突显学校教育生活的特质,使自主教育的个性在自主合作的文化氛围中彰显。实践证明,我们正是在基础教育的特色创建中,凝练出了自主合作的特色文化。

(四)"自主"教师队伍培育

为践行自主教育,解答教师们在推进工作过程中的困惑,激发教师的工作热情和信心,学校推行多种教师培训方式,培养专业教师队伍,筑牢自主教育基地。

学校通过大会宣传、开设自主教育专题讲座、组织自主教育学术研讨会、班主任培训会、外出观摩、跟岗学习,校内外的自主课堂教学研讨和总结、反思,及时发现问题、及时改进等一系列的学习、研讨活动,以及采用"请进来、走出去"的学习形式,积极开展自主教育理念的学习和宣传,快速提升教师的教育教学的素养和水平。同时,在日常教学中通过级组教师会、班主任工作会议、教学工作会议等,加强老师们对自主教育理念的理解,使其熟练掌握自主教育的方法与路径。在这个过程中,对自主教育中存在的问题,教师及时提出、及时解决,根据具体情况不断改进,不断总结经验和改进教育方法,最终达到教育目的。

(五)自主教育的探索成果

学校的自主教育管理模式彰显自身学校的特质,以学科教学为中心,以自主教育为系统化的文化教育体系,为学生的幸福人生奠基。学校的办学成绩获家长、社会的认可和上级教育部门的表彰。我校的"362"自主课堂教学收到较好的教学效果,学校连续三年获教学质量评估一等奖。因此,学校也成为本县兄弟学校课改观摩研讨的场地。2018年9月,我被安排在县府会议中心向全县教育工作者和部门、乡镇领导分享课改心得,为推动全县的课堂教学改革起到了积极的作用。

结束语

教育是一个非常宏观的课题,其中的自主教育也是个很大的研究课题。它需要每一位教育者深入地挖掘探究、独立地思考研究、切实地摸索践行,它更需要我们的热情支持与广泛关注。

互感匹配功率大，同频振荡效率高

广东肇庆中学　向国庆（第三组）

导读语

我叫向国庆，是广东肇庆中学副校长，高中物理正高级教师，中学特级教师。我曾被评为湖南省优秀教师、广东省南粤优秀教师等，并被记二等功、三等功各一次。

在我20岁前，若有人给我"生涯规划"，我肯定被"规划"去了工、农、兵，无论如何也不会被"规划"去做老师。我20岁时，被分配到了湖南省重点中学——黔阳一中做老师。平时很不爱说话也不会说话的我，上课时，总能把难以理解的问题用生活中的事例深入浅出、风趣幽默地讲出来，让学生们像听故事、玩游戏一样学知识。当初我做物理教师的目的是为谋生，在谋生的基础上"自娱"，以及在"自娱"基础上的"娱人"。现在看来，这种把自己的职业和生命价值结合起来的想法还是很超前的，和新时代教育理念不约而同。我任教的第一届学生高考物理成绩很突出。高考成绩出来后，我被评为市首届"十佳"青年教师，学校要求获奖教师写句话，我从教师与学生的教学关系写了"互感匹配功率大，同频振荡效率高"。36年来，我越来越觉得师生间的"互感""匹配""同频""振荡"的重要性。我认为，师生间在情感上要同频、知识上要匹配，情感才能共鸣、思维才能感应、知识才能振荡，学生才能感应老师的思想，从而衍射学生自己的智慧。

成长档案

窦桂梅老师认为，教师成长固然有赖于好的环境，但更重要的取决于本人的心态和行动。我觉得实践是学堂，他人是吾师，本人是内因。只要踏实肯干、积极进取、开拓创新，就会在现实生存的环境中找到自己的成长点，并以自己的成就影响周围。从这个角度来说，谁来给教师良好的生长环境？是教师自己。

我来自农村，那块沃土把执着追求和兢兢业业的精神植入我的人生——我确信，要发愤图强，要奋力拼搏。不论在哪所学校、在哪个年级教学，唯有埋下头来，任劳任怨，才能成为业务骨干，做出自己的贡献，显示出自身存在的价值。

1985年，我被安排在湖南省重点中学黔阳一中工作，我踏入校门的第一天就深刻地感受到"山之高，林之密，树之大，才之多；高手如云，遍布林海"。黔阳一中的师资力量相当雄厚，尤其是物理教师，个个都是名牌大学毕业或已经是中教五级，相形之下，我是那么浅薄，犹如幼儿园刚刚起步的娃娃，在教学教研方面一片空白而不知所措。记得我所教的班中有一个何同学，他脑子灵活，后来考入清华大学。当时我还在教第一章内容时，他拿了第二章内容的问题来问我，当时的我傻了眼，竟无法解答。那时，我是学一点再教一点。我意识到不能这样，老师应该学在学生前面。

一、用蛮劲学习

小时候没有读过多少书的我，当上教师以后觉得腹中空空，"既然选择了远方，便只顾风雨兼程"。我知道，学习就像使用滑轮提升重物，动滑轮能省力，定滑轮能改变力的方向，但是重物就在那里，使用任何机械都无法省功。我强迫自己进入炼狱般的学习状态，把书籍作为自己成长的土壤。不管工作多忙，我都挤出时间来学习，如教育名著、物理教学甚至语文名师谈语文教学、数学名师谈数学教学等各类书籍。《中国教育报》《人民教育》《讽刺与幽默》等报纸杂志也成了我生活中的伴侣。我强迫自己看物理课标，一遍遍地做题，将生活与物理知识联系起来，和物理老师、数学老师甚至语文老师交流，反反复复地寻找物理的感觉。所有的物理教材，几乎是我每天都要温习的课程。为了深切地感知"力的合成与分解"的内容，我的办公桌上堆积着各种各样的小木块，我通过一次又一次的摆放来深化理解。实验室里能用的器材尽量用上，不能用的自己改装。几年下来，物理实验室的器材不少是我自己改装过的。我校物理老师都知道哪些是买的，哪些是向老师改装过的器材。为了将问题彻底弄明白，从一楼到五楼，我无数次地与老教师商讨，向他们请教，讨教物理思想、物理思维和物理方法在课堂教学中的具体体现。为了弄清"带电粒子在磁场中的偏转"这一课，我把家里的电视机搬到教室里拆开演示给学生看。我知道，要想胜任中学物理教学工作，我要不停地学习，不厌其烦地试讲、做题。

为了丰富自己，我将自己变成一个"黑洞"，用超强的引力，去吸引宇宙的灵气，俘获所有飞过我的行星。听课本上，密密麻麻的，每一个字都是财富；每一点体会，都注入了我的希望；每一次反思和提升，都是我汗水的结晶。

重实干，博采众长。我十分珍惜外出观摩研习的机会。1988年，我参加了一次省级教学比武的课堂观摩，当时第一名的课我至今还记得是怎么引入的，老师的真实课堂，深深地震撼了我。此次课堂观摩，以人为本、高效课堂的理念贯彻得如此之深、之透让我有打开心扉、醍醐灌顶之感。由此，我深切地感觉到，学习是我终生的课程！

我从小学到高中，在班上只发过一次言。有一次，语文老师刘老师对我说："我看你的作文写得不错。文章一开头就用设问的语句，显得很独特。明天的语文课，我想让你当着全班同学的面读一读，让大家学习学习。"想到第一次在班上发言，我激动了一夜。那一夜，我辗转反侧，难以入睡。第二天，刘老师让我读了作文。本来作文的第一句是仿照《天山景物记》里的第一句"朋友，你到过天山吗？"写的，我写成"朋友，你想喝蜂蜜吗？"。由于太兴奋，被我读成了"朋友，你想喝蜜蜂吗？"。于是，引来了全班同学哄堂大笑。从此，我有了第一个外号——喝蜜蜂。这个外号后来演变成了"蜂子"。蜜蜂的"蜂"，与疯狂的"疯"同音。但我庆幸我遇到了刘老师！

后来我做了老师，我想我要做一名像刘老师一样的好老师！做一名会关注人、关心人、关爱人的好老师！做一个会鼓舞人、会激励人的好老师！

二、勇敢实践

我重视利用教学资源设计教学方案，改进课堂教学，如结合自身优势，创设"以练带讲"的课堂教学模式，即"初学感知—粗练理解—精练升华"。

随着社会的发展，教育理念的不断更新，课堂教学也发生了翻天覆地的改变，我在十多年前为学生创设了自主、探究、合作、交流、互动、实践的学习空间，促进学生的全面发展。我潜心研究琢磨，又创设"自主探究"教学模式，即"自主预习—自主设疑—自主解疑—自主交流"。这一教学模式充分发挥了学生的自主性，体现了新课标"自主、合作、探究的学习方式"。我知道，不管什么模式，前提是要让学生愿意学、负担轻、效果好。

课堂教学是一门艺术，有专家、同事们指导的公开课更是提高教学水平的快车道。我积极参加各种类型的公开课。当时我校每个学年进行两次教学比武，第一学期为青年教师的教学比武，第二学期为全校教师的教学比武，并且都是先科组内比，再文科组、理科组分别比，最后文科组、理科组的前三名一起比，全校观摩。那时在我校物理科组中我最年轻，因而每次都是我代表物理科组参加。我每次都能冲进第三轮，并为物理科组争个一等奖甚至第一名。我觉得，参加这样的公开课，对我的促进是相当大的，从中我不仅学会了上课，更会听课了，从此形成了良性循环。在广东肇庆中学，五十多岁的我还参加了一次全校教学大比武活动，并获理科组第一名。近几年，作为副校长，快60岁的我还在高三接手一个物理平均分在年级排名倒数第一、第二名的班，并且一年后该班的高考物理平均分排在年级倒数第15名。

三、认真积累

不断地反思、总结、积累已经成了我的习惯。在琐碎繁重的工作之余，我努力挤时间写教学反思、听课体会、教育心得。我大胆实践，勇于尝试，认真积累，每一次上课或听课后都有总结反思，努力做到缺点不漏，策略想够。经历了30多年的教育教学实践，我觉得，只要教师有了自我专业追求，教师的专业就能发展，因为正确的信念就是持续成长的动力。教师的自我专业追求若能内化为信念，就不会被消解，从而变成稳固、永久的信念。追求就在自身的心目中，一旦拥有它，生命的种子就会生根、发芽、开花、结果。我先后在《物理教师》《中学物理》《物理通报》《中学物理教学参考》《中学物理教学探讨》《湖南中学物理》《中国教育与教学》《西江教育论丛》《肇庆教育研究》和《考试报》等发表论文30多篇，并在全国素质教育研讨会、全国物理教学研讨会、广东省高中物理研讨会、广佛肇高中物理研讨会及肇庆市物理研讨会上做专题发言。

教育思想

一、唤醒智慧 走出迷茫

人们只有不断反思、总结，才能让自己变得更强大。教师要在具体的教育教学活动中发现问题，结合实际情况寻求解决问题的方式与途径，并辅助以验证，才能更好地加速教师自身的发展。在多年的教学生涯中，我不但能从自我的纵向发展中反思不足、发扬优点，还能通过听一堂堂的课进行横向比较，找准前进的方向和方法，甚至还会把自己当成学生，跟定一个班，完完整整听一天（8节，包括自习）的课，完成一天的作业，探究学生的心理需求。

（一）唤醒沉睡的智慧，培养学生学习力

通过不断地反思总结，我认为真正好的课堂，不在于老师讲得如何，告诉了学生多少知识，而在于引导学生想到了什么。我们要关注的不仅仅是学生的成绩，更要关注他们在今后的发展。我们只有时刻站在学生的角度去反思自己的举措，才能真正提高课堂效率、培养学生学习的能力。

在中学理科教学中，通过对过程的分析及定理、定律的应用得到在一定条件下适用的结论，也称"二级结论"。因为有些"二级结论"能暂时帮助学生在平时的练习、考试中快速"做"题，并立马取得"好"成绩，因而不少教师和学生都很乐意用，甚至有些教师和学生把它当成学习的"法宝"。当老师的头几年，我也喜欢这么做。但在教学反思中我慢慢发现，从培养学生分析问题、解决问题的角度来讲，依赖"二级结论"教学的弊端十分明显。首先，结论教学把对规律的"运用"降低为对结论的"记忆"。这实质上是通过机械记忆，把处理较高认知水平的"运用"降低为较低水平的"记忆"，让学生解题熟练化、机械化，使解题成为一种技术操作，以便在答题时不用多动脑筋就能按程序完成，这实质上只是把高级思维活动变为机械化技能，充其量只会使学生学会解题技术，而掌握不了知识，阻碍了学生的思考、探索性学习、综合分析能力的发展。所以，教师要调整自己急功近利的教学思路，积极探寻能提升学生能力的教学方法。

（二）教师少讲多导，学生自主多思

我们备课的对象是学生，我们教学的对象也是学生。而我们在上课时，却很少主动问学生需要什么。我们整个教学环节是老师备课、老师上课、老师反思。学生是怎么学的，学得怎么样，老师很少研究。

长期以来，很多人对一堂课的评价通常是用"讲得如何"，而不是"学生学得怎么样"，因而很容易让我们在教学过程中走入两个误区：一是教师不相信学生，讲课时面面俱到；二是教师以为自己的水平高，课堂上滔滔不绝，经常是自己讲得津津有味，学生则是昏昏欲睡。这两种现象有一个同样的结果：基础差的学生会感到知识高深莫测，分不清主次，而被老师牵着走，久而久之便丧失了对学习的兴趣与信心；学习能力强的学生则失去了主动思维的能力，长此以往，勤学生被教懒了，好学生被教差了。大量事实说明，教师教得"好"，学生不一定会学得好。我觉得，教学过程是精神产品的传递过程，它不同于物质产品的传递。物质产品的传递具有给予的性质，即你给我就得，不给就不得，多给就多得，少给就少得。作为传递精神产品的教学过程，不是教师一讲学生就懂，教师不讲学生就不懂，教师少讲学生就少懂，教师多讲学生就多懂。美国约瑟夫·特雷纳曼通过课堂教学测试发现：教师讲解15分钟，学生能记住41%；讲解30分钟，只记住前15分钟内容的23%；讲解40分钟，则只记住前15分钟内容的20%。由此可见，教学并不是给予，教学质量的高低与教师讲解程度不成正比关系。因此，教学过程中要有充分的时间供学生独立钻研，同时引导学生归纳所学到的知识和方法，经过学生的独立思考，达到融会贯通、举一反三的作用。如此，才能使学生养成良好的学习习惯、掌握正确的学习方法，并提高独立解决问题的能力。

（三）尊重学生个性，发展个性教育

新课标提出了不同的人应该得到不同的发展。在教学过程中，每个学生的作业数量、时间甚至内容都可以有一定的差异。从现实情况看，教育对发展学生的个性价值在教育实践中并没有受到足够的重视。因而注入式教学、统一化的教学内容、单一化的教育模式，着眼于全体而忽视个体以及忽视课外活动等现象仍然普遍存在，而这些都是难以适应学生的个体差异和个性发展要求的，以至严重地制约了学生个性的发展。

有不少老师认为：个性教育的对象就是那些"需要帮助"的落后学生或"问题学生"。实际上，个性教育的对象应该是全体学生，因为教育的宗旨就在于促进每个学生在原有的水平上，最大限度地发挥学生的个性潜能，而帮助发展落后的学生只是教育任务中的一部分。

在教育教学活动中，要对学生提出统一的要求，但如何引导他们达到这些要求，还需要我们采取个别对待的方法。片面强调统一要求，忽视学生的个性，无疑会妨碍学生的个性发展；但片面强调个别化教育，不仅会因为教师精力有限而完成不了教育任务，还会阻碍学生的个性发展。所以，我们既要对学生进行集体教育（以班级、小组等群体为单位），又要对学生进行个别化教育，把二者统一起来。

（四）导演少上场，演员多实践

在课堂教学中，教师有时为了赶进度、完成任务，一不小心就讲快了，幻灯片放得也快，还没等学生反应过来就到下一张了。我觉得在课堂教学中要尽量慢一点，一方面体现了老师对学生的关注与欣赏，另一方面体现了学生是课堂学习的主人。只有如此，课堂才能融入学生的心灵。

对于学习材料，若是投影在屏幕上，要给学生足够的思考时间，让他们来讲讲自己的感想、思路。他们在"好胜逞能"的心理作用下，相互指正，相互补充。学生们在交流中，思维得到升华，能力得到提高。老师可在关键处进行适当点拨。

在教学过程中，老师们不是演员而是导演，我们应教会学生如何演，而不是我们自己演。把课堂尽可能地交给学生，学生自己能做的尽可能让学生自己做。总之，学生是学习的主体，我们要积极寻找学生学习的规律和方法，尽量让自己的教去适应学生的学，以学法定教法，真正落实学生的主体地位。

二、互感匹配，同频振荡

我一直不喜欢千篇一律的东西，上物理课也是如此。据我所知，很多学生对物理课没有多少兴趣，有时我听别的老师的物理课也会昏昏欲睡。我想，己所不欲，勿施于人，我要努力不让自己的教学成为悦耳的"催眠曲"。我认为体现自己的教学风格，且能引起学生共振的是要把自己喜欢的东西真心地和学生分享。所以，我会根据教学内容给学生讲我喜欢看的书、修理电视机的过程等，还会给他们讲魔术、宇宙飞船、导弹等，只要和物理有关的，只要和教学要求相符合的，我都会讲。我还会要求学生自己讲，并和大家分享。我很喜欢这种上课的氛围，我经常陶醉于此。

当然，体现个人教学风格并不是信马由缰，而是在共性基础上的个性，而这个共性就是备课组一起备课时达成的共识。我很认同集体备课中的作用，但也希望学生在课堂上能听出我的思想、看出我的风格，希望我的课堂是"有我之境"。这样，老师与学生在情感上协调一致了，就能相互感应，通过同频振荡，衍射出各自的智慧。

从学生熟知的生活实例着手，创设物理情景，构建物理概念，使抽象的物理概念变得通俗易懂，巧妙化解难点，提高学生的学习兴趣。课堂中真正的师生互动过程，其实也是一种"互感"和"自感"的过程。真是互感匹配功率大，同频振荡效率高。

教育实践

我就像一个通电螺线管，虽然电流颠倒变向，但不忘来路，不忘初心，最终能跑向属于自己的"磁极"。从教35年，最初的几年我为生存而被动工作，只是考虑如何把工作做好，没有思考为何而教。后来十来年为教而教，为学生能读上好大学而教，仍然是被动的教。最近十多年，"为什么？教什么？"这样的问题总在我的脑海中纠缠。

一、观察中感悟，反思中提升

物理教学要把身心健康放在首位。要注重培养学生阳光向上的个性，以及积极、乐观的心态。要关注学生情绪的变化，引导他们学会尊重别人、与人沟通交流，学会与他人友好相处，容纳别人，采纳他人的不同意见，正确处理与他人的关系，提高自我管理能力等。只有通过这样的校园文化的长期熏陶，才能促进学生以阳光的心态步入社会。

物理教学要培养学生终身学习的能力。学生通过中学物理的学习，不仅获得必备的物理知识和技能，还要领悟物理的思想与方法，形成终身发展所必备的核心素养，这些也是中学物理教学必须完成的基本任务。另外，对学生学习物理的兴趣培养也是物理教学的根本任务。

物理教学要为学生做好走向社会的准备。中学物理课堂教学中，教师应努力挖掘生活中的教学资源，关注物理与科学、技术、社会、环境的联系，努力体现物理学科教学在立德树人中的作用，在物理教学中落实社会主义核心价值观教育，用实际行动来回答物理学科"培养什么人"的问题。

物理课堂教学要重视物理知识建构。课堂教学应从"知识传递"转向"知识建构"。教学过程中，教师要重视让学生领略物理学科的思想方法、经历探究的过程、领悟物理学的美妙、强化实践意识、养成良好习惯、培养创新能力等。只有在物理概念的建构、物理规律的探索过程中，才能让学生真切领会物理的思想方法，才能真正培养学生的物理核心素养。物理教学过程中应多设置体验性活动，让学生通过这些活动，去亲身体验和感受，在体验中提高能力，在感受中增强实践意识，在活动中提高物理素养。

课堂教学是人类探究未知世界过程中形成的一种学习形式，只有不把物理看作一种单纯的知识，物理教学过程中才能看到人文关怀，课堂才能成为学生自主的学堂、情感交流的学堂、贴近生活的学堂、重视活动的学堂，才能成为既有理性、有逻辑，也有生活的学堂。

二、课内守住嘴，课外守住心

学生的学习，就像串联电路电压分配，一定的电阻，分到相应的电压，最适合的灯丝，才能在电键闭合的一刹那发出最亮的光。教师的教学要努力让学生找到自己有收获、有进步的感觉，并能发出最闪亮的光。

教师的教学要鼓励学生思考、发现和创新，而不是让学生一味地接受教师给的答案。一个从小就不会用自己的脑子去分析思考和辨别批判的人，我们怎么能指望他去开拓、去创造？

在"教"与"学"之间，要是没有"教"，"学"是可以推进的；但若是没有

"学",那么"教"就变得无意义了。教师讲得多,不仅占用了学生自己探索的时间,还阻碍了学生思考的空间。教师的"教"是为了帮助学生的"学",而不可能代替学生自己"学"。有的老师提出问题时,少给或不给学生思考的时间,就马上抛出自己的主张或结论,结果是学生可能暂时知道了结论,但只知其然不知其所以然,一段时间后结论也不记得了。

课内守住嘴,不仅仅体现了老师对学生的关注与欣赏,更体现了学生是课堂学习的主人。

结束语

古人云,君子之心,昭之天下,不可使人不知。作为人民教师,我们要耐得住寂寞,静下心来安安静静地教书,潜下心来快快乐乐地育人,沉下心来仔仔细细地管理。如果我们经常心存抱怨,心怀厌烦,那么学生的一切在我们的眼里都会不顺眼,一切教书育人的工作都将显得毫无生趣。要是我们时时带着爱心走进课堂,再调皮的学生也会变得可爱;要是我们时时带着快乐走上讲台,再枯燥的课堂也会变得快乐。

由美入善，成就全人

广东省德庆县孔子学校　冼贤（第三组）

导读语

我叫冼贤，男，现任职于广东省德庆县孔子中学（高中部），广东省特级教师，高中美术正高级教师，广东省新一轮（2021—2023）中小学名教师工作室主持人，广东省新一轮中小学"百千万人才培养工程"第二批高中文科类名教师培养对象，肇庆市人民教育家培养对象，肇庆学院美术学院兼职教授，曾在2016年12月至2019年6月期间分别赴我国台湾、我国香港及美国研修。我从事高中美术教学30年，潜心美术教育教学研究，在美术教育教学实践中倡导"有教无类"的教育理念，形成了"融美于善"的教学风格与"让学生在学习中成长"

的教学思想，并凝练出"由美入善，成就全人"的教育思想。

我在美术教育教学中坚持落实"立德树人"的国家教育方针，为国家培养具有人文精神、创新能力、审美品位和美术素养的现代公民；在美术教育教学中倡导着重培养学生的学习能力与思辨能力，让学生具备终生发展的能力；通过在市美术教研活动和省内名师送教等活动开展示范课、讲座等来推广自己的教育教学思想。我主持了省级课题"基于核心素养下培养高中美术生学习能力的创新教学策略探究"，并在中国艺术类核心期刊《中国中小学美术》杂志发表论文《美国AP美术课程对我国新时期下高中美术教学的启示与思考》，在《广东教育》杂志发表论文《润泽生命的特教美术教育：观察美国特殊教育学校的美术教育有感》和在《美术教育研究》杂志发表论文《感受与体验、探究与思辨的美术课堂模式：高中美术鉴赏课"培养审美的眼睛"观课有感》等。

成长档案

一、从小立志，成就教师梦想

我出生在广东省德庆县城郊区农村的贫农家庭，祖上没有一位曾与美术或者相关行业有关联的前辈，但是自从懂事起，我有空就喜欢跑到别人家里观看年画和小人书（连环画书），经常一看就是半天，回家后就描画自己所看到的人物，摹仿能力还比较强，这似乎是与生俱来的兴趣爱好。当我读初中时就更喜欢美术，经常帮助班主任和学校出黑板报，得到同学和老师们的好评，这坚定了我学习美术的决心。我经常是在吃完晚饭后才能在饭桌上进行画画，先从临摹国画开始，还自学书法。记得我的第一本国画书是张大千的国画山水，第一本素描书是徐悲鸿的素描，第一本书法书是陈景舒的隶书。

德庆是有着两千多年历史的文化名城。深受广府文化的影响，这里民风淳朴，务实求进，好山好水润育出德庆人民坚强与奋进的信心。在 20 世纪七八十年代物质缺乏与生活极其艰难的环境下，父母靠着做农活的微薄收入来维持家庭开支。作为农家子弟，在读书之余，我利用放学后和假期帮忙做农活，深深感受到当农民的艰难。不甘于现状的我立志考上大学，父母也鼓励我要好好读书，通过读书学习来改变命运。到高中时，学校没有专职的美术老师，我用自己当建筑小工赚到的钱去买美术参考书进行自学。在没有老师的指导下学习美术极其艰难，虽然我每天晚上都很努力地画临摹素描，但是进步不大。我的心情很苦闷，情绪很失落。高二寒假的一个早晨，我拉着蔬菜去市场卖时，在菜市场门口看到一个高考美术班招生的小广告，心里一阵欢喜，就拿了卖菜的钱去报名参加培训，并因此认识了在香山中学兼职教美术的冯启老师和在华南师范大学美术系读大一的师兄张波（助教老师）。受他们的启蒙，我明白怎么样才能考上美术类的大学。听他们一席话，我如沐春风。不论天寒地冻，风吹雨打，我经常一个人穿着带泥巴的雨鞋来上课。同学们都用奇怪的眼光看着我（因为当时班里学习美术的同学都是来自县城的，只有我一个是来自农村的）。在老师的指导下我的进步很大，也认识了一帮好同学。培训结束后，我经常和几个立志报考美术的同学一起画画，一起钻研，形成了一个学习的小团体。

1988 年的暑假，同伴们都确定到广州学习美术。但是因为学习费用高，我家的经济较困难，父亲不同意我去广州学习。在我的哀求下，父母问别人借钱，我才得以和同伴一起到广州美术学院培训班继续学习美术。在美术学院氛围的熏陶下，我进一步开阔了视野，对考上美术院校更有信心。通过努力，我以专业排名第二的成绩考上了西江大学美术系，并因自己想学习美术而没有美术老师教导的经历毅然选择了师范专业。大学毕业后，虽然遇到了很多困难，但我仍坚持从事自己喜欢的美术教育工作。从教 27 年，我一直乐在其中，心甘情愿地做"孩子王"。回首自己学生时期的成长经历，正因为自己的坚持与刻苦求学，才有机会考上大学；也正因为自己的经历，才会选择当一名美术教师。

二、不忘初心，坚守教育情怀

我从大专毕业后，回到家乡一个乡镇初中任教。当时工资不高，但我明白当一个教师所承担的责任，所以一直都用心教学，并取得了一些成绩；但无论是初中还是高中，在应考的指挥棒下，没有中考与高考任务的美术学科是不受重视的。在一些老师和家长的心目中，美术是完全可以忽略不计的学科，学美术就等于浪费孩子的宝贵时间，至今在很多人的口中，都依然称美术是"副科""杂科"。在此情况下，美术教师的地位也不被认同与尊重，美术教师在学校成了无足轻重、可有可无的"边缘人"。这些因素都会影响自己的从教心理，甚至形成职业倦怠。20世纪90年代，很多教师同行都下海经商了，特别是工作环境不好、待遇不高，开始有些不安心教学。但回想当年自己学习美术的艰难与就读师范的初心，还是坚持下来继续教学，并想通过自己的努力去改变人们对美术教育的看法。

1997年，因我的恩师冯启老师病休，香山中学需要一名美术老师，在恩师的推荐与自己的努力下我回到母校工作。毕业后，我一直想培养美术特长生，让更多喜欢美术的学生有机会学习美术。现在机会终于来了，在学校领导的支持下，我们建立了美术特长生学习组，设置了美术室，开始招收有志报考美术的学生。当时学校只有我一个美术老师，所以除了美术教学外，我还要承担学校宣传等工作。我不怕工作辛苦，主动承担美术高考辅导，做到有教无类，让每一个报考美术的学生都有机会接受艺术的熏陶。从1998年开始，就有学生考上广州美术学院，有了良好的开端，我校美术生人数不断增多。从1998年十几人，到2009年2个美术班100多人，再到2013年5个美术班200多人，大部分学生都是留在学校内备战高考，美术老师也发展为13个老师。我担任美术教研组长，并精心打造了一个团结协作的团队。

2013年7月，因我县高中教学发展的需要，我被抽调到新挂牌成立的孔子中学担任美术教研组组长。在新的工作岗位上，我继续发挥示范带头作用，从美术科团队建设到美术教学设备与教学教育理念等方面进行规划与实施，推动高中美术模块教学与美术高考备考有条理地进行。通过自己带领团队的艰辛付出，孔子中学首届高考就以美术高考成绩占绝对的优势在全市领先而成名，改变了全县人民对新学校的认知而被接受、被认同。

在高中美术模块教学方面，我们按照高中美术课程标准，开足课程让学生选课，完成高中必修与选修的学分，并通过高中美术课程的教学，培养具有人文精神、创新能力、审美品位和美术素养的现代公民。在香山中学担任美术教研组组长期间，从学校创建"市一级学校"到广东省"国家级示范性高中"等申报工作，我都按标完成教育教学与申报材料等工作，为学校成为广东省"国家级示范性高中"学校付出努力。当时到学校进行高中教学水平评估的美术评委、惠州市实验中学周秀华副校长曾这样评价：香山中学美术学科在冼贤科组长的带领下，是一支年轻而富有战斗力、团结协作的团队，有着对学生、学校负责与对社会贡献的团队，按标实施高中美术课程教学，取得良好的教学效果；美术高考备考成绩显著，作为一个经济欠发达的山区县，将高三美术考生留在校内备考，减轻了家长的经济负担，成就了学生考大学的梦想，为德庆的高考做出贡献。肇庆市教育局教研室艺术教研员、特级教师王启超老师对我有这样的评价："认识冼贤老师是从1998年负责开展全市艺术学科高考备考工作开始，我觉得冼老师是一个热爱美术、热爱教学、热爱学生的好老师。他一直坚持在一线教学，在美术教学有很大的成就，特别是他的学生很多留在他身边学习，让更多的学生有机会考上大学。他是一位有热情、有爱心、有追求、有恒心的老师，通过不懈的努力终究在自己的岗位上做出令人瞩目的成绩。冼老师是肇庆市优秀美术教师的代表，他以自己的行动为'有为才有位，有名才有利'做出最好的诠释。"

三、穷则思变，静心学习破困局

我大专毕业后本来想考本科继续学习，以提高自己的专业水平，但因为家里经济困难，只能先出来工作，等以后有机会再考本科。在工作10年后，当其他同事还在犹豫的时候，我把握机会报读广东第二师范学院本科业余班，在本科学习期间继续提升自己的专业技能和教育教学理念。本科毕业后，我也一直坚守在山区兢兢业业地用心教学，虽然在美术教育教学上有一定的成绩，但是很苦很累，而且效率不高。有些学生在高中学习了三年美术，却考不上一间本科美术院校；有些学生考上美术院校后没有把握自己的人生方向，中途被劝退学；还有些在上美术模块课程时，学生学习兴趣不高，在上课时出现违纪等现象。所以，我在反思自己的美术教育教学方向与备考策略是否正确。作为学校的美术科组长，是否会因为自己的思路出现偏差而影响整个团队的教学思路。穷则思变，我带着问题思考如何破解当时的困局。

2014年，我有幸成为"肇庆市第一批中小学学科带头人培养对象"；2015年经遴选成了广东省新一轮中小学"百千万人才培养工程"第二批高中文科类名教师培养对象；2018年9月又成了"肇庆市人民教育培养对象"。这三个项目的培养学习，让我有机会进入更多的培养工程项目学习。在这几年的培养学习中，我从不缺课。每次培训的内容都丰富而紧凑，有专家讲座、跟岗学习、参观学校、听课交流、同行切磋、文化教育考察，这些学习活动都带给我诸多的思想碰撞，感受和启示也特别多。只有通过培养学习，才能不断地充实和提高自己，才会最大限度地走近学生心灵，促使我从凝练教学风格到教学思想，再到教育思想，发生较大的转变。我认识到，关注每一位学生的成长与变化，才能实现教育教学思想上的高起点和自我超越。

四、自主规划，争当"明"师

作为一名高中美术教师，在教师的专业发展过程中，关键在于培养自我发展意识和自我发展能力。因为只有具备自主成长能力的美术教师，才会对日常的工作始终保持着敏感和探索意识。通过教学反思，主动发现问题，掌握信息和更新知识，在提高理性认识和实践能力的基础上，为了学生的发展，我不断地改进美术教学工作方法，提高美术教学效率。在学习过程中，我不断反思自己教育教学过程中存在的问题：一是只注重钻研如何提高自己的专业技能以及教学生学习美术的表现技法，缺乏学习方法的教授；教学方法没有创新性，没有凝练成自己的教学风格；二是不注重阅读，缺乏开阔的人文视野和深厚的教育教学理论功底。所以，每一次学习回来我都在思索自己的教学方法是否能跟上时代的步伐。我开始阅读教育教学方面的著作，不断进行教学反思和教学研究，开始凝练出自己的教学风格，多尝试创新教学方法来提高教学效率。

正如广东省名师工作室主持人、东莞长安实验中学美术高级教师徐日扬对我的评价："结识冼贤老师缘于2014年我被聘为肇庆市名教师培养项目培养对象的实践导师。冼贤老师被确立为指导对象后，他经常积极主动、热情有礼地与我联系沟通，汇报教学情况，问询教学与课题研究的问题、困惑。他近日又来电向我报喜讯：很高兴被评为广东省新一轮'百千万人才培养工程'第二批名教师培养对象。进入工作室跟岗学习后，我与冼贤老师的交流讨论更加频密与深入，对他的了解也日渐加深。他非常珍惜跟岗学习机会，经常学习钻研到深夜，对每一项任务都是认真对待，圆满完成。他这种已毕业工作20多年，却仍像在校的学生一样勤奋好学，追求上进，又非常尊敬导师的表现，让我深为感动。冼贤老师辅导学生高考备考成绩突出，指导青年教师有方法见成效，同时精力旺盛，能同时主持3个省级、市级的立项研究课题。他专业扎实，综合素养好，对教学教研工作富激情、勤探究、勇实践、善总结，既脚踏实地、埋头实干，又抬头看路、仰望星空，堪称一位有理想、有追求、专业水平高、发展潜力大的省、市美术名师。"

五、诚心施教，跨越发展

教育教学工作的每一天都是新的，教学需要迎新，创新能给课堂注入活力、创造奇迹。作为一名优秀教师，不能故步自封，一成不变。要让自己的教学方法常变常新。我从一个刚出道的年轻教师，到广东省名教师培养对象，当自己存在职业倦怠时，通过自我调节来增强教师社会责任感，坚守自己的教育情怀，学会自主规划、自主发展，树立终身学习的目标，在教育教学工作中不断探索和尝试创新教学法，从而充分调动学生学习的积极性，并取得最佳的教学效果。

我从一个山区县的年轻高中教师，朝着自己的目标，以优异的教学成绩和科研成果，评上高级职称，然后继续前行。我在2015年被遴选为广东省新一轮中小学"百千万人才培养工程"第二批高中名教师培养对象，同时又被聘为肇庆市艺术学科委成员（协助市艺术教研员开展全市美术高考备考工作）和肇庆学院美术学院外聘教师。2018年9月，我被评为广东省第十批特级教师、肇庆市人民教育家培养对象；2018年12月，被评为高中美术正高级教师；2021年，被评为广东省新一轮中小学名教师工作室主持人。我实现了从普通教师，到特级教师，到高级教师，再到正高级教师的跨越式发展。现在，我正从名教师向教育家型名教师转变。我想，取得这些成绩应该是对我不忘初心、砥砺前行，为山区教育事业付出的最好回报！

教育思想

艺术是无所不在的。社会文明程度愈高，人造万物的艺术氛围愈浓。你被艺术包围着，影响着，增长着艺术的品位。近代以来，美术课程以丰富的教育价值被列入中小学课程体系中。当代社会的发展对国民素质提出了新的要求，学习图像传达与交流的方法、形成视觉文化的意识和构建面向21世纪的创造力已成为当代美术课程的基本取向。美术课程应该在我国基础教育课程体系中发挥更积极的作用，为国家培养具有人文精神、创新能力、审美品位和美术素养的现代公民。作为我国基础教育中的美术教育在一定的时期中，存在着以教授美术技能为主、忽略了美术教育的育人功能的问题。

在发展学生核心素养的目标下，基于学生可持续发展的思考，我重新审视与反思自己的教学教育过程。在培养学生的过程中不单只注重成绩，也要注重对学生能力的培养。在美术教育教学中坚持落实"立德树人"的国家教育方针，倡导"有教无类"的教育理念。在美术教育教学上除了对学生重视"技"的传授，还注重"道"的教育与传承，引导学生在学习与生活中领悟并成长为一个人格完善、人性丰富、人品高尚的人，形成自己"融美于善"的教学风格与"让学生在学习中成长"的教学思想，并凝练出"由美入善，成就全人"的教育思想。

一、倡导"有教无类"的教育理念

在学科教学中，我主张孔子的"有教无类"的教育理念。他的"诲人不倦""有教无类"的精神，是我国教育史上宝贵的传统。春秋以前，平民是没有资格入学接受教育的。孔子创办私学，在教育对象上进行了相应的革命，实行"有教无类"的办学方针，这是孔子教育实践和教育理论的重要组成部分。虽门下人品混杂，却皆能兼收并蓄，教之成才，这说明了孔子教育家胸怀的宽大能容，教育艺术的高明善化。

在美术学科教学上，我所理解的"有教无类"是平等对待不同素质的学生，并且针对性地实行因材施教。在上高中美术鉴赏课时对名作名画的鉴赏会因人而异，有些同学理解得快，但有些同学因在九年义务阶段受美术熏陶方面较少，对于一些艺术形式与语言没有接触过，所以对名画的鉴赏不是很了解。这时，教师可通过一些策略来提高他们的审美能力与鉴赏能力，组成合作学习小组，通过优生与他们进行探究学习，提高他们的审美能力和鉴赏能力。每年的美术生都出现基础与素质差距较大的情况，针对这种情况我会对学生基础的强弱进行分层教学，每一层次的学生运用不同的教学策略。

二、追求"融美于善"的教学风格

我追求的教学风格是"融美于善"。教学风格应该是教师的一种教学理想,一种教学向往,一种职业期待。从陶行知先生的书中我感悟到了作为一名美术教师的责任,不仅要教画画,更要通过一幅幅作品告诉学生世间的美丑;从陶行知先生的语录中,我读出了作为一名美术教师应树立的形象,不仅画中风骨凌厉,做人更要清白自廉;从陶行知的思想中,我知道了作为一个美术教师应该具有的风格,好的先生不是教书,不是教学生,乃是教学生学。一句话可以让一个人知冷暖,一句话更可以影响一批人的思想。我从教三十载,任花开花又落,一直从事着美术教研教学和高考美术教学,一直在努力寻觅与追求一条既适应学生又适合自己的教育教学之路。

美术以视觉形象承载和表达人的思想观念、情感态度和审美趣味,丰富着人类的精神和物质世界。通过教学培养学生自主、互助、团队学习习惯,学会用心体验美术,享受快乐学习的过程;通过教学,让美术作品的线条、色彩、造型等美的元素吸引学生,让美术作品背后蕴含的感人故事或丰富思想内涵触动学生,让参与美术实践活动获得愉悦、进步、成功的体验影响学生。美术教学,使学生在积极的情感体验中发展观察能力、想象能力和创造能力,提高审美品位和审美能力,增强对自然和人类社会的热爱及责任感,形成创造美好生活的愿望与能力,成就学生的美丽人生。

三、形成"让学生在学习中成长"的教学思想

从 2015 年开始,中国基础教育课程进入了"核心素养"研究时期,提出培养学生成为全面发展的人。核心素养是指学生应具备的、能够适应终生发展和社会发展需要的必备品格和关键能力,分为文化基础、自主发展、社会参与三个方面。我回顾和审视自己的教育教学成长轨迹,发现自己从走上讲台到今天,在美术教学中不仅重视教学成绩与升学率,还一直坚持关注学生内心世界的需求和精神成长的需要,一直希望通过美术教育把学生培养成对社会有用的人。

针对以往以老师为主体的教学方法,我加强了对学生学习能力的培养。如在素描绘画教学中,通过小组探究学习以及奖励制度,激发学生从所学过的圆形物体的结构和明暗知识中自主总结,并掌握表现技法规律。又如在美术鉴赏课中,我会分5个小组去研究莫奈、马奈、毕沙罗、雷诺阿、德加5位代表画家,由组长组织组员去了解该画家的生平、作品、艺术形式和作品的情感,并在班上向其他同学进行鉴赏分析,如有不足再由老师补充。这样的课堂教学模式充分调动了学生自主性和积极性,让学生的思维得以开发,通过小组自主探究学习,让老师从知识传授者转变为教学组织者,学生为学习的主体,让学生掌握名画鉴赏的规律,培养学生的钻研、审美和鉴赏能力,从而激发学生从"学会"到"会学"的转变。

四、凝练"由美入善,成就全人"的教育思想

中国儒家六艺中的"诗""乐"便贯穿以美启智、以美寓德、寓教于乐的美育思想。先秦《乐记》的中心思想就是主张借助音乐的感染力进行道德品质教育。孔子

作为伟大的教育家更是体会到乐教诗教对培养人的道德品德的重要性。"由美入善，成就全人"的教育思想，就是美育要让学生体验自我生命的价值和培养个性意识，培养学生在学习、生活和工作中自觉提升自我人格，并把我国的道德内容和主流价值观融入美术教育中，培养学生成为全面发展的人，为国家培养合格的现代公民与社会主义建设者和接班人。这主要体现以下三方面。

一是2015年国家提出要培养学生发展核心素养，普通高中美术课程的根本任务是：立德树人，以美育人，培育健康审美观念，陶冶高尚情操；认识文明成果，坚定文化自信，树立正确的文化观。对美术学科提出育人的要求，美术教育要关注人的精神世界，要充分发挥美术学科的育人功能。

二是改变高中美术教学过于重视"技"而忽视"道"的教学现状。美术教育要重视学生学习能力的形成，提升学生的美术素养。美术教育属于学科教育，既与美术学科相关，也与教育学科相关。我们为什么要教美术，怎样教美术？什么才是好的美术教育？这是当下作为基础美术教育者需要思考的。教育部国家美术课程标准研制（修订）课题组组长尹少淳博士提出"核心素养本位的美术教学"，这是非常重要的教学观念的变革。在美术教学领域，我们过去仅在"技"的层面展开教学，而今后的教学需要努力向"道"提升，即理解知识、运用智慧去综合性地发现问题，并通过美术或者跨学科的方法去解决问题。在实施美术教育的过程中，要改变过去"重技能轻审美"的观念，确立以培养学生审美能力为核心的教育教学理念，要着重帮助学生理解美术作品的人文内涵，拓宽文化视野，促进对中华文化的认同，培养学生成为全面发展的人。

三是学科核心素养的培养目标。美术教育要关注学生的思想品质形成，激发想象力和创造力，重视培养学生的审美能力、思辨能力和创新能力，促进学生全面而有个性地发展。学校教育就是让每一个鲜活的生命按照自然规律，借助土壤、空气、阳光和水，以其独特的方式得以生长。给学生提供适合的教育，让学生在学习中自然生长，让他们有颗善良的心，有良好的行为习惯，有优秀的思想品质。

"由美入善，成就全人"的教育思想，应该是每一位美术教育者的追求。在美术教学活动中，坚持"立德树人"的教育方针，运用合适的教学策略与手段，唤醒学生的自主学习意识，激发学生学习动机，重视对学生学习方法的研究，引导学生以感受、观察、体验、表现、创造以及收集资料等学习方法，进行自主、研究性学习与合作交流，让学生能有效管理自己的学习和生活，认识和发现自我价值，发掘自身潜力，有效应对复杂多变的学习和社会环境，让学生在学习中成长，成就出彩人生。

教育实践

艺术教育是美的教育。艺术教育与思想政治教育一体化探索的第一个维度，是对学生进行审美素养的培养和教导，这是艺术教育的基础。审美教育强调以善为基础，不论感性还是理性，都是"以美育人，由美入善"的过程。同时，善是美的灵魂，美在本质上追求善。在授课过程中，教师结合传统文化特点指导学生学会尊道重礼和规矩意识，在传授专业知识的同时塑造学生良好品格。

一、全市美术高考备考示范课

基于我历年负责的美术高考备考成绩在全市位居前列，并且比较多的学生是留在学校备考，在全市的美术高考备考中有较大的影响力与示范作用，肇庆市教育局教研室将2015届市美术高考备考会安排在我任教的孔子中学举行，组织了市各县区主抓教学的教育局副局长、副校长和美术老师参加，是历届美术高考备考会中最有影响力的一次会议，并要我负责上一节示范课与介绍备考经验。

会议目的主要是推动全市的美术备考上一个新的台阶，特别是解决为何山区县的美术生愿意留在学校备考，而发达县区的美术生要到广州进行备考的问题。通过教学示范引领，我强调备考团队建设与备考教学理念的重要性。示范课以主教老师讲授和示范的教学形式，复习素描静物的作画步骤与要点，让学生了解和掌握静物素描的作画步骤和表现技法，为今后应考阶段打下坚实的基础。主教老师在教学中不断提出问题，让学生思考，启发学生发现和解决问题的能力，让学生的思维能力得到开发。

在本课的复习教学与训练中，我主讲和示范分解静物素描的作画步骤和作画要点，要求学生按要求进行训练，各组教师同样按要求进行指导学生，并严格监督学生是否执行教学要求。但在实际教学与训练过程中，因学生的知识水平和能力有较大的差距，有些学生未必完全理解教师的教学要求，导致有一部分学生并未按要求进行训练，也有部分学生速写跟不上教师的教学与作画步伐。作为主教老师就要进行教学调整，要顾及中层生的理解和掌握能力，只能放慢速度，让他们能够跟上教学的节奏。当然这个环节的课程是知识点的梳理阶段，在后面的课程还会进行分层分组教学，将后进生的基础进一步通过强化训练来进行提高。

二、培养学生思维能力的教学示范课

本节课的教学内容是高一美术班专业课，是我参加广东省教育厅组织第三次送教乡村活动中，到封开县江口中学时在高一美术班进行的一节示范课。教学内容是以石膏结构线为主线，将地球仪的经纬线、物体的结构线、人物头像的结构线和大学学习的专业设计基础建模串联在一起，让学生理解结构线表现的重要作用。课堂的教学设想是改变以"师父带徒弟、以传授美术知识与技能为主"的教学模式，进行创新尝试，是以开发学生思维为导向的教学方法，着重让学生对教师设定的问题进行思考与回答，让学生在感受与体验中学习，在自主探究学习中培养学生的自主探究、合作交流、勇于创新的能力，在主题与思辨学习下，教师是学生视野的开拓者、思想的引领者。

通过本课内容的学习，以现象和物体的结构线为思维导向，让学生了解石膏、静物结构素描与头像素描、高校的设计建模之间联系，理解物体结构线的重要性，明确学习石膏结构素描的方向，掌握石膏结构线的表现技法，为今后专业发展道路打下坚实基础。同时，在教学中不断提出学习问题，让学生思考，启发学生发现和解决问题的能力，让学生的思维能力得到开发；通过体验与感受课堂环节，帮助学生建立从平面到空间的思维能力。

这节课的美术教学特点是能跳出术科中的技能训练，站在思维引导的高度，通过问题的思考与回答，利用师生互动，让学生将技术问题和生活问题、社会问题联系起来，从绘画方法中体悟人生道理，通过思维方法转变使绘画技术提高；这节课立意和切入角度都很高，道理上也很贯通，但仅仅讲道理是不够的，所以教学过程中注重让学生从平面到立体的实践体验环节，将日常的平面线性思维转换成立体视觉思维，并通过体验与理解掌握结构线的形成与表现规律。但在美术专业班的教学创新方面进行探索，改变美术专业班模式化、套路化，以美术知识与技能传授为目的的教学方式方法，探索以开发学生思维为导向的教学理念和教学思想，对在新时期、新形势下的高中美术教学具有较好的示范引领作用。

三、注重学生品格的培养

我在课堂上除进行美术知识和技能教授，也关注学生的品格表现，如发现学生不会去关心和尊重同学与老师的情况，会进行品格教育，强调一个班集体的学生之间没有相互关心、相互尊重和包容，就不会形成一个好的集体。在美术课堂上经常发现一些学生可能因个人性格等方面问题，见到老师都低头而过，见到老师不会叫"老师好"。学生向老师或同学请教问题时不会说"请问"，或者在老师辅导结束后，学生不会向老师说"谢谢"不注重礼仪细节的情况。针对这些现象，我会在上课时通过一些文章进行教养教育，微笑是最美的表情，微笑向人问好，是每个孩子应该学会的。对有些内向的学生，我会主动向他打招呼，让他习惯这样的见面方式。在课堂上经常引导学生要注意和做到不说别人坏话，不随便动他人物品，对待老师、长辈、服务员、路人要有礼貌。公共场合应该有文明美观的坐姿和不要大吵大闹等等。为培养学生的环保意识，向学生介绍如何实行垃圾分类。垃圾分类虽然是简单动作，但要懂得物尽其值，发挥它最大的价值，工作虽然烦琐，但意义重大。好的行为习惯可以影响周边的人，包括家庭成员和社会人群。通过课堂融入品格教育，学生的精神面貌有了很大的改变，学生逐渐明白：一个人的能力决定一个人飞得高不高，一个人的教养决定一个人飞得远不远。

结束语

美术高考专业课的授课模式应该是多样的，对学生进行知识与技能传授的同时，也要注重对学生思想品质的培养。随着参加不同层次的培养学习，我的教学观念在发生改变。我不断进行教学创新尝试，今后的美术教学以培养学生思维为主。教师应该是学生学习的引领者，应培养学生的自主探究、合作交流、勇于创新的能力，这样的教学方式才更接近艺术教育的本质。

让生命飞扬

肇庆宣卿中学、肇庆鼎湖中学　郑志平（第四组）

导读语

今天起笔写粤派教育案例，涌上心头的既有惊喜也有不安。我从教已有 35 个年头，一直奋战在教学第一线。其中任班主任 16 年，任年级组长 8 年，2008 公选任副校长，不知不觉任副校长已近 14 个年头了，主持学校全面工作近两年。《高要报》《西江日报》等媒体以《情系教育，辛勤耕耘：记肇庆市基础教育系统名教师郑志平》《他，为学生托起明天的太阳：记南粤优秀教师、市二中语文高级教师郑志平》《郑志平：永远都在教育的路上》为题也进行过专题报道。

35 年来，我先后主持广东省教育科学研究课题"基于学科核心素养的高中语文课堂教学研究"、肇庆市基础教育科研"十三五"规划课题"中华传统文化与中学语文课堂教学实践研究"、全国教育科学"十二五"规划教育部规划课题"'少教多学'在中小学语文教学中的策略与方法研究"的子课题"少教多学"与高效课堂研究（课题批准号：FHB110067－2012－7）、全国中语会"十一五"重点课题"创新写作教学研究与实验"的子课题"怎样丰富学生作文的文化内涵"研究（课题代码：中语［科字］2006－108 号），上述课题均已如期结题验收，并把课题成果转化为教育教学实践以及推广运用。其中，课题论文《传统文化导向下的高中文言文教学：以苏轼〈赤壁赋〉为例》发表于全国首批中文核心期刊《语文教学与研究》，该文已被中国人民大学书报资料中心复印报刊资料于 2017 年第 9 期全文转载，并多次在省、市、县学术会上做专题发言。

出版专著《传统文化导向下的古诗文文本解读》，参与编写《高考语文积累精要》《三维指导丛书（语文分册）》《2008广东新高考语文考点专攻》教辅资料三部，发表课题论文10余篇，教学设计、教学课例等成果多次获课题奖项一等奖。

曾获广东省特级教师，南粤优秀教师，肇庆市第十二批西江拔尖人才，肇庆市基础教育系统教育专家、名教师、首批学科带头人，高要区五一劳动奖章、优秀校长、优秀教师等称号；忝列中学语文正高级教师、广东省中小学名教师工作室主持人；受聘于华南师范大学名校长讲堂讲座教授、肇庆学院兼职教师、广东省教育学会中学语文教学专业委员会第九届理事会理事、肇庆市中语会会长、广东省教育学会粤港澳大湾区教育协同发展专业委员会第一届理事等社会兼职。

成长档案

1986年师范毕业，我被分配到江西余干县梅港乡中心小学老虎口附属中学任教初中语文。虽然学校地处偏远小山村，办学条件十分简陋，但我第一次踏上讲坛，心底还是油然升起一串誓言：我愿追随万世师表的孔子，用高尚和渊博催育天下桃李；我愿化身追日的夸父，为教育理想矢志不渝；我愿成为园丁，用勤劳和爱心耕耘祖国美好的春天。但当真正面对讲台下的几十双明亮的眼睛时，我内心又忐忑、又彷徨，我深感知识不足、能力不强，我只能不停地尝试着努力将学生教好。

一、积累期

美国教育心理学家波斯纳说，没有反思的经验是狭隘的经验，至多只能是肤浅的知识。因此，他提出了教师成长的公式：成长＝经验＋反思。我时刻反思自己的教学行为，从教材解读与设计、教法与学法的选择、课堂细节的处理等层面去反思；同时，阅读各种教育教学专著典籍，疯狂地从书本中汲取养料，以期提高教育教学的理论水平和实践能力。

我也深刻地意识到"教书要有水平，能给学生一碗水，自己必须要有一条常流常新的河流"。工作之余，为积累学识、丰富阅历、丰厚见识，我努力提升学历。我先后获江西大学中文专业专科文凭、江西教育学院中文专业本科文凭、南昌大学法律专业本科文凭和华南师范大学中文专业研究生课程班结业。

我在乡村中学任教14年，除教学和提升学历外，所养成的刻苦努力、认真负责的态度以及学习反思，为我以后的教育事业打下了扎实的基础。

2000年，我作为高素质人才，从江西被引进肇庆，成了高要市第二中学的一名语文老师兼级组长。在教学上，我有一套自己的"绝活"，我任教班级的语文成绩一直名列前茅。在管理上，我遇到了挑战。随着社会经济的日益发展和应试教育竞争的日渐激烈，学生问题逐渐多样化。凭借勤奋敬业，爱心、细心、耐心，问题似乎都能迎刃而解，但我始终感觉自己还是一个教书匠。

二、迷茫期

直到有一天，我们年级有一个平时老师认为很优秀、很阳光的男孩子，因为与家人的一点点矛盾就做出自残的行为，让我们所有老师都大吃一惊：这么优秀的孩子遇到一点点问题就做出自残这么极端的行为，是我们的教育出了问题吗？有数据显示，中国每年因自杀死亡的人数有 20 多万，自杀已成为 15 至 34 岁青少年人群中第一大死因，除了自杀、自残，还有他残。一桩桩痛心的案例让人扼腕叹息，至于大学生沉迷网络游戏而辍学，中小学生因不让玩手机而轻生等事件层出不穷。同样，作为教育者，因为高强度、高压力，身体亚健康也已成常态，更严重的还有抑郁症和自杀等问题。这些"生命扭曲"的行为，让我内心触动很大：我们的教育出了什么问题？学习好、成绩棒、表现好是不是就没有问题了，就是优秀学生？教育的目的是什么？教育的使命和担当是什么？具备怎样能力和品质的人才能有使命和担当，为国家民族做出贡献？

三、反思期

"学生是有血有肉的人，教育是为了激发和引导他们的自我发展之路。"① 英国教育家怀特海的话深深影响了我。"自我发展"，如何发展？发展成什么样的人？"激发和引导"，如何激发引导？教育怎么落地？我没有停滞在层层追问中，而是在思考中行动，在行动中探索。在探索研究中，我意识到我们的教育忽视了学生在教育中的主体地位，忽视了"人"的存在。唯分数论、唯升学论等已然成为衡量学生社会价值和是否成功的标准，致使学校教育、家庭教育、社会教育普遍存在重智轻德、片面追求升学率等诸多误区，这些误区给家校关系、师生关系甚至使学校与教师、教师与教师之间的关系蒙上了阴影。

四、求索期

党的十八大以来，以习近平同志为核心的党中央高度重视教育工作，围绕培养什么人、怎样培养人、为谁培养人这一根本问题提出一系列富有创见的新理念、新思想、新观点，系统回答了一系列方向性、全局性、战略性的重大问题，为教育事业发展提供了根本遵循。特别是 2014 年 3 月 30 日，教育部印发《关于全面深化课程改革落实立德树人根本任务的意见》。该意见充分认识全面深化课程改革，立德树人是发展中国特色社会主义教育事业的核心所在，是培养德、智、体、美、劳全面发展的社会主义建设者和接班人的本质要求。作为一名有着长期一线教育教学经验的工作者，我深刻认识到素质教育培养的必要性，也深刻感受到教育部提出的落实立德树人根本

---

① [英] 怀特海：《教育的目的》，庄莲平、王立中译，文汇出版社 2012 年版，前言。

任务的重要性和紧迫性。青少年是国家的希望和民族的未来，他们能否健康成长，不仅关系到我们下一代会长成什么样的人，拥有一个怎样的人生，还关系到如何塑造我们这个国家、这个民族的问题，关系着中华民族的存续发展和社会主义事业的兴衰成败。

教育最成功的标志应该是让孩子真正成为他自己，真正让他有幸福的生活和人生。我又系统地阅读了苏霍姆林斯基、陶行知、叶圣陶、朱永新等人的教育专著并研习了他们的教育教学实践。我接触了美国学者杰·唐纳·化特士（J. Donald Walters）提出的生命教育，理解了陶行知的"生活即教育"的思想。加德纳（Gardner）的多元智能理论启示每一种智能在人类认识世界和改造世界的过程中都发挥着巨大作用，具有同等的重要性。我们该如何尊重并发展生命的差异？生命教育理念在教育界受到了国内外广泛关注，我敏感地意识到这种教育理念对于当时存在的种种教育问题似乎探索出了一条解决问题的途径。

基于上述思考，我提出了"适性扬才，全面发展"的办学理念。我主张，学校发展要关注教育中"人"的存在，体现以人为本，尊重差异，发展差异。每个学生都是独一无二的个体，他们的智慧因子、强弱结构均不相同。教育要针对学生的智能结构和个性特点，顺着学生的秉性与需求，因材施教，探索适合个体特征的教育，激活学生心智，激发学生兴趣，激励学生成长、成才，追求"一个学生都不放弃"和"一个学生都不掉队"的教育教学目标。教师围绕"适性扬才，全面发展"的办学理念，通过丰富的课程、社团活动等实施，学生在德育、智育、体育、美育、劳动等方面得到最大限度的发展；重视打造育人课堂，尊重并发展学生的差异；组织实施多元办学、因材施教等教学策略，善于发现学生的特长，让每一个学生都不掉队。

教育思想

新时代党的教育就是要培养具有社会主义核心价值观全面发展的合格的建设者和可靠的接班人，并明确回答了培养什么人、怎样培养人、为谁培养人一系列问题，并清楚地阐明了落实立德树人这一根本任务。在党的教育方针的指引下，在"适性扬才，全面发展"的办学理念的统领下，我提出了以生命教育为核心的生存教育、生活教育、生态教育的"三生教育"师生成长和发展观。我想，在学生成长的关键期没有比关注学生生命的本真（即生命的自然属性，也即自然生命）、生命的本性（生命的社会属性，也即社会生命）、生命的本质（即生命的精神属性，也即精神生命）更重要。因为它们决定一个人的生命长度、生命宽度和生命厚度！它们共同凝成了人的生命亮度，也即个体生命"我之为我"的生命亮点。所以，生命教育即以生命为核心，倡导生命关怀，提升生命价值；遵循生命之道，以关爱生命、感恩自然、追求生命的意义为核心，不仅要关怀自己的生命，还要关怀他人的生命；不仅要关怀人类的生命，还要关怀其他物种的生命，使万物和谐共生，实现生命快乐、幸福、自由地发展。努力为师生创造一个健康、和谐、愉悦、民主、宽松的生命成长空间，引导学生用客观的态度看待死亡现象，从而使他们更加珍爱生命、珍惜人生，体悟生命的价值。

生命教育既是一切教育的前提，也是教育的最高追求。从根本意义来说，生命教育乃是一种全人教育。它涵盖了人从出生到死亡的整个过程和这一过程中所涉及的各个方面，既关乎人的生存与生活，也关乎人的成长与发展，更关乎人的本性与价值。生命教育应该成为指向人的终极关怀的重要教育理念，是在充分考察人的生命本质基础上提出来的，符合人性要求。它是一种全面关照生命多层次的人本教育。

生命教育包括自然生命、社会生命和精神生命。自然生命指一个人生命的长度，作为一个生命体，决定其存在的"长"与"短"的是健康。社会生命指一个人生命的宽度。生命不仅属于自己，还属于家人，属于社会。在个人生存奋斗的同时也要感受亲人、他人和社会的作用，建构一种生命意识与社会责任感，学会关爱社会和他人，从一个"自然人"过渡为全面的"社会人"，社会角色担当得越好，生命就越有宽度。精神生命指生命的厚度。人之为人，不是单纯的生命存在，有意义的生命才是生命的根本，加强理想信念教育，丰富内涵，可以使人增加生命的厚度，升华人生的境界。生命具有自发的不断向上的内驱力。自然生命、社会生命、精神生命，三者构成了以"生存、生活、生态"生命教育为核心的"三生教育"。

一、让生命变长

教育的起点是人，教育人的前提是认识人、了解人。生存教育即帮助学生认识生命、尊重生命、珍爱生命。

认识生命。 生命对每个人来说并不是永恒的，死亡与生俱来，对每一个人来说，生命是最珍贵的，没有了生命什么都谈不上。所以，我们应该好好地认识它、珍爱它、充实它，让这无比宝贵的生命，活出真正的价值。生命的个体形式是具体的、独特的、丰富的，每一个生命个体都有别于其他生命个体的天赋、兴趣和爱好；对个体生命来说，都是独一无二的，都是生而平等的，都有存在、生活、发展的权利。任何人都没有理由和权力轻视、无视、蔑视任何一个个体生命。

尊重生命。 生命在总体上具有多样性。我们所生存的世界，因为有了生命而生机勃勃，因为有了生命而绚丽多彩，所以，我们要热爱自然，保护环境，尊重生命体现在尊重个体生命的独特性、差异性，尊重生命的多样性及其共在的生命世界。因此，我们不仅要尊重自己的生命，还要尊重他人的生命，尊重任何有生命的生物。

珍爱生命。 在短短的一生中，我们会面对各种各样的困难、挫折，无论遇到多大的挫折，我们都要坚强面对，要珍爱生命，因为每个人的生命都是有价值的。我们能为他人带来欢乐，能为他人减轻痛苦，能为国家和社会做贡献，这就是我们生命的价值所在。所以，我们要认识生命、尊重生命、珍爱生命，这就是生存教育。通过生存教育，学生认识生存及提高生存能力的重要性，树立人与自然、社会和谐发展的正确生存观，学会应对生存危机和摆脱生存困境。

为了让孩子认识生命的奇妙，我们推荐绘本书《我从哪里来》给学生阅读，让爸爸妈妈讲故事，和孩子回忆从母亲怀孕到出生以及成长的美好过程，记录或者绘画出自己的生命轨迹；播放《新生命诞生》视频，让孩子们认识到自己的生命的可贵；歌唱《感恩的心》，感恩父母在自己的成长过程中付出的心血和巨大辛劳，引导学生尊重生命、珍爱生命。围绕"尊重生命"教育，我们组织学生参加《尊重生命，善待动物》的综合实践活动，通过搜集资料视频，如自己喜爱的动物的习性、虐待动物的现象、爱护动物环保人士在行动、拟写爱护动物公益广告语等，组织分享讨论会，撰写《尊重生命，爱护动物》报告等形式，引导学生尊重生命、珍爱生命；围绕"珍爱教育"，组织开展"珍爱生命，快乐成长"安全知识传授，包括人身安全、交通安全、消防安全等。开展生存教育参观活动、生存知识竞赛活动等，增长他们的生存知识。

二、让人生路宽

生活教育即自理教育、自律教育、自主教育。生活教育是基于生活实践的教育。生命以生活为载体，生活是人的生命的存在形式，人在生活中舒展着自己的生命，体验着自己的生存状态，享受着生命的快乐和生活乐趣。因此，生命教育要立足于学生的生活实际，以他们现实生活中的问题、事件等为素材，遵循理论与生活统一的原则，采取活动、体验、启发、陶冶、实践等方式引导学生进行潜移默化、润物无声地体验生命的意义及价值，使学生在体验中认同、内省和自悟，而不是强硬的教化和驯化。学生只有在这种无痕的活动和体验中接受教育，才能产生震撼生命的共鸣。

自理教育即自我服务，自己照顾自己，它是一个人应该具备的基本的生活技能。自理能力的形成，有助于培养孩子的责任感、自信心，以及自己处理问题的能力。自理教育即帮助学生了解生活常识，掌握生活技能，在实践中获得生活体验。

自律教育，是指培养学生自我约束、自我监督、自我评价和自我调整其行为的教育活动。

自主教育是培养学生自信、自立、自强精神，促进身心俱健的全人教育。引导学生从"要我学"转变为"我要学"，做学习的主人，让学生从训练走向启发，从强迫走向主动，从孤立走向合作，从静态走向动态，从讲述性走向探究性，从主智学习走向完满学习。学生的内驱力被点燃，学习就会收到意想不到的效果。一个人从平凡走向成功的关键在于超强的能力和完善的人格。自主教育的目的是要造就具备适应时代发展的有竞争力且具有良好的综合素质和个性的人。

在自理教育、自律教育、自主教育三者中，自理教育是自我管理的基础，自律教育是健全人格的保障，自主教育是生涯规划的起点。生活教育是培养受教育者的主体意识和学习能力，促进其主动发展的终生教育。例如，针对自理能力的培养，我们重点抓良好习惯的养成教育。"礼仪习惯"教育，让学生养成尊敬长辈、礼貌待人的优秀品质，提高分清是非、美丑、善恶、真假的能力；"生活习惯"教育，让学生养成讲秩序、讲效率、讲公德、有理智的好习惯，提高学生的生活能力；"学习习惯"教育，教会学生科学的学习方法，提高学习效率和文化素质；"节俭习惯"教育，培养学生在节俭意识的前提下，养成艰苦朴素的良好习惯。对于自律能力的培养，我们开展宿舍内务整理比赛等实践活动，成立学生自管委员会，定期评选出"自律成长星""管理服务星""助人为乐星"，树立榜样的力量。重视自主能力的培养，学校以团委、学生会为核心，自主开展文明班级、文明宿舍、文明学生的评比，引导学生自觉开展各种活动，自觉养成自身行为规范，增强责任感，培养自主管理的能力。

三、让灵魂高尚

生态教育即信心教育、信任教育、信仰教育。生态教育是在学生生命的历程中进行的，一个健全的生命会在社会、自然、自我之中获得养料和力量，继而成长和发展。生命向内探索构成了生命与自我的关系，生命向外探索构成了生命与他人、生命与社会和生命与自然的关系，建立生命与自我、生命与他人、生命与社会、生命与自然信任。因此，生态教育要帮助学生追求并建立人与自我、人与人、人与社会、人与自然的和谐境界，尊重、爱护自然界、社会中的各种生命体，领悟建立和谐、良好、健康的共生环境的重要意义，这也是生态教育的目标。

信心教育即培养学生的自信心，处理好生命与自我的关系。自信心是相信自己有能力实现目标的心理倾向，是推动人们进行活动的一种强大动力，也是人们完成活动的有力保证。自信是成功的保证，是相信自己有力量克服困难，实现一定愿望的一种情感。所以，对学生进行自信心的培养非常重要。

我们重视对学生自信心的培养。在实践中，我们开发了一系列信心教育的措施：一是成立以级组行政和班主任为主的信心教育小组，明确职责范围。全体教师加强信心教育理念和赏识教育的学习。二是利用课室墙壁营造有自信与努力的主题特色课室文化，利用级组走廊墙壁营造自信和感恩文化。如"我自信，我出色，我努力，我成功"的宣传栏，把每一位学生的自信成功案例张贴在级组墙壁上和全级学生共勉，展示优秀学生的感恩事迹同全级学生共勉。三是营造以信心文化为核心文化，以养成文化、感恩文化、惜时文化、理想文化、规范文化等内容的文化氛围，有序开展感恩教育、惜时教育、赏识教育、养成教育等。这不仅丰富了信心教育的内容，又为信心教育增添活力。四是多一把衡量学生的尺子，尊重每一位学生，不放弃每一位学生。表彰栏里，受表彰的有成绩优秀的学生，有成绩进步的学生，有学校评比的守纪之星、文明之星、勤奋之星、劳动之星，还有文明宿舍、优秀班级等，每次表彰学生的数量达全级学生的70%。五是举办一次"与理想签约"活动，召开以信心教育为主题的班会。我们的经验是，开展信心教育，关注学生个体差异性，根据不同学生的不同特点，针对性地开展多种形式的教育活动和个体辅导活动，力求信心教育的实践性与实效性。

信任教育即培养学生建立人与自我、人与人、人与社会、人与环境的相互信任。信任是现代文明的重要内容和标志，是经济发展、时代进步的特殊要求，也是社会稳定的必要条件。国内外研究表明，进入中学阶段，青少年的人际关系发生了很大的变化，他们在情感和心理方面对同伴的依赖相对较多，以便建立良好的人际关系，对父母和老师的依赖日益减少。中学阶段是个体人际信任形成、发展非常重要的阶段。

　　现实生活中每个人都希望可以和他人相互信任，否则就会缺乏安全感。要获得他人的信任，就要先做个值得他人信任的人。围绕信任教育，我们开展各种活动，组建各种社团，让学生在活动和社团中体会信任，体会责任，建立换位思考的意识。当有困难时，团队是我们最坚强的后盾，是值得信赖的依靠。

　　信仰教育即培养学生做一个有理想、有责任、有担当、有社会主义核心价值观的全面发展的人。信仰指对某种思想或宗教及对某人某物的信奉和敬仰，并把它奉为自己的行为准则。党的十八大报告提出，要大力加强社会主义核心价值体系的建设，"倡导富强、民主、文明、和谐，倡导自由、平等、公正、法治，倡导爱国、敬业、诚信、友善，积极培育和践行社会主义核心价值观"。

　　信仰是生命之根，是心灵之魂。有了信仰，青少年才会有抱负、有志向、有目标、有追求，人生才会有超越，才会有幸福。习近平总书记在十九大报告中强调，青年兴则国家兴，青年强则国家强。我们在高中阶段重点开展了每月一主题的爱国主义教育、感恩教育、理想教育和人格教育；开展优秀传统文化教育，增强学生的文化自信；开展"信仰即力量"的征文活动和演讲比赛；开展砚阳湖徒步活动等一系列的信仰教育活动。

　　在信仰教育中，我们重视学生责任感的培养，引导学生做社会的主人；重视学生主动性的激发，引导学生做学习的主人。我们重视传统文化经典育人功能。在传统文化经典中，无论是先秦诸子的思想，还是历代先贤的追求，爱国报国、忠诚献身的价值追求历来是主旋律。每周请学生讲诵文化经典，知晓其内涵，践行其要旨，文化经典融入学生的实际生活，能起到事半功倍的育人效果。学生的社会责任感、主人翁意识增强了，就能较好地引导学生树立远大的理想和抱负。

　　当前，互联网等媒介迅速发展，网络化的社会普及性，对当代中学生思想意识、行为方式、思维方式都产生了巨大的冲击，社会上享乐主义、奢靡之风、唯利是图等不良思想追求蔓延。在这样的利益氛围下，中学生的世界观、人生观和理想追求都会受到一定的影响。面对国内外新形势的变化，学校以培育"四有"新人为落脚点，在学生中深入开展培育和践行社会主义核心价值观的教育活动，正确引导学生汲取先进文化精华，并将其内化于心，外化于行，引导他们树立正确的世界观、人生观、价值观，教育他们成为"一个高尚的人，一个纯粹的人，一个有道德的人，一个脱离了低级趣味的人，一个有益于人民的人"，而这样的一个人，必然是对社会主义核心价值观有着绝对信仰的人！

四、让"三生教育"落地

根据不同学段的不同年级特点，有所侧重地开展"三生教育"。小学部重在生存教育，教学生认识生命、尊重生命、珍爱生命，感受生命之可贵、生命之可爱、生命之可敬，根植生命第一思想。初中部重在生活教育，教学生生活自理、行为自律、学习自主，养成学生卫生节俭、举止文明、礼貌礼仪等良好习惯，养成守纪律、明事理、懂尊重、能互爱等优秀品格。高中部重在生态教育，培养学生阳光自信之品质，使其抛弃狭隘与偏见，信任自己、信任他人、信任社会之胸襟，使其有崇高之理想、有家国之情怀、有责任之担当，有行稳致远之坚毅。

教育应以学生为本，应尊重学生的差异，尊重学生的个性。实施因材施教，为每一个学生的成长和发展提供平台。2014年4月颁布的《教育部关于全面深化课程改革，落实立德树人根本任务的意见》中指出，"完善科学多元的评价指标体系，引导树立科学的教育质量观"。这些都告诉我们，教育评价应关注差异性，树立评价主体多元化的观念。在教学中要因材施教，要善于发现学生独特的潜能和价值，让每一个学生成为不同类型的人才，成为一个不可替代的真正自我。加德纳的"多元智能理论"指出，每个孩子都具有在某一方面或某几个方面的发展潜力，都有自己的优势智能，要为他们提供合适的教育，每个孩子都能成才。实践证明，每一种智能在人类认识世界和改造世界的过程中都发挥着巨大作用，具有同等的重要性。因此，每个孩子都是一个潜在的天才，只是表现为不同的形式。在教育中，我们要尊重学生的差异，发现学生的差异，把差异当强项来赏识，培养学生的兴趣。我固然赏识所教学生中有成绩优异、考上清华北大者；也有学音乐、学体育、学美术、学传媒和舞蹈等，考上清华大学美术学院、中国音乐学院、中国戏曲学院和浙江传媒大学等本科院校的，我更加赏识！这些学生通过老师的引领，加上自身的努力，依据自身的个性，发展特长，精彩地展现了自己。

以生命教育为核心，开展"三生教育"，尊重生命的丰富性和差异性，适性扬才，激发每个孩子的潜能，让更多的孩子，能根据社会发展的需求和自身优势的特点，寻求到自己的成功之路，让学生的人生丰厚、内心丰盈、精神丰富，应是每一个教育者的追求。

教育实践

肇庆新区是粤港澳大湾区枢纽门户城市，是广东探索新型城市化进程的先行区和试验区，前景广阔，创造力无限。

2018年4月20日，在这个百草丰茂、生机勃勃的季节，受肇庆市教育局党组委托，我从高要区第二中学借调到北京师范大学（珠海）肇庆附属学校（民办学校）负责改制工作。按市委市府要求，把这所原北京师范大学（珠海）肇庆附属学校

（民办学校）改制为市直属十二年一贯制公办学校，同时更名为肇庆新区实验学校（2019年7月，该校正式定名为肇庆宣卿中学）。

"学校改制后不仅有效增加优质学位，也为扭转生源外流现象做贡献，这是我市教育资源调整布局的一项重要决策。"在刚接手新工作的时候，市教育局的负责人殷殷叮嘱。"按照市委市府和市教育局的要求，3至5年后，肇庆新区实验学校要成为肇庆市有影响力的学校，5至10年后，肇庆新区实验学校要成为肇庆乃至西江流域的一流名校。"如何实现这一目标，我感觉到了肩上沉甸甸的责任！但我更感谢这段全面主持工作的岁月，让我以一个"校长"的身份来思考：学校教育的本质应该是什么？应该如何培养具有社会主义核心价值观全面发展的人？如何快速地把我校打造成一所名校？校长应该是一个什么角色？应该起什么作用？带着这些问题，我有了一些肤浅的思考和付之行动的不成熟的实践。

在近两年的教育实践中，我坚持生命教育，推动学校育人的基本底色，主张通过以生命教育为本的"三生德育"来完成学校立德树人的根本使命。同时，我把以生命教育为核心的师生成长和发展理念全面地运用到学校管理工作的方方面面，并通过"123456"办学思路来实践生命教育。

教师队伍成型，新生顺利入学，一项项工作迎刃而解。虽然在前路上，还要面对很多困难，我没有却步，"既然接受了上级安排，毫无疑问首先要当好这个'引路人'，想方设法也要把新学校办好"。源于生命教育，我提出了"123456"的办学思路。"1"为一个核心，即以"立德树人"为核心的生命教育；"2"为两条主线，即以"高效管理"和"师生的成长和发展"为主线来落实学校的教育教学；"3"为"三生教育"，即以生命教育为核心的"生存、生活、生态"教育；"4"为"四个加强"，即"加强文化浸润，构建人文校园；加强课程建设，构建特色校园；加强教研科研，构建创新校园；加强合作开放，构建多元校园"；"5"为五年发展规划，即"一年打基础，二年见成效，三年大发展，四年美名传，五年创名校"的发展提升规划；"6"为"六大导向"，即以"立德树人，育人导向；顶层设计，目标导向；重心下移，问题导向；规范有序，制度导向；共生成长，自主导向；有为有位，业绩导向"创新管理模式。这一办学思路也是我所主张的生命教育理念的具体操作路径。我重点在2、4、6方面做了大胆的探求尝试。

一、两条主线奠基础

2018年1月20日，《中共中央国务院关于全面深化新时代教师队伍建设改革的意见》强调："百年大计，教育为本；教育大计，教师为本。坚持兴国必先强师。"教师是学校的第一资源，有了好教师，才有好教育。这与我办学思路中的"2"提出来的初衷不谋而合。我以"高效管理"和"师生的成长和发展"为主线来落实学校的教育教学，加强师资队伍建设。

学校面向全国招聘，重点建设一支由特级教师、省市骨干教师、全国著名高校毕业的优秀大学生组成的教师团队。实行学部管理，年级负责制的扁平化管理模式，管理团队深入年级队伍中，发现问题、及时反映、及时处理，快速高效。同时，以生命教育为核心，注重教师队伍的成长和发展，开设"校长讲坛""道德讲坛""名师讲坛""中华优秀传统文化讲坛""法律讲坛"等讲堂和考核评价相关的制度进行师德引领，致力于打造师德高尚、理念先进、治学严谨、业务精湛、教育教学能力强，有理想信念，有道德情操，有扎实学识，有仁爱之心，主动适应信息化、人工智能等新技术变革，积极有效地开展教育教学的结构合理、充满活力的高素质专业化教师队伍。充分调动各种资源，打造名师引领、同伴互助、自我学习反思等教师专业化成长之路，让每一个教师综合素质、专业化水平和创新能力大幅提升。通过培训研修、学习反思、学术沙龙、跟岗学习、竞赛比武等多种形式打造具有大爱（爱自己、爱生活、爱职业、爱团队、爱公平）、大智（善学习、善蹲下、善造势、善装傻、善欣赏）、大写（有信仰、有思想、有人格、有修为、有力量）的骨干教师、卓越教师等教师群体。引领教师追求一流的职业感、追求一流的专业素养、追求一流的教育教学理念、追求一流的课堂，把教书育人当作事业来追求，用职业实现生命的价值，让全体教师在岗位上有幸福感、在事业上有成就感、在社会上有荣誉感。

二、"四大加强"润生命

围绕"生命教育"，我提出了"四个加强"，即加强文化浸润，构建人文校园；加强课程建设，构建特色校园；加强教研科研，构建创新校园；加强合作开放，构建多元校园。

加强文化浸润，构建人文校园。文化虽然不带来实利，但可以播撒美好和光明，可以引导人们走进真、善的晨门。我们应特别加强中华传统优秀文化、革命文化、先进文化的建设，发挥文化育人的作用。革命文化指我们党带领人民在革命、建设、改革过程中锻造的革命文化，包括奋斗精神、五四精神、井冈山精神、长征精神、延安精神等。社会主义先进文化是指面向现代化，面向世界，面向未来的、民族的、科学的、大众的社会主义文化。其中有自力更生、艰苦奋斗的创业精神、全心全意为人民服务的精神、社会主义核心价值观、法制精神及公民意识、人文精神及其成就、科技成就及工匠精神、时代楷模及其贡献、民族团结文化和改革开放、人类命运共同体、合作共享、绿色低碳、可持续发展等围绕校园文化建设，我主要从以下几个方面构建：一是开展富有特色的主题活动。党的十八大以来，习近平总书记多次强调中华优秀传统文化"记载了中华民族在长期奋斗中开展的精神活动、进行的理性思维、创造的文化成果，反映了中华民族的精神追求，其中最核心的内容已经成为中华民族最基本的文化基因"，要"认真汲取中华优秀传统文化的思想精华和道德精髓"。学校积极举办各类主题活动，如科技节、文化节、读书节、艺术节、感恩节等。丰富多彩的校园文化活动，让学生从中培养爱知识、爱班级、爱学校、爱家庭、爱亲人、爱同学的高尚情操。二是传统节日育人。我国传统节日包含着我们中华民族的精神和灵魂，包含着我们的祖先对宇宙和人生的透彻认识，也包含着中华民族的悠久文明和伦理、道德等。传统节日有着丰富的育人资源，了解其来历，知晓其习俗，吟诵其诗词都能起到春风化雨、滋物无声的育人作用。学校重视传统节日的育人功能，适时组织师生营造节日文化氛围。在传统节日来临之际，或带领学生举办传统节日文化主题周，或开展以传统节日为主题的黑板报、手抄报比赛，或举办传统节日故事会和传统节日诗歌会。这些传统节日情感浓烈，其中所承载的或忠诚或报国或欢乐或孝顺或祝愿或思念等丰富情感内涵，都是很好的育人素材，激发了学生的家国情怀。三是环境熏陶感染学生。一草一木一堵墙，都可以成为育人的阵地。我开设"名人墙"，利用名人事迹育人，培养学生的理想担当和家国情怀。名人墙里，展示了古今中外的伟人，如向学生展示钱伟长的理想和担当、钱学森的家国情怀的故事、印度德兰修女博爱的故事等。通过让"墙"说话，让学生真正领略"德"的无限魅力，让他们内心深处受触动。人格伟大的人往往胸怀天下、自信乐观、宽容悲悯、尊重他人、关怀万物、不怨天尤人、向善、求真、求美、诚信感恩、目标远大、人文素养丰厚、有强烈的社会责任感。回顾历史，如居里夫人、爱因斯坦、竺可桢、钱伟长、焦裕禄等无不如此。因此，名人伟人的事迹上墙，对学生品质人格起到浸润的作用。我还宣传身边的榜样，宣传"最美教师"的事迹，推选"最美同学""每周之星"等。这些身边的榜样，同学们天天看着，日日感受着，自然而然会受影响。校园里的厅廊文化、楼道文化、教室文化、宿舍文化，目之所及都能和古今中外名人对话，每一堵墙壁都能发挥育人的功能，使学生时时处处受到教育的洗礼，文化的熏陶，实现文化化人，构建人文校园。

加强课程建设，构建特色校园。2017年新修订的课程标准和2018年广东省实施高中课程改革，其核心是课程建设。学生成长需要多样性、丰富性教育和多元兴趣培养，需要亲近自然、远足越野、社会实践、社区服务。学校按照"优化学科课程，推行综合课程，规范活动课程，开发校本课程"的思路，加强新课程体系建设，实行模块化教学和学分管理。拓展课程内容，整合课程资源，开发跨学科的拓展课程、德育教育课程、民族文化课程、传统礼仪课程、社团活动课程、体艺课程、"世遗"课程、"非遗"课程、端砚课程，琴棋书画课程、吹拉弹唱课程，不断探索，建立适合我校学生发展的特色课程体系，构建多元化、现代化、国际化的新课程体系，开阔学生视野，挖掘学生潜能，开放学生智力，满足学生成长发展的需求。小学部和初中部每天下午最后一节课为学生兴趣课时间，兴趣课种类丰富，小学部有舞蹈、钢琴、美术、手工创意、科学实验、篮球、足球、硬笔书法课等，初中部有书法、烘焙课等。兴趣课一方面能丰富学生的学习生活，另一方面能让每一个学生找到兴趣，逐渐把兴趣变成特长，促进学生个性发展。小学、初中阶段注重学生艺体方面特长的培养，集中开展多种选修课程、兴趣课程，丰富学生的课余生活。高中阶段则以高考改革为契机，对学生开展生涯规划教育，帮助学生树立正确的价值观，确立目标，激发动力。我校重视用传统文化浸润感化学生，开设了中华优秀传统文化课程。传统文化课程内容涵盖"一二三四五六七八九"类内容：一种求学境界（以王国维三境界为例)、二种通天接地符图（阴阳图、八卦图），三种情怀（济世情怀、超世情怀、游世情怀），四种优秀传统文化代表（姓氏文化、君子文化、信义文化、忠孝文化），五行学说（金、木、水、火、土），六艺初通（琴、棋、书、画、体、礼），七家家训（孔子家训、诸葛亮《诫子书》、颜氏家训、王阳明家训、朱子家训、曾国藩家训、傅雷家书），八伟人（秦始皇、曹操、成吉思汗、毛泽东、王安石、屈原、司马迁、李白、杜甫、苏轼、鲁迅），九胜迹［一河（黄河）、一江（长江）、一窟（以敦煌窟为代表文化圣地）、一寺（以五台山为代表佛教文化圣地）、一楼（以滕王阁为代表江南四大名楼）、一岳（以泰山为代表五岳）、一山（以龙虎山为代表道教圣地）、一城墙（以长城为代表）、一书院（以岳麓书院为代表）］。课程开设不久，就得到了学生极高的评价。在课程实施上，我们以课堂为主阵地，努力变革教师教学方式，致力于提高学生的学习效率和学习质量。

加强教研科研，构建创新校园。通过对 2017 年新课程标准的学习和研究，我们了解到，一要有新的教学观念。首先是新的学生观：学生是发展的人，是独特的人，是具有独立意志的人。其次是新的教师观：教师是学生学习的促进者，是教育教学的研究者，是课程的建设者和开发者，是社区型的开放教师。再次是新的教学观：以学习者为中心的教学；教会学生学习，培养学生良好的学习习惯；教学在重视结果的同时更重过程；关注人的发展。二要有新的学习方式。新课程改革提倡自主、合作、探究的学习方式：自主学习是以学生作为学习的主体，通过学生独立地分析、探索、实践、质疑、创造等方法来实现学习目标；合作学习是指学生为了完成共同的任务，有明确的责任分工的互助性学习；探究学习是学生在主动参与的前提下，根据自己的猜想或假设，在科学理论的指导下，运用科学的方法对问题进行研究，在研究过程中获得创新实践能力、创新思维发展，自主构建知识体系的一种学习方式，具有主动性、问题性、开放性、生成性和创造性。三是要有新教学行为。新课程强调尊重、赞赏，强调帮助、引导，强调反思，强调合作。四是要有新的教学评价。评价内容多元化，评价方式多样化，过程与结果评价并重。在课程评价上，尊重差异，发展差异，因材施教，单一成绩检测转为多元评价，努力进行评价功能、内容、方式上的变革，转变评价主体，创新评价标准，践行多样化的评价方式，如对学生评价，将学业、心理素质、领导能力、组织能力、人际交往能力、合作意识等综合能力作为考核的重要指标，充分发挥评价的积极导向功能，促进学生全面、主动地发展。

加强合作开放，构建多元校园。学校办学需要走出去请进来，需要向全国名校学习。学习力就是竞争力，需要紧跟时代，吸纳新时代的文明成果和新时代的教育教学思想和理念。学校重视引入国际教育模式与理念。

三、"六大导向"促发展

我的生命教育观除了在教师队伍建设中落实，还体现在学校管理制定方针方面。我确定了以"立德树人，育人导向；顶层设计，目标导向；重心下移，问题导向；

规范有序,制度导向;共生成长,自主导向;有为有位,业绩导向"的"六大导向"创新管理模式,这就是我的"123456"的办学思路中的"6"。

"立德树人,育人导向"。校长们熟悉把学校办得如何,忽视了师生成长与发展这一主题。没有师生的成长和发展,这个学校无论如何都是一个没有未来的学校,而师生成长和发展的关键在于"立德树人",这是育人办校的核心命题。

"顶层设计,目标导向",即站在"育人"的顶端,来思考学校的办学目标,用学校的目标引领学校的发展,引领师生的成长。从育人这一根本目标出发,统领各部门、各课程和教育教学活动的开展。

"重心下移,问题导向"。问题是事物矛盾的表现形式。在教育教学活动中,师生的成长、发展会有很多的困惑和障碍,学校管理要以解决问题为目的,重心下移,深入教育教学第一线,了解师生们的需求,善于发现问题,分析问题,帮助师生们及时解决存在的问题。

"规范有序,制度导向"。好的制度有助于师生成长和发展,特别是价值观的引领。学校健全各项制度,管理规范有序,有清晰的制度导向,引领老师成长发展,制订了《年终绩效奖励方案》《学科评价绩效方案》《工作量计算方案》。

"共生成长,自主导向"。一个优秀的团队中一定有无形的力量促使我们成长,那是一种精神氛围、一种无形的力量、一个心理的场域,引领老师们自觉学习、自觉成长,向着更卓越的目标追求。

"有为有位,业绩导向"。基于马斯洛的五层需求理论,即生理需求、安全需求、情感需求、尊重需求和自我实现需求,第五层次的人生命最高追求是希望实现自我人生价值,希望得到社会大众的认可,个人的良好声誉和社会地位,以及实现心中的理想。因此,对这一层次的老师更多的应采取一种"激励"的方式,制定能者上、庸者下、劣者汰的选人用人导向机制,把考察评价结果及时有效地运用到人才的使用、奖惩、教育和管理中去,充分发挥考察工作鼓励先进、鞭策后进的作用,让善作为、敢担当的老师有舞台、受褒奖,积极有为者有位,消极无为者失位,形成良好的用人"风向标",形成人才辈出、人尽其才的良好局面。

结束语

35年的教育时光飞逝,值得庆幸的是,我没有让脚步凌乱,没有让岁月蹉跎。我在教育之"技"、之"术"、之"道"的路上不停地追求,一直在做教育路上的追梦者,努力地用自己的梦去点燃学生的梦。岁月如歌,我扎根在岭南这块教育大地上默默耕耘,无悔地奉献一个教育者似泣又如歌的人生。

站在教育这块高地上,我希望做一个永不停步的有教育追求的、有引领力的教育者。穿越生命中那些看不见的边界,引领师生成为多彩世界里生机勃勃的那一部分,让生命有梦想、有远方、有活力、有诗意地飞扬。

以创新引领发展，用智慧点亮教育

广宁县广宁中学　李美玉（第四组）

导读语

2018年开启了新一轮高考改革，2019年教育部明确提出要立足全面发展育人目标，构建包括"核心价值、学科素养、关键能力、必备知识"在内的高考考查内容体系。时代在发展，社会在变革，我们的教育思维、教学方式也应进行改变。

从教22年来，我始终坚守教育一线，从我做起，立足课堂，认真上好每一节化学课。连续16年任教高三化学，主管高三备考工作7年，我凝练出了"科学备考""人文备考""数据备考""精细备考"的备考思路。在备考中用数据说话，考虑学生的感受，备考中主张不放弃任何一个学生，让学生在爱的环境中全面发展。其间，我撰写的16篇文章在省、市级刊物上发表，参与5项省、市级课题研究，其中主持的"十二五"广东省级课题"青年教师如何高效地辅导中层生的研究""不同化学内容高效课堂教学模式的研究"于2017年6月结题。课题论文《"青年教师如何高效地辅导中层生的研究"结题报告》获肇庆市化学优秀教学成果一等奖，并在第六届肇庆市基础教育科研成果奖评选中获二等奖。研究课题成果得到同行的认可，并在全市推广。

近3年，我主张利用1∶1课堂教学模式深入开展小组合作学习，带头参与课堂教学改革，以提高学生的参与度及学习热情，凸显了学生在学习中的主体地位，彰显学生的个性发展。

"三人行，必有我师焉"。行走在教育这条道路上，我们始终都是学习者，我们总会遇到各种困惑，会进行各种思考，久而久之形成自己的教育模式。通过教育实践，推动广宁中学教育教学质量的提升。2019年、2020年连续两年广宁中学在肇庆市A类学校教学质量评估中荣获二等奖，排名第三。我个人也先后荣获"广东省五一劳动奖章""广东省南粤优秀教师""广东省化学教研积极分子""肇庆市教育家培养对象""肇庆市优秀教育工作者""肇庆市优秀共产党员""肇庆市优秀教师"等称号。

成长档案

一、地域文化对我的影响

正所谓"一方水土养一方人"，特定的地域环境与历史传统造就了一方的文化特色和一方人的性格。广宁县位于广东省中部偏西北，全国十大"竹子之乡"之一，也是广东省唯一享有这一盛誉的县份。竹子最大的品性就是虚怀寂静、高风亮节，以及朴实无华。它不苛求环境，不炫耀自身，无论在什么地方都能活。它也不是特别高大，可以说它是悠然恬淡、默默无闻的。独特的竹文化造就了广宁人正直、高洁、坚贞、直爽达观的性格特点。

深受竹文化的影响，正直、坚贞、直爽的广宁人走在了近代中国革命的前列，广宁县也成了著名的革命老区。华南地区最早的农村党支部之一在广宁建立；西江地区农民武装斗争的第一炮在广宁打响；西江地区的第一个苏维埃红色政权也是在广宁成立；广东四大农民领袖——阮啸仙、彭湃、周其鉴、黄学增，先后在广宁领导农民运动。周其鉴故居、粤桂湘边纵队纪念馆、革命烈士纪念碑，等等，无不彰显着竹乡广宁厚重的红色文化。

深受竹文化与红色文化的双重影响，当代广宁人形成了正直、善良、不怕牺牲、吃苦耐劳的性格特征。同时，广宁靠近佛山、广州等发达地区，容易受先进事物的影响。正是在这样的地域文化中我生活了40多年，形成了求真务实、正直善良、不怕苦不怕累、敢于创新的道德品质，并且这样的品质深入骨髓，影响我的一生。

二、我的成长之路

我叫李美玉，女，汉族，1977年12月出生，1999年8月参加工作，任教24年，其中16年任教高三毕业班，连续7年主管高三毕业班。2014年2月，我被提拔为广宁中学副校长并任职到现在，分管教学教研备考工作。我是高中化学高级教师。1999

年6月，我加入中国共产党，华南师范大学化学教育本科毕业，教育管理研究生学历。1999年，我大学毕业后，回到了家乡，以教育者的身份回报这个我所热爱的家园。从教以来，我始终以"铸师魂正师风，立德树人促发展"为座右铭，廿年如一日，爱岗敬业，默默耕耘，执着坚守，用自己对教育事业的热爱和忠诚，践行着教育者的使命。

从一名普通教师到主管教学教研的副校长，我始终不曾忘记自己的职责与使命。从2012年开始，我连续7年主管高三级工作。7年中，我没有度过一次完整的寒暑假，没有睡过一次懒觉。我用心育人、精细备考，坚持做好"四个备考""三个做强""两个核心""一个突破"，落实好问题备考、数据备考、人文备考、精细备考；做强理科、做强体艺、做强理综；以班主任为核心，备课组长为核心；突破文科上线率。我每年都实现高考目标，并且都有新的进步和突破。学校成了山区学校高考备考的典范。

不管有多忙，我始终不忘反思教育教学现状，不忘提高自身业务素质。近几年，我所撰写的16篇教育教学论文先后在市、省、国家级刊物发表，其中6篇获市一等奖，4篇获省二等奖，2篇获省一等奖，1篇获全国一等奖。我所参与研究或主持的课题有5项。

由于教育教学成绩及管理成绩突出，教研成果显著，我先后荣获"广东省五一劳动奖章""广东省南粤优秀教师""广东省化学教研积极分子""肇庆市教育家培养对象""肇庆市优秀教育工作者""肇庆市优秀共产党员""肇庆市优秀教师""肇庆市化学教研积极分子""肇庆市十大书香之家""广宁县第九批专业技术拔尖人才"称号。成绩的获得，来自个人的努力，更得益于领导和同事的关心与支持。只有风雨兼程，不断努力，才不辜负大家的期望。

三、我的教育感悟

这些年来，虽然取得一些成就，但是我深知"教育只有起点，没有终点"。当今社会的发展日新月异，只有不断学习，才能紧跟时代潮流，才不会被淘汰。

走上教育岗位以来，我深感自身知识与能力的不足。2002—2004年，我在华南师范大学接受教育管理硕士研究生教育，以提高自己的教育管理水平。

2018年，广东省开启了新一轮高考改革。面对新形势下的高考改革，我们都是一头雾水。为了了解教育改革形势，我曾多次到北京、浙江、上海等地跟岗学习，了解这些地方的教育改革现状。为了深入理解新高考相关政策，尽管我怀有身孕，但是仍然亲力亲为，认真研究广东省高考改革文件，参与高考改革相关培训会，同时亲自主持多次会议，向全校师生解析高考政策。

2019年，我开始主管学校德育工作。全新的开始、全新的挑战。为了更好、更专业地开展工作，我通过努力学习拿到了心理B证和消防操作员证；通过摸索，形成以榕钟为核心的校园文化，打造出了在省、市有影响力的28个社团。其中，男子组肇庆市"市长杯"足球赛连续三年蝉联冠军,并代表肇庆市参加省长杯比赛。

"金无足赤,人无完人",教育形势不断变化,我们只有不断学习,不断改变,才能培养出顺应时代潮流的人才。

教育思想

一、让学生成为学校的主人

(一)尊重学生的个性化差异

学生的个性差异是客观存在的,在性格上有理智型、意志型、情绪型之别;能力上有高低不同,有一般能力和特殊能力之分。早在20世纪初,时任北京大学校长蒋梦麟先生认为:"在一所学校中,一个课堂中,学生此个人与彼个人相差甚远:有上智,有下愚;有大勇,有小勇,有无勇;有善弈,有善射,有善御。皆以禀性与环境不同,而各成其才。"① 因此,教师就应该在一切教育的时空中,尊重每一个学生的个性。

那么,如何尊重学生的个性,健全学生的人格呢?首先,我们要尊重学生的生命情感,教育学生不能伤害他们的自尊。因此,我们不但要为学生营造一个个性可以张扬、智慧可以放飞的环境,而且要培养和激发其自主发展的动机,教给其自我评价和自我调节的策略。其次,我们要在家庭、社会中建立亲情、友情、人情的乐园,创造和谐宽松的环境。我们在注重学生现实能力培养的同时,尊重学生的生命情感,给予身心自由,培育身心的敏感性,让他们不断增长对世界的理解、关怀和激情,保持对自我生命和他人生命的敏感和珍爱。

(二)利用学生个性进行差异化教学

由于受各种因素的影响,学生的个性差异较大。如何在教学中兼顾大多数学生的同时又不放弃每一个差生,让每个人都参与课堂,是每个教育者都在深究的问题。根据我校的实践,并结合其他学校好的做法,我们采用小组合作式教学。

例如,把学习能力相差较大的学生分为一组,并从基础出发,让学习能力较强的学生带动学习能力较差的学生,这样可以互助学习。首先由能力弱的学生提出自己的疑惑,让能力强的学生帮助解答,并担任他们一对一的"小老师",再由能力强的学生提出相应的问题,由能力弱的学生解答。这种"你帮我、我追你"的方法,可以帮助学习能力强的学生提高思维能力,也能帮助学习能力弱的学生掌握基础知识,从而提升不同学生的文化水平。同时根据个人的性格特征,在小组中担任不同的角色,让每个人都成为课堂的主人。

学生差异的存在,使这样的学习方式得以形成,每个人都得到展示自己的机会,

---

① 转引自默梵《天赋教育:随孩子的天性教学》,万卷出版公司2014年版,第32页。

还能减轻教师的教学压力。

(三) 不放弃每一个学生

因为学生的个性差异较大，学习能力也不同，因此在教学中我们要考虑到不同层次的学生，对其采取差异化教学。对基础较差的学生，教学任务主要是巩固基础知识；对基础较好的学生，需要准备一些具有挑战性的内容。

课堂练习是检验学生学习情况的最好方法，也是对学生已学知识的巩固。所以，教师在设计课堂练习时需要斟酌，要考虑不同学生间的差异，设计有层次的练习，才能使学生得到不同的发展。

(四) 增强学生的归属感

通过自主管理让学生成为学校的主人，增强学生的归属感。对学生实施自主管理无论是对学生个人还是对班级甚至学校，都会产生积极的影响。这有利于促进学生的个人发展，推进班级的整体前进，保障学校教育目标的实现。

为促进学生的自主管理，学校要从两个方面着力：一是在集体活动中体现学生自主管理的能力，如学生会、团委的管理，社团活动的管理，年级事务的管理，以及班级的管理；二是学生管理自己，作为高中生，会面临诸多自主管理的问题，包括如何做好生涯规划，如何制订学习计划，如何合理使用手机，如何与异性交往等。

"相信学生，解放学生，利用学生，发展学生"是自主教育的不二法门，"发现、唤醒、激励、点燃"是教育的真谛。随着时间的推移，学校在发展愿景中描绘的"本土情怀、国际视野、领袖气质、创新精神"必定在孩子的心底打上深深的烙印，这才是我们留给孩子最宝贵的财富。

二、在平凡中成就教育梦想

(一) 在平凡中成就自我

教师这一职业，是平凡的，也是神圣的。在平凡与神圣之间，教师应该通过创造性的劳动获得教师职业的内在尊严，实现教师角色的理想。

教师，通过创造性劳动发挥职业的"育人"价值，同时也因人的生命需求产生"育己"价值。教师的"育己"是教师自身成长的需求，也是教育事业的需求。正如我国学者叶澜所言："没有教师生命质量的提升，就很难有较高的教育质量；没有教师精神的解放，就很难有学生精神的解放；没有教师的主动发展，就很难有学生的主动发展；没有教师的教育创造，就很难有学生的创造精神。"[①] 因此，教师的自我成长也是教师职业的内在使命，它要求教师发掘自身与职业相关联的德性、审美与发展观。发展中的教师才使学生的发展成为可能，师生二者才有可能在指向生命发展与成长的前提下实现生命层面的共鸣，才能体现教师的生命价值。

(二) 做有理想、有信念的老师

学为人师，行为世范。做好老师，要有理想、有信念。教师只有坚定的理想和信

[①] 转引自杨泰山《心灵草圃：中学心理健康教育的研究与实践》，上海教育出版社2008年版，第67页。

念，才能肩负起教育者的职责与使命。

教师要有学习理念，愿意涉猎其他领域的知识，自利利人而达于至善，自觉觉他而觉行圆满。现代社会的快速发展，使新知识、新观念、新理论不断涌现，教师只有广开学路，把成长当作自己生命中必不可少的一部分，才能博得学生的喜爱，进而激发学生渴求知识、探索生命和未知世界的兴趣。

教师有创新意识，在课程中用充满智慧创意的设计唤醒学生的创新意识，激活学生的创新思维，进而提高学生的创新思维能力和实践能力，积极打造一个实现以学生为主体的教育平台，为现代化教育而努力奋斗。

教育实践

一、立足化学课堂，培养学生的创新思维

作为一名教育工作者，我深爱着我的课堂、我的学生。只有坚持在教育一线，不脱离课堂，才能找到教育的灵感。从事20余年的教育工作，我始终坚守课堂。

（一）重视学生化学创新观察能力的培养

观察是知识的门户，周密精确的观察是科学实验、科学新发现的基础。实践能力是将创意付之实现的精心设计和勇于实践的能力的总和，是创意和创新的桥梁。培养学生实验观察能力，要加强和补充课堂演示实验，最好是增加学生实验；要求学生从实验观察、实验操作的不同视角去观察，并善于发现共同现象和不同现象，形成良好的观察习惯，如在教授"$AlCl_3$溶液和$NaOH$溶液的反应"这一课时，可以让学生自己动手得出结论。这样，不仅提高了学生的实验观察能力，也让学生亲自实践，并感受"创新"的滋味。

（二）培养学生的"质疑"精神

绝大多数教师在学生面前都有一种"权威"感，这样会把学生的个性特长扼杀掉，学生不敢有自己的想法，即使有，也不敢质疑。在化学教学中，教师应适当"创造"机会，鼓励学生发现老师的"错误"，并指出"错误"。即使学生对自己的想法不确定时，也要鼓励他们说出来，再由同学们来判断是否正确，从而加深对知识的理解和掌握。不善于质疑，就无法创新。提一个问题往往比解决一个问题更为重要。培养学生的创新能力，应从培养学生的思维能力做起。教师在课堂中应让学生有充分的时间重组所学的知识，同时鼓励学生敢于质疑，培养学生质疑与创新的能力。

（三）为学生创造动手实验的机会

在教学活动中，教师应尽量让学生参与整个学习过程，给他们动手操作的机会，让他们在学习活动中边思维、边创造，在活动中获取知识、发展智力、提高能力。化学是一门以实验为基础的自然科学，实验教学是化学这一学科的优势，它对求知欲旺盛的学生具有诱惑力。由于中学化学教学是化学教育的启蒙阶段，初中学生在此阶段好奇心强,他们学习化学的初步动机往往是以感兴趣和满足好奇心为主,这时是培养学生对化学知识产生浓厚兴趣的最佳时期。因此,以妙趣横生的实验为突破口,是提高学生学习化学兴趣的极好契机。

在教学中,教师除了做好演示实验、学生分组实验,还应设计一些培养学生发散性思维的实验。例如,讲到铁的氢氧化物时,设计一个成功制得白色氢氧化亚铁而另一个未制得的实验,学生感到很奇怪。经师生分析讨论找出原因,老师问:"采取哪些措施可制得氢氧化亚铁?"学生发言后再由老师点评,课后由学生去探索、去验证。化学很多内容都可以以实验的形式演示情境,创设"愉快教学"气氛,激起学生的兴趣,使学生在快乐的情绪中把"强制性"的教学活动变成主动参与的教学活动。

(四)开展第二课堂培养化学创新能力

丰富多彩的第二课堂活动,不仅能陶冶学生的情操,还能促进能力的提高。例如,教师可自编自导一场化学晚会。晚会在一片震耳的"炮声"(氢氧气、氢氯气、氧乙炔等混合气体爆炸)中开始。序幕一拉开,几个女同学手持"喷雾器"翩翩起舞,把"喷雾成字""喷花似锦"两个节目以优美的歌舞形式表演出来。白纸上显示"化学晚会"等不同颜色的字体。还有"烧不坏的手帕""变幻莫测的晴雨花""魔棒点烟""雪条燃烧"等趣味横生的节目,把晚会一次又一次地推向高潮,把同学们带到无限美妙的化学世界中去……此外,可利用学生好胜心强的特点,进行智力竞赛、操作竞赛、化学谜语竞猜、化学专题讲座等活动,使学生的化学知识得以应用和巩固,能力也得到了提高。还可以有计划地组织学生开展环保方面的研究性课题,如燃料使用及其污染、干电池污染、本地区主要工业污染源及其污染物的处理调查等。学生利用已有的知识结合实际情况,可了解书本以外的环保知识。

二、创新教学模式,把课堂还给学生

2017年教育部颁行《普通高中课程标准》,要求全面落实学科核心素养。2018年广东省高考改革启动,对学生学习、教师教学、学校管理提出更高要求。面对新形势,结合我校"务实开展教研活动,以研促教,以教促研"的工作要求,从2018年9月开始,我开始积极探索小组合作的课堂教学模式,致力于打造高效课堂。

(一)践行小组合作学习

在践行小组合作学习过程中,我们积极学习先进经验,根据自身实际进行创新,形成具备自身特点的小组合作的教学范式。

(1)科学分组,互帮互助。每个班分为8~9个组,每组6个学生,分组原则按照每组都有优、中、差几个档次的学生。优化学生学习小组建设,促进小组合作学习本着组间同质,组内异质的原则。

(2)小组探究,增添课堂活力。小组合作探究时分工具体明确,做到人人有事做,事事有人做,时时有事做。进行小组学习时,采取"同组之间竞争,组内团结协作"的方式营造良好的学习氛围。小组代表回答问题时其他组成员进行批驳，课堂呈现辩论赛的氛围，学生参与的热情很高。各班发挥主观能动性，采取不同形式的奖惩机制，激发学生进行小组学习的热情。

（3）小组管理常规化。各班进行严格的小组考评，将日常管理如卫生清洁、课间操、读书、考试成绩、作业完成情况纳入小组考核指标。每月考核一次，根据各小组考评结果进行相应的奖惩，期末进行总评。通过小组合作，各班形成了你追我赶的良好竞争氛围，班风、年级氛围有了很大的改善，学生的学习积极性也有了很大的提高。

（二）构建1：1课堂教学模式

在课改实践中，我校构建出1：1高效课堂的基本模式，也就是说，教学中必须讲、练结合。通过不断摸索，形成具备学科特色的优质课模式，并逐步在科组推广。

一是直接引入课题，展示学习目标，明确学习的重点、难点和方法，分析章节内容在历年高考中的分布情况。

二是利用导学案，让学生有针对性、有选择性地阅读教材并完成练习，从而使学生理解本课的基本概念、基础知识，对本模块知识有初步的认识，构建知识体系。

三是互助合作，释疑解难。每节课至少设置2个课堂探究问题，进行小组合作学习以突破重点、难点。小组内进行充分的交流，使学习内容最大限度地在小组内得到解决，记录员做好记录，以备展示，并找出本组未解决的问题。

四是展示交流，点拨提升。各小组根据组内讨论的情况，对本组的学习任务进行讲解、分析，让中差生尤其后进生用板演或口答的形式对所学知识进行展示。在展示交流过程中，教师引导学生针对所展示的答案进行讨论，各抒己见，引导学生认识不足进而完善自我。

五是真题检测，巩固升华。利用高考真题检测学生对课堂知识的理解程度，了解学生是否都当堂达到了学习目标，让学生在检测中查找自己学习过程中的不足和错误。

我国新一轮中学化学课程改革将以科学探究作为改革的突破口，倡导以科学探究为主的多样化学习方式。在此背景下，在中学化学课程标准中，化学学习策略的内涵由过去强调书本知识的学习策略转向对化学问题进行探究的策略。因此，教师要设计出形式多样、层次丰富的探究活动，使学生在探究实践中领会并掌握科学的探究策略。

三、提出"四个备考"，实现师生蜕变

主管高三工作这7年来，我不断总结反思，逐渐凝练问题备考、数据备考、精细备考、人文备考的思路，让师生在高三得到蜕变，实现自我成长，以推动广宁中学教育教学质量的上升。

（一）落实数据备考，准确界定本科临界生

为落实学校提出的备考要求，高三一开学，我就组织年级级委、备课科组长、班

主任和科任教师召开一系列会议，详细、系统地研究和分析学生的历次考试的数据，最后确定各类本科临界生的学生范围和具体名单。然后根据单科和总分最大化的目标把临界生分给科任老师。班主任定时召集科任和辅导的临界生开"碰头会"，建立学生跟踪档案，对他们进行跟踪辅导。

（二）人文关怀，落实有效辅导

班主任对本科临界生每科的月考成绩进行统计、分析、总结，了解他们的学习特点和学习情况，及时表扬进步的学生，了解落后学生退步的原因，提出合理的整改措施，然后对其进行学法指导和心理辅导。

班主任和科任老师要经常交流、反馈学生管理和学习情况，共同承担起班级临界生的管理和教育。课堂上关注临界生，发现问题及时纠正；课后对他们的各类作业、周练、试卷等批改均要做到面批面改、详批详改，尽快找到问题，并解决他们的问题和困惑。班主任还要积极帮助本科临界生设计错题本，分析、过滤、积累错题，便于日常反思与总结。各科任教师要从单纯的知识传授者变为学生学习的引导者、促进者和合作者。

落实人文关怀，加强本科临界生的思想教育。通过开班会、开家长会、师生谈话、名校临界生经验介绍等方式，对他们进行思想教育，增强其信心。

（三）开展专题公开课，实现课堂有效增分

以公开课为抓手，落实问题备考和精细备考，实现有效课堂的备考目标。高三第一学期主要开展了以展示学习目标、主干知识梳理和高考试题训练为要求的一轮公开课，同时通过落实1∶1课堂要求，实现夯实基础、初步建构知识网络的备考目标。第二学期主要开展了一系列课堂增分策略公开课，实现学科和总分最大化的备考目标。所有公开课都要求各备课组对本科临界生失分和可得分题型和知识点通过数据分析，找到提分的方向，确定公开课的主题，在课堂上通过分析失分原因、题目训练、学生展示、师生互动等方式提升学生的应试能力。同时，指导临界生要养成清算应得而未得的分数的习惯，清除屡犯重复错误的毛病，克服答题不规范的弊端，改正审题不清、题意理解不准确的问题，切实提高学科成绩。

（四）开展集体备课，实现智慧共享

从2015年开始，我校要求同一备课组之间、同一班级教师之间要团结协作，在学习目标、知识点、方法、训练、测试等各个环节统一要求，力争学科与班级高考双丰收。对于薄弱学科，认真研究并找出备考存在的问题，及时调整备考方向与制定新的备考策略，争取缩小差距。利用集体备课，分类梳理考试中暴露的学生双基知识遗漏情况、关键能力薄弱之处、应试作答技巧欠缺、答题表述不规范等问题，整理归纳错题，准确把握学生的问题与不足，研究确定后续阶段复习教学发力点和关键点。

四、用智慧引领发展

一木虽茂，纵不能成林，一人骁勇，然不能强军。一个人的力量即使再强大，面

对急难险重的任务也会力不从心;一个老师即使再优秀,也很难改变整个学校的教学质量。只有发挥名师效应的引领示范作用,带动更多的人一起努力,让周围的人变得优秀,方能促进教育的进步。

(一) 促进学生个性化发展

广宁中学于2018年成立了科学技术协会——肇庆市中小学校里唯一的科技协会。科技协会聘请了一批专业教师包括航模老师进行指导,促进学生的个性化发展。2018年3月28至30日,我校科技协会的学生参加广东省中小学(含中职学校)创客大赛,取得骄人的成绩:获省一等奖的有关家乐、马振飞(作品:农业自动化系统);获省二等奖的有卢业桐、程锦勋(作品:"智能"安全插座),马焯明、江泽彬(作品:民用救援空投无人机)。

2018年4月1日,我校师生代表队参加了第33届广东省青少年科技创新大赛,荣获省三等奖。同年,我校承办了第四届广宁县"星越杯"青少年科技发明大赛。

除此之外,学校还有27个以榕钟命名的学生社团。学校目前举办了25届榕钟艺术节、9届榕钟科技节,活动内容涉及各学科创新成果展,给了有特殊才华的学生展示自己的机会。

(二) 推动教师成长

2018年起,我先后组织10多次专题培训,开展专题讲座、1∶1课堂教学模式,进入年级、科组内宣传小组合作学习,为年轻教师在课堂教学提供帮助。

2019年,我成立肇庆市创新人才名师工作室,带领了几十名年轻教师一起成长。目前,我已经培养出2位肇庆市化学学科委成员、2位肇庆市教坛新秀奖获得者、6位肇庆市优秀班主任。从2019年开始,我校连续2年在肇庆市教育教学质量评估A类学校中荣获二等奖,排名第三。

结束语

我在24年的教学实践中,经历了广东卷、全国卷以及3+1+综合、3+综合以及目前的3+1+2模式。作为高中化学教师如何适应改革,怎样根据学生的个性、特长的差异进行教学,做到不放弃任何一个学生,促使他们全面发展和个性发展,特别是新高考如何践行好化学学科的高考评价体系"一核""四层""四翼"要求?如何立足全面发展育人目标,构建包括"核心价值、学科素养、关键能力、必备知识"的高考考查内容体系?如何在化学学科中体现高考评价体系的核心理念,实现对立德树人和化学学科中学科思维的考查?这些是我一直思考的问题。面临对传统教学的全面改革,特别是对新情景、学科核心素养、学生思维能力的教学,究竟怎么做教学效果才会更有效,更有利于学生的发展?我不断探索,大胆创新,以学生为本,利用小组合作学习、1∶1课堂教学模式,提高学生的参与度,激发学生的学习热情,凸显学生的主体地位。

一、更新观念,优化教学模式

化学学科分为日常生活情境、生产环保情境、学术探索情境、实验探索情境和化学史料情境,要懂得知识点的活用,"变则通,通则达"。新高考命题坚持能力立意,素材呈现方式灵活多样,要求学生通过对实际事物、图像、实验装置、实验现象的观察,综合运用所学的化学知识解决社会、生产、生活中的实际问题。很多教师认为高中化学的教学,从高一到高三一个轮回下来,课备好了,课件也有了,老师可以"一劳永逸"了,但我却认为这样的老师不是一个合格的教师,更别说是优秀的教师了。教学内容、教学对象、教学环境都在改变,更何况是在信息技术发达的今天,我们的教学怎能一成不变呢?讲课照本宣科、生搬硬套,是不受学生欢迎的。例如,许多老师在介绍Fe^{2+}和Fe^{3+}的转化时,就直接按照课本以演示实验的形式介绍这部分知识,没有一点创新。而我会在教学中不断思考:有没有更好的教学方法呢?这节课还可以怎样处理呢?能不能与生活相联系呢?于是,我从血红蛋白、补血剂等与人体关系创设情境,介绍富含铁元素的食品如菠菜、木耳、葡萄和猪肝等,并以"茶水变色魔术"实验,以及把刚削好的苹果让学生观察颜色的变化来引出Fe^{2+}与Fe^{3+}的转化与检验。显然,学生的学习积极性就更高了。

可见,每一位教师都应该具备永不满足的精神,要不断地更新教学观念,选择最适合学生的教学方法,在教学中不断总结,不断提升。

二、因材施教,构建高效课堂

近几年,我校学生素质良莠不齐,因此,教师每接任一个新的教学班都要根据学生的具体情况及时调整教学计划和状态,灵活地运用各种现代教学手段和教学方法,及时引导、分析和讲解,让学生充分地参与教学全过程,使他们学会观察、学会思考、学会创造。经过多年的教学实践,我发现相当一部分学生,对于选择题来说,就算平时反复地练习,效果也不太理想。为了改变这一现状,我在高三复习教学中进行了大胆尝试。在基础班,我把选择题改成了填空题或判断题,有意识地培养学生关注关键词和常考点。如判断题:标准状况下,11.2 L H_2O 中含有的原子数为1.5NA 是否正确?或改成填空题:标准状况下(或常温常压下),_____ g(mol)H_2O 中含有的原子数为1.5NA。这样,就使学生注意到使用22.4 L/mol 的前提是标准状况,对象是气体,但质量或物质的量不受外界条件影响。这种教法收到了很好的教学效果,并在全校推广使用。高考理综化学一般都有化学与生活、实验判断和实验表格等题目,这些得分率通常不高,很多需要学生去记忆。为了提高得分率,我在教学中把常考的、易错的知识点整理出来,叫化学科代表以每天一写(每天两句)的形式写在黑板的最上端,让学生在空余时间记忆,一段时间下来收到了意想不到的效果,学生的得分率大大提高了。在课堂教学调查问卷中,学生对我的评价是"灵动教学,效果显著,是难得的好老师"。

三、激发兴趣，让学生易学乐学

在教学过程中，我把教学内容具体化、形象化，运用幽默的语言，使知识赋予诗情画意，不仅能带给学生会心的微笑、豁然开朗的感悟或启示，而且能更好地调动学生学习的积极性和主动性，有助于学生对所学知识的理解。例如，在描述过氧化钠与水（加有酚酞）反应溶液颜色变化时，我这样描述："她满脸潮红，可最后又苍白如故。"又如，在讲铝热反应时，我说："我是 Al，而你是 Fe。我燃烧了自己，只为从氧那里夺回你。"

一种恰如其分的幽默，引来学生会心的微笑，如饮一杯甘醇的美酒，给人以回味和留恋。这种授课方式，使学生心情舒畅、乐于学习。调动学生学习的积极性和主动性，这是我着力追求的教学风格。

四、互动交流，培养学生思维能力

化学学科核心素养包括"宏观辨识与微观探析""变化观念与平衡思想""证据推理与模型认知""科学探究与创新意识""科学精神与社会责任"5 个维度。突出考查了学生获取和分析信息能力，问题解决能力和实验探究能力，全面检测学生需要从文字信息和图像中获取信息并解决问题。在互联网时代，课堂功能不再主要是知识的传授，而是评价、交流，以及学习方法的指引，这也决定了课堂上需要师生互动。例如，以往的化学实验都是教材上已经有的，对实验原理、实验步骤、实验现象以及实验结论有比较清晰的认识，但 Na_2O_2 与 CO_2 反应只基于教材中的一个化学方程式，需要教师和学生进行自主研究，并设计合理的实验方案。学生对实验进行改进，首先将充分干燥的脱脂棉铺在石棉网上，然后在脱脂棉上铺上适量 Na_2O_2 粉末并盖上一层脱脂棉，最后用装有硅胶干燥剂的球形干燥管对着脱脂棉吹气，这样制备 CO_2 方法简单，实验装置简易且能排除水蒸气的干扰，实验操作在课堂上容易实现、符合安全要求且实验现象明显。学生不但掌握了基本理论知识，而且养成了动手、动脑的能力。我认为学习需要发挥学生的多种智能，而多元智能的核心是思维。思维是智能的核心要素，只有学科思维得到了培养和发展，才能提高智能。

这 24 年来，我虽然取得一定成果，但是仍然感觉自己能力的不足。新一轮的教育改革已经开启，任何改革都会对一代孩子产生一生的影响。在改革的大潮流下，闭门造车已经很难适应社会发展，在知识更新快速的时代，没有任何借口安于现状。对于山区学校的发展而言、对于我个人的进步来说，只有不断地学习，不断地突破自己，才能不辱教育的使命。

严谨求实，因材施教

肇庆市实验中学 谭渊（第四组）

导读语

35年的教育生涯，潜心教育教学研究，执着探索课堂教学，不断从经验与感悟中走向理性与科学，形成了"学数以用，数以育人"的数学教学理念；着力培养学生的数学素养，坚持在"动"中学习，在"动"中施教，在"动"中成长，形成了独特的"以动促教"的教学风格。注重培养青年教师，做好"传、帮、带"。以教促研，以研促教，课题成果获高要区科学技术奖励和肇庆市基础教育科研成果奖。潜心数学教材研究，善于思考和总结，在十多种报纸杂志上发表论文或教学经验文章300多篇。主张教学理念和教学实践同步创新，高三数学复习要让学生获得"四基"提高"四能"，主编南方凤凰台《高考总复习·一轮复习导学案》一书连续多年出版发行。荣获"广东省特级教师""南粤优秀教师""肇庆市人民教育家培养对象""肇庆市名教师""肇庆市优秀教师""高要教育雄才"等称号。

成长档案

从教35年，我为自己是一名教师而骄傲。我喜欢这一职业，并从中感受到了成功的喜悦和快乐。回望我走过的路，虽然不那么宽广，不那么平坦，却洒满了汗滴和泪水，也留下了一串串用心走出的深深的脚印……从教35年的历程中，有这样几个词将刻印在我的辞典中：优秀教师、名教师、高要雄才、特级教师和人民教育家培养对象。它们是我人生教学路上的一级级台阶。

一、文化引领，初悟教法

有一类人，他们从不表露自己的行为与方式，而让别人默默地感受到温暖。他们具有无私奉献的精神。我的一位大学老师就是这样的人，他叫魏鉴初。1985年，我读大三，一天魏教授带领我们班40多位同学去参观号称"中国四大私人庄园之一"的岭南型园林别墅——谢鲁山庄。魏教授重点给我们介绍了庄内具有岭南风格的栈桥亭台楼阁等建筑，并形象地说出它们的特征可理解为典型的抛物线。当时，我不明白魏教授为什么要我们把岭南建筑与抛物线联系在一起。直到工作后，在上"抛物线"一课后我才明白，岭南文化作为中国文化百花园中的一朵，源远流长，丰富多彩，其中聚集着众多祖祖辈辈岭南人民智慧的结晶，蕴含着对称、抛物线等诸多数学元素，如果在数学课堂中融入这些岭南文化的元素，能使学生体验到生活中的数学之美，以及让他们更深入关注身边的地方文化，使学生在学习数学的同时接受地方文化的熏陶。

二、逆境奋起，"动"中学习

前几年的一次学生聚会，一位学生冲到我的面前紧紧地握住我的双手，说道："老师，您还记得我嘛？"快30年了，我的学生毕业了一批又一批，我实在记不住那么多学生的名字，看我有点犹豫，他就主动地说："我是黄超华，1990年高考数学考了120分满分的那个学生。"当年虽没有什么"状元"一说，但他这么一提醒，我也依稀记起来了，思绪一下子回到了20世纪80年代。1986年7月，我大学毕业被分配到了离县城有40多千米远的一所农村高中，我带着不满、失落的心情来到了这所三个年级只有11个教学班的农村高级中学。农村出生的我很快适应了这里的生活，面对120个渴望用知识来改变人生的学生，我暗下决心，要教好他们，让他们走出前面的那座大山，用知识来改变命运。

80年代，学校缺少教学资料，一个年级同科的两位教师用同一本教学参考书，学生的练习作业全部来源于课本。面对教学资料匮乏，我主动改编课本习题，也通过各种渠道找到了数学参考资料。我自刻蜡纸（刻钢板）将资料印给学生，这改变了学生无资料可用的局面。一年下来，我班学生的期末考试成绩有了很大的提升，我也得到了校长的表扬和学生的肯定，但离当初自己的预想还有很大差距。很多学生对未练习过的题目仍不会做，这是什么原因造成的呢？反思过后，我认为光靠做题来提高学生的成绩不可取，要想方设法在课堂教学中提高学生的数学素养，让学生在课堂中愉快地学习，在愉快中领悟数学本质。要做到这一点，我决定多听课、多模仿和多借鉴他人所长。从优秀教师身上学习，学习他们如何备课、上课，如何让学生爱上数学课，如何根据不同的教学内容选用教学模式和教学手段进行教学，如何利用现有的教学资源生成新的教学资源。

一次到外地学习公开课的机会,让我对课堂教学有了新的认识和收获。那场公开课上,教学内容引入了当地的风俗习惯,这吸引了学生的注意力,提高了学生的学习兴趣,整节课学生的思维都非常活跃,参与度极高。当老师总结本节课的解题方法时,我认为这时要下课了,可是老师接下来对学生进行了提问:这节课你学到了什么(掌握学生的学习情况)?这节课学习了什么数学思想方法(了解学生对内容的本质认识)?遇到什么问题时用这些数学思想方法去解决(提高学生的能力)?本节课讲得很精彩,后面总结提问更是本节课的精髓。这就是数学高效课堂,这就是优质数学课,这就是我今后要走的路。有了本次外出学习的经验,以后的每一次学习机会我都非常珍惜,这对我以后的课堂教学和成长产生巨大影响。有了路,有了标杆,我就沿着这条路去寻找这个标杆,认真做好每节课的反思,反思自己的教学方法和教学过程,思考哪些教学设计取得了预期的效果,哪些精彩片段值得仔细咀嚼,哪些突发问题让我措手不及,哪些环节的疏漏有待今后改进。功夫不负有心人,四年后我兑现了自己的诺言,让多数学生走出了前面的那座大山,让知识改变了他们的命运。我也在不断成长,我的教学思想和教学风格有了雏形。

三、教研相长,"动"中施教

有一次到某兄弟学校交流学习,一位特级教师问我:"你们数学课堂教学采用什么教学模式?"一语惊醒梦中人!虽然我自己编的高中数学资料比较齐全,而且每年都在更新,作为校本教材一直在用,但我总感觉这些资料缺少了什么。经这位特级教师的提醒,我开始反思资料的结构和呈现形式,感觉我的资料缺少的不是知识点、题型,也不关乎解题思路、解题方法是否清晰,练习是否完备,而是资料在呈现形式上没有模式化,缺少系统性,各章节在培养学生"四基""四能"和数学学科素养方面都要增强。找到了症结,我利用外出学习交流的机会,主动向专家学者请教如何解决上述问题,还长时间与那位特级教师保持联系,及时请教问题,倾听改进意见。根据专家学者的意见,我在学校组建了"高效课堂教学策略的构建与实施"课题组,就适合我校的教学模式开展课题研究。我和数学科的课题组老师们经过四年的不断实践,探索出一条适合我校数学课堂教学的方法"'三四五'高效课堂教学策略"。课题成果得到区政府和市教育局的奖励;根据课题成果重新编写的与课本同步的辅导丛书,以及高考复习用书也正式出版。在教学中,我发现问题及时分析与研究,并利用教研成果再次指导教学,这使教学与研究互相促进、互相提高,也使我的教研水平得到了提高,教学风格也进一步形成。

四、理论先行,"动"中成长

数学是一门抽象性、严谨性和应用广泛性较强的学科。在新课标下,我虽然进行了一定的教学改革,但是都只有形式而无实质,在口头上认同而行动上有所背离,只是根据自己的想法去教学,从而导致部分学生在数学学习上有困难。课程标准从

"双基教学"到"三维目标",从"素质教育"到"核心素养"的培养,教学理论术语的翻陈出新,折射着教育改革的变化与发展。我意识到更新教育理念、调整教学策略,是适应社会发展的必由之路。在教学上小有成就的我,有了更多外出培训学习的机会。每次培训回来,我都用学到的理论去指导实践,从实践中领悟理论的真谛。经过多年的培训学习和教学实践,我的教学理论得到了提高,教学理念和教学风格得以形成。

35 年的教学生涯,我潜心教学研究,执着探索课堂教学理论,不断从经验与感悟走向理性与科学,形成了"学数以用,数以育人"的数学教学理念。为了培养学生的数学核心素养,我坚持在"动"中学习,在"动"中施教,在"动"中成长,形成独特的"以动促教"的教学风格。

教育思想

一、严谨求实

"天下难事,必作于易;天下大事,必作于细。"这是老子心目中的严谨求实。那么,在"立德树人,发展素质教育"的当代数学教育中,严谨求实又意味着什么呢?严谨性是数学学科的基本特点之一,即逻辑的严谨性和结论的确定性。"求实"是数学的灵魂,也是教育的灵魂。数学教学要引导学生"求实",数学教学研究本身也要"求实"。当两者合二为一时,必定能摩擦出耀眼的火花。

高中数学学习强调逻辑的严谨性,任何一项数学公式结论的得出都需要严谨的逻辑方法予以确认,因此,学生学习数学的过程不仅能掌握对应的数学知识,其逻辑推理能力也得到培养。高中学生形成逻辑严谨性的着力点在于课堂教学中,逻辑严谨性的培养应该渗透在每一节或每一个细节中。

(一) 在数学概念教学中培养

数学概念是人脑对现实对象的数量关系和空间形式的本质特征的一种反映形式,即一种数学的思维形式。在数学中,作为一般的思维形式的判断与推理,以定理、法则、公式的方式表现出来,而数学概念则是构成它们的基础。正确理解并灵活运用数学概念,是掌握数学基础知识和运算技能、发展逻辑论证和空间想象能力的前提。比如教学"函数"这一概念,在初高中都是从具体实例中抽象出来的。初中函数概念被表述为函数的"变量说",在教学中如果不舍去其具体背景抽象出来的概念是不严谨的,因为两个函数自变量的单位不同时,不能进行加、减等运算;若舍去其具体背景进一步抽象,得到的函数就可以进行运算了,所得结果还是一般的函数,结论非常严谨。而高中函数概念被表述为函数的"对应关系说"。在教学中,要强调函数是实数集合之间的对应关系,这样可使不同的函数进行加、减、乘、除等运算,函数研究的内涵和应用的范围得到了扩展。对应关系强调的是对应的结果,而不是对应的过程,这使函数的表达与字母的使用无关。高中函数概念中的关键词是"非空""数集""任意"和"唯一",任何一个关键词的缺失都会使概念失去其严谨性,后果是学生无法运用概念去解决问题。

(二) 在猜想和证明的教学中培养

数学猜想一般都是经过对大量事实的观察、验证、类比、归纳、概括等而提出来的,或者是在灵感中、直觉中闪现出来的。这种从特殊到一般,从个性中发现共性的方法是学生学习数学的重要动力。没有数学事实作为根据,胡猜乱想得到的命题不能称之为"数学猜想"。因此,我们在教学中要让学生大胆地"猜想",同时也要引导学生去证明自己的"猜想"以提高和培养数学的严谨性和科学精神,从而达到严谨求实的目的。

例如,在三角函数的教学中,课本中是没有 $\cos(2\pi - \alpha) = \cos\alpha$ 这个诱导公式的,但很多问题需要用它来解决问题,这个公式是否成立需要证明后才能用,教学中可引导学生用两角差的余弦公式来证明其正确性。类比前面的公式,是否得出 $\sin(2\pi - \alpha) = \sin\alpha$ 的结论?"猜想"是"合理"的,但结论是否定的,为什么?通过用两角差的正弦公式进行严谨的证明,可知 $\sin(2\pi - \alpha) = -\sin\alpha$,这才是正确的结论。这样的操作显然更有助于学生对相关内容形成认知,有效培养学生数学思维的严谨性。

(三) 在逻辑性和规范性的教学中培养

在高中数学的教学过程中,能凸显逻辑结构的意识。例如,学生学习"点线面的位置关系"时,教师从公理、定义和定理出发,引导学生了解点线面是构成空间几何体的基本元素,学习它们的性质以及相互之间的位置关系,逐步把握空间几何体的性质的基础;从对空间几何体的整体观察入手,遵循从局部到整体,从具体到抽象的原则,认识空间图形,通常采用直观感知认识空间图形,培养和发展空间想象能力以及几何直观能力;从将自然语言转化为数学语言和符号语言,能用这些语言表述有关平行、垂直的性质与判定,并对结论进行论证,培养和发展空间想象能力、推理论证能力、运用图形语言进行交流的能力;联系平面几何知识,采用联想、对比、引申等方法认识平面图形和空间图形知识的异同,并找出两者之间的内在联系,优化数学认识结构,并逐步培养能将空间图形问题转化为平面图形问题的能力。

在高中数学知识点的教学过程中,要注意逻辑性和规范性意识的形成。例如,在指导学生研究"初等基本函数"的单调性时,先引导学生从函数图像的角度发现单调性的特点,在此基础上,教师继续提问:"结论严谨吗?"当学生结合图像确定认识时,教师补充道:"仅从图像上进行定性的认识,还远远不够,我们用函数单调性的定义来完成上述结论的严谨证明。"这样的处理充分体现了教学的严谨性。我们要让学生明确以上处理方式的局限性,同时也对后面的学习产生期待。实际上,学生在处理具体问题过程中,从图形角度武断下结论的情形很多,随之发生的错误也比比皆是,因此,教师有必要引导学生形成意识,培养他们思维的严谨性。

二、因材施教

因材施教是指教师要从学生的实际情况、个别差异出发，有的放矢地进行有差别的教学，使每个学生都能扬长避短。孔子是我国第一个主张"因材施教"的教育家，他承认学生个性的差异和程度的高低，主张在统一的培养目标之下，注意因材施教。

（一）定目标因人而异

35年的教学实践告诉我，高中学生对数学的兴趣和爱好，对数学知识接受能力的差异是客观存在的，特别是在普通高中，学生的数学学科素养参差不齐，导致不同学生对知识的领悟与掌握能力的差距很大。如果在高中数学课程教学中采用"一刀切"，势必会造成"优生吃不饱，后进生吃不了"的现象。为了实现人人都能获得良好的数学教育，不同的人在数学上得到不同的发展，就要制定不同的学习目标和教学方法，使用新课程标准，以期让每个学生全面发展，让他们在课程的学习中获得进一步学习以及未来发展所必需的数学基础知识、基本技能、基本思想、基本活动经验；提高从数学角度发现和提出问题的能力、分析和解决问题的能力。同时通过高中数学课程的学习，提高他们学习数学的兴趣，增强学好数学的自信心，养成良好的数学学习习惯，发展自主学习的能力。

（二）实施因材施教

有了上面的目标，在实施课堂教学中，让人人都能获得良好的数学教育虽然有一定的困难，但是可以让不同的人在数学上得到不同的发展。比如有的学生反应速度快，有的学生反应速度慢；有的学生强于表达，有的学生羞于表达；有的学生一讲就懂，有的学生讲几遍才懂。我在课堂答问环节中，让反应快的、强于表达的、一讲就懂的学生先回答，让其他学生多一些理解的时间，多一次听的机会，多一份懂的希望，最后让那些基础差的学生复述，让他们在同学们的反复回答中理解，在自己的复述中提高，在如此的答问环节中不敢走神，用心听讲。在课外作业布置环节中，我采用分层布置，有较好基础的、基础的、中等的、有一定难度的和探究性的题目，让不同层次的学生都有"事"可做，都有机会体验数学给自己带来的乐趣。在课外活动环节中，我对基础较好又爱好研究数学的学生进行适当的引导，让他们参加课余数学兴趣小组，让他们的爱好兴趣得到充分的体现。

教育实践

一、既要教知识，更要教思想

先讲一个数学解题的故事。有一天，一位高三的学生问我如何求函数 $f(x)=\sin x+\cos x$ 的周期。因为当天是行政值日，我只是简单地告诉她将函数化为 $f(x)=\sqrt{2}\sin\left(x+\dfrac{\pi}{4}\right)$ 就可求周期了，没有深入的交流就匆匆巡查去了。可过了两周，她见到我的时候，又问我如何求函数 $f(x) = 3\sin x + \cos x$ 的单调区间，这时，我意识到这位学生很想学好数学，但她缺乏学好数学的思想方法。我停下来跟她讲解如何求形如 $f(x) = a\sin x + b\cos x$ 的周期、最值、单调区间和对称性等方法，就是将问题转化为 $f(x) = A\sin(\omega x + \varphi)$ 的形式进行求解。讲完以后，学生略有所悟地说了声"我明白了，谢谢老师"就走了。看到她开心的样子，我感觉到我们平时课堂教学不仅要教数学知识，更要教数学思想方法。转化与化归的数学思想，是高中数学的四大思想之一，就是把难的问题转化为简单的问题，把一个陌生的问题转化为熟悉的问题。

在上面的故事中，我教给学生的就是一个转化的思想，而学生接受这个思想可能是无意识的，也可能是有意识的。但是，作为数学老师要有意识地教给学生转化的方向、目标、方式，技巧等，这就是数学老师的任务。如何有意识地教给学生数学思想？先看下面我既教数学知识又教数学思想的课堂片段实录。

老师：求 $\sin \dfrac{17\pi}{3}$ 的值，要求用公式进行化简为 $\left[0, \dfrac{\pi}{2}\right]$ 之间的特殊角的三角函数进行求值。

老师：$\sin \dfrac{17\pi}{3} = \sin\left(4\pi + \dfrac{5\pi}{3}\right)$，先用公式将角化为 $[0, 2\pi]$ 的角的三角函数，用什么公式？

学生：$\sin(2k\pi + \alpha) = \sin\alpha$ 可化简为 $\sin \dfrac{17\pi}{3} = \sin\left(4\pi + \dfrac{5\pi}{3}\right) = \sin \dfrac{5\pi}{3}$。

老师：求 $\sin \dfrac{5\pi}{3}$ 的值，先用公式将角化为 $\left[0, \dfrac{\pi}{2}\right]$ 的角的三角函数，用什么公式？

学生：诱导公式 $\sin(\pi + \alpha) = -\sin\alpha$ 可化简为 $\sin \dfrac{5\pi}{3} = \sin\left(\pi + \dfrac{\pi}{3}\right) = -\sin \dfrac{\pi}{3}$。

老师：目的达到，即 $\sin \dfrac{17\pi}{3} = \sin\left(4\pi + \dfrac{5\pi}{3}\right) = \sin \dfrac{5\pi}{3} = \sin\left(\pi + \dfrac{\pi}{3}\right) = -\sin \dfrac{\pi}{3} = -\dfrac{\sqrt{3}}{2}$。

这个片段中有一个重要的战略思想，就是传说中的"以终为始"。"以终为始"就是从最终的结果出发，反向分析过程或原因，寻找关键因素或对策，采取相应策略，从而达成结果或解决问题。用数学的思想来说，就是"转化"，就是把最终目标转化为最初的起点，这就是我的学科观。所以，我们教数学，不是一个知识记忆的问题，也不只是能力的培养，更重要的是教数学的思想。

二、以学生发展为本，把握数学本质，提升学生素养

（一）将岭南文化融入数学问题情境创设中

创设良好的教学情景是唤醒学生主体意识、产生强烈探求欲望的基本因素。把教学内容生活化并将本地文化融入其中，能使学生对数学产生真切的认同感，从而抱有

强烈的求知欲望。

例如，在教授"正弦定理"一课时，我是这样创设情景的：阅江楼，是广东省四大名楼之一，南临西江，楼台高耸，重檐飞阁，蔚为壮观。如果仅凭一把卷尺、一条结绳和一个量角器，站在西江南岸的你能测出你和对面阅江楼的距离吗？对于这个问题，学生产生了疑惑的目光，兴趣很高。接着我问："谁能说说应该怎样测出距离？"学生面面相觑，回答不出。这时我顺势利导，告诉学生："下面将要学习的'正弦定理'就能帮助你回答这个问题，等学完新课，再思考测量自己和对面阅江楼的距离是采用了什么原理……"这样，将岭南文化问题情境贯穿整个课堂教学，既激发了学生的思维，提高了学生学习的兴趣，培养了学生应用数学知识解决实际问题的意识，同时也让学生感悟数学的科学价值、应用价值和文化价值。

（二）重视数学知识形成过程的教学

有一次，教师A上学校公开课，她花了十几分钟进行公式的推导，课后的研讨会上，教师B说："这样上课浪费时间，公式的推导可以省去，直接告诉学生公式，多做几道题就行了！"他的话还得到几位老师的赞同。但我认为，数学知识的形成过程，是数学教学的返璞归真，学生只有亲身体验数学的思考过程，这样的学习才是刻骨铭心的，所获得的知识才是扎实、全面的。数学教学需要呈现知识的形成过程，教师在教学中应该把被淡化的或被省略掉的数学知识形成过程这一重要的探究环节补上。我在讲"等差数列通项公式"时是这样设计的：先给出一些常见的数列，如奇数或偶数或自然数组成的数列，让学生判断这些数列有什么特点；当学生有疑惑时提示拿相邻的两项相减，看看有什么共同的特点（认识上的感觉）；当学生发现这些数列的后项减前项的差都是等于同一个"数"，这时我指出，像这样的数列就叫等差数列（认识上的感知）。接着引导学生归纳等差数列的定义。有了等差数列定义，接下来就是如何求等差数列的通项公式。

本案例实质上是教授概念的教学和公式推导两个知识点。概念教学，我是根据人的认知规律"感觉、感知、认知"进行引导，展示了概念的形成过程。公式的推导，我先通过几个具体的等差数列，在引导学生做游戏的过程中激趣引疑，使学生感悟公式的存在，然后引导学生探究公式，从而获得探究方法，最后运用前面所获得的探究方法得出等差数列的通项公式。案例中体现了从特殊到一般认识事物变化规律的思维方法，教学过程遵循学生的认知规律，学生在学习过程中不但掌握了等差数列的定义和通项公式，而且获得了探究体验，感受和提炼了数学思想方法。

三、学数以用，数以育人

（一）加强数学教研组建设，促进学科正规化

1. 公开课引发的思考

2001年8月，我来到了刚从师范学校转制为普通高中的肇庆市实验中学，成为唯一有过多年从事高中教育教学经验的数学老师，原师范学校留下的数学老师都有着

坚实的数学功底和多年的师范教育教学经验，但唯一缺少的就是高中数学的教学经验。公开课是由资深数学老师出身的梁校长主持，课后的讨论发言非常踊跃也非常和谐，让我这个刚上任的数学科组长不禁感慨数学科的团结与和谐。感慨过后的思考是，科组的老师们不仅缺少高中数学教学经验，而且科组建设也没有跟高中数学教研组建设接轨，缺少规章制度，这对他们如何上好课有很大的影响。我将一些数学教研组建设以及学科教学的方法和经验——向校长陈述介绍，在校长的支持和数学科组老师们的配合下，数学教研组的建设得以尽快地开展。

2. 指引教研组进行集体备课

教师之间在知识结构、智慧水平、思维方式、认知风格等方面也存在着重大差异，这种差异是一种宝贵的教学资源。集体备课就是利用这种宝贵的教学资源，通过分工合作、集中智慧，节省了备课时间，提高了备课效率，使教学资源得到最优化。为规范我校数学教研组的集体备课，全面提高数学教学质量，经过我多年的努力和同事们的齐心合作，现在数学教研组教师集体备课活动（现已辐射全区）都按我提出的"三四五六"模式进行。"三"是"三定"：定时间、地点、内容。四是"四统一"：统一教学进度、教学要求、教学辅导资料和作业考查。五是"五必须"：主讲（备）教师必须精心研究所承担的教学内容；议课教师必须亮出自己的观点；主讲（备）教师必须在集体备课后形成教学文本预案；其他教师必须对集体备课的预案根据各班的实际情况进行补充和改进再上课；上课后必须对亮点和不足进行反思。六是指"六备"：必须备教材、备学情、备目标和重难点、备教法、备学法、备教学设计。集体备课模式的建立，不仅大大提高了科组的备课效率，而且也使数学科组的整体教学水平得到了很大的提升，既达到了教学资源的最优化，也促进了学科的高效发展，为后来的全省数学优质课比赛全面开花奠定了坚实的基础。

3. 转变教学理念，改革教学方式

高中数学课程标准的学习，是教师转变教学理念、改革教学方式的必由之路。学习与考试是知识的储存与提取，当年的教师大多是传统的教学思想，即只重视知识的储存，而忽略知识提取能力的训练，在新课教学中重知识的运用，轻知识的形成过程，这样的教学导致学生储存了知识却很难提取，形成了"上课听懂了，考试没得分"的现象，多数情况下，我们会认为这种现象是学生学得不扎实的表现。为了改变这种现象，在转制初期，我积极促成了学校开展"走出去、请进来、促成长"教研活动，使一大批老师有机会到省实验中学跟岗学习，让他们转变教学理念，把握课堂规律，体验中师与高中教学的不同之处。一个月下来，他们对高中数学教学的认识有了质的飞跃。

学习是永恒的。仅靠有限的培训学习不能解决高中课堂教学的高效问题。高中数学高效课堂的教学问题要在实践中反复磨炼修正才得以解决。我在科组内开展了"多听课、多评课，共进步"的教研活动，为我校教师专业发展搭建了平台，新的教育教学理念渗透、方法的运用、策略的拓展，都可以通过观摩案例来获得，可以说是教师发展最快捷、最有效的途径之一。我校数学教师通过听课、评课促进了教师之间的相互学习、取长补短；促进了青年教师学习老教师、优秀教师、骨干教师、名教师和专家的先进教学经验；通过听课、评课促进了良好教学风气的形成和教学改革；通过听课、评课促进了教师之间的交流沟通，他们共同收集和感受课堂信息，在充分拥有信息的基础上，围绕共同关心的问题进行对话和反思，以改进课堂教学、转变教学理念、改革教学方式。

经过几年的努力，现在数学教研组已经步入正轨，备课有"章"可依，课堂教学有"律"可循，"学数以用，数以育人"的教学理念得以形成。

（二）教研相长，促进学科高效发展

作为主管教研的我，制订了学校三年教研发展规划，提出"以教促研，以研促教，教研相长"的策略，并率先在数学教研组实施。在我的带领下，数学教研组取得了"教"与"研"的双丰收。

在"三角函数"的教学中，我们发现学生学习一个月之后就忘记了大部分的内容。从问卷调查结果可知：学生运算能力和记忆力都有所欠缺，三角函数公式、性质众多，在有限的时间内无法通过练习来掌握此部分内容。了解了原因之后，我组织数学骨干教师对三角函数的内容进行了认真的分析和研究，并根据学生的实际认知，决定从三角函数的周期性变化规律和数学思想方法入手，对三角函数内容重新进行合理的调整，围绕转化与化归这一数学思想进行教学实验，实践证明，教学效果非常理想。有了"三角函数"教学教研经验，通过举一反三，其他各章知识也能根据学生的认知，通过不断的教与研，找到一种适合我校学生认知的方法进行教学，很好地践行了"学数以用，数以育人"的教学理念：数学教学是为了学生学会终生受用的数学思想和方法，数学教学是通过数学学习培养学生的学科素养。

在平时的教学中，我要求同事们不但要注意对章节的总结和概括，而且对教学中的每一个问题和教学环节都应认真对待。在平时的教学中，为了把握好章节的重点，我们认真地研究数学课程标准、教学大纲和考试说明，并和高考试题进行对比，通过研究总结出：新课教学要依据课程标准和教学大纲，高考复习要依据考试说明和关注历年考点变化。《深挖数学教材 彰显数学思想》《〈不等式选讲〉中的数学思想方法探究》《解析几何综合问题高考考纲解读》等300多篇在《中学数学教学参考》《数学周报》等报刊上发表的文章或论文都是在平时的教学教研实践中总结出来的教学成果。这些成果同时对教师的教学又有很大的指导作用。

通过教研，在我的教育思想和教育理念的引导下，我校一批青年教师迅速成长。他们参加广东省青年教师数学优质课比赛，其中3人获省一等奖、3人获省二等奖、1人获市特等奖、7人获市一等奖。有8位青年教师主持的市级教研课题结题，有4位青年教师分别获"第四届肇庆市基础教育科研成果奖"和"高要市科学技术奖励奖"。这些成绩让我深深地认识到：教能促研，研反过来亦能促教，教研相长，两者相得益彰。教研不但能使人成长，更能促进学科高效发展。

结束语

　　我热爱教育所以才从事教育，我醉心于教育所以不断追求更好的教育方式，从而形成自己的教育理念；我热爱教学所以潜心教学研究，执着探索课堂教学，不断从经验与感悟中走向理性与科学，从而形成自己的教学风格和教学理念。让师生的心中印刻一个独特的教师形象，让这个独特的教师形象带给师生更深广的生命影响，这是我所期望的。我也将不断充实自己，让我的教育生命更具有个人色彩。这样，我的人生也将更有意义。

踟蹰前行，勿忘翩跹

肇庆市怀集中学　郭坚玲（第四组）

导读语

我出生于20世纪60年代的后期，毕业于80年代的中期，伴随着祖国的改革开放而成长。当我国第一个教师节来临的前夕，我从中师的校门走向了学校的讲坛，从一名学生成了一名教师。

30多载的教育历程，我从青涩走向成熟，从一个执教者成了一个导航者，从单纯的思索憧憬到了"诗与远方"。教育，给予我半生的劳碌、一生的牵挂，同时也给予了我一船满载、一份荣耀，尽管满道"踟蹰"，但也一路"翩跹"：1999年被评为广东省南粤教书育人优秀教师，2006年被评为广东省基础教育系统首批名教师、特级教师，2018年被推选为肇庆市人民教育家培养对象，是市级名校长、县级优秀校长，是肇庆市第十二届、十三届人民代表大会代表，肇庆市人民政府第四届教育督学，优秀事迹被收入地方《古今人物录》。撰写的学术论文《阅读教学的任务》等在全国中文核心期刊《语文教学与研究》发表，《山区中学规范化管理》《基于学科核心素养的广东山区学校高考备考策略探究》等多篇论文在省级以上刊物发表。2005年至2009年主编并在暨南大学出版社出版了"2009年高考语文金钥匙"丛书、参与编写《高考语文积累精要》、主编并出版"学海导航"丛书的《高中新课标同步攻略语文选修中国现代散文选读》。主持的课题"创设情境，对接生活"被批准为广东省教育科研"十三五"规划科研项目。

回首已然的逝去，片片絮絮撞击心头，顿感心潮澎湃而思绪泉涌。

成长档案

一、走进乡村

1985年的夏天,我带着憧憬与兴奋,带着"中师生"的光环,从城郊的家乡来到了几十里①外的陌生的乡镇教育办公室报到。我拿着行李,坐在一个赶墟的农民伯伯的自行车后座,颠簸了两三里土路终于来到了一所学校——远看是一个没有围墙、猪牛在操场上闲逛着、土墙上有拳头大的裂缝、屋顶上覆盖着凌乱的瓦片、大门头上隐隐写着"××小学"……当我看到这个景象,我的眼泪掉了下来——一个从未受过苦的城郊小伙,一个带着自豪与光环的中师生,刹那间,一切都被眼前的现实打倒了……

(一)职业生涯的第一课

还听不懂当地的方言,还不会打井水,还没学会做饭,还没弄好漏雨的宿舍,我就接到了平生的第一个工作:组建一个"初一班"。

我从操场的角落里找来了一群穿着五颜六色的衣服、讲着浑浊不清的方言、年龄从12岁至17岁不等、个头比我还高一截的一群人。在同事的异样眼光中,我硬着头皮,边说边用手势领着这群人找来了残缺的梯子,爬上了一个原大队部废弃的木板楼二楼,把歪斜的木头桌子和长板凳搬上去,小心地间隔着摆放好——木地板上漏着大小不一的窟窿,有的足可以陷进去一条腿。我的职业生涯的第一课,就这样懵懵懂懂地开始了。

(二)乡村任教

面对如此的"惨淡",我感觉到了命运的不公:我的同学都被分配到了县城、镇中心校或环境好的学校,只有我被分配到了这里。

熬了几天后,我迫不及待地挤上了公共汽车,带着委屈与怨气回家倾诉着我的"遭遇"。经我一通"倒火药桶"后,一向严谨、深沉、身兼大队干部与生产队长的"老革命"父亲开了口:"你如真有本事,小地方也有大出息的。要干出成绩,对得起当地群众。"

尽管有母亲强力的声援,但我最后也只能带着无奈、不舍在周末后又回到了学校。面对无法改变的事实,我终于沉静了下来:我有7个兄弟姐妹,全家一起努力才供出我这么个"读书人",我不能就这样放弃呀!父亲的叮咛,加上不服输的性格,于是"小地方也有大出息"成了我当时的动力与追求。

我在接下来的工作中除了当班主任,还包揽了全班的语文、政治、地理、历史、体育、音乐课程。因为没有英语老师,我又兼任了英语老师。

---

① 1里等于500米。

第一个学年的期末考试，全镇统考，在镇上中学的阅卷场，我所教的初一班语文平均分荣获全镇第一名！

　　消息一传开，我成了全校、全村的"英雄"。（其实我教的英语也拿了第四名。）

　　从此，村民称赞我，学生爱戴我，同事也亲近我，校长更是对我另眼相看。我也是第一次尝到了"有出息"的感觉。第二学年初二年级统考，我班又是第一名。这时，镇教办主任也表扬了我！

　　用了两年时间，我终于明白了父亲对我说的话，也更加坚定了我的初心：永不气馁，做有出息的自己！

　　因为办学条件有限，学校只开设初一、初二年级，初三学年学生要转到别的学校就读。在依依不舍地把第一轮学生送走后，我又教了一轮。尽管第二轮的学生没有第一轮的成绩出彩，但在镇里也能获第三、第四名。当时，我荣获了县级优秀教师。

　　后来，我去了镇重点中学担任初二级的重点班班主任兼语文老师，我又在全镇上示范课、公开课，成了全片区教学竞赛的第一名，全镇语文学科的"领头羊"。

　　在镇中学工作那两年，也是我敬爱的父亲被病魔折磨的两年。我是在努力工作和周末回家看望病重的父亲中来回奔波。每次回去父亲都会说"我没事，回去工作吧，别耽误了学生"。

　　在镇中学工作的最后一个学期，父亲过世了。那两年，尽管我受到了从未有过的巨大压力和打击，但父亲勉励的话一直支撑着我，不屈的精神一直推动着我，促使我在镇里成了优秀班主任、优秀教师、学科带头人，成了全镇的"重量级"教师，初步成就了出息的自己、出息的事业。

　　为了照顾家庭，我向县教育局递交了调进城的申请。1991年8月，我以语文专业第一名的成绩考进了县重点中学任教，至此，也结束了我六年的乡村任教历程。

　　二、走向县城

　　走上这个全新的、更大的"舞台"，面对强劲的"对手"，我当时只有一个心愿和目标：立稳脚跟，不要被淘汰出去（当时学校有淘汰机制）。

　　当时我面临着三大压力：工作的压力——刚从农村进入城市，一切都在适应中；家庭的压力——父亲去世后，我一肩挑起大家庭沉重的担子；学业的压力——参加成人高考，完成本科学历。天天在烦事中兜转，时时在困苦中挣扎。但此时，我头脑中有一个非常清晰的"声音"在时时提醒着自己：不能垮，千万不能垮，事业的成功是家庭的保障！

　　于是，我顶住压力，忍受着委屈，在事业中找寻寄托与快乐。多年来，我潜心研究教学艺术，不断改进教学风格。其间，我不断地探索"学习是有用的，学习是容易的"教学规律与实践；针对语文阅读教学，独创了"整体分割法"；针对作文教学，独创了"教会学生懂得评价自己的作文"的方法。历经多年的努力，我终于在教育教学工作中又取得了多个突破。

1991年秋，我将一届学生从初一年级带到了高三毕业，破了该校教师的任教记录；1997年所任教的第一届高三，带出了标准分839分的全市高考语文状元，成绩在全省排名第四，破了学校、县城的语文高考记录；1998年所任教的第二届高三，又带出了标准分861分的全市高考语文状元，成绩依然是排名全省第四，并且任教的另一班也带出了801分的高分生；2006年秋开始担任学校教学副校长，分管高三高考备考工作；从2007年至2009年，三年带出了4个学生考上清华大学；从第一届高三直至2011年秋调离该学校，连续担任了15年的高三语文教学工作。

在这所重点中学任教了整整20年，我从一个初中教师成了一个高中教师，从一个高中教师成了学校的学科科组长、教研室副主任、教学副校长，从一个普通教师成了广东省教书育人南粤优秀教师（1999年）、广东省基础教育系统首批名教师和特级教师（2006年）、怀集县"十大优秀科技工作者"（1998年）、怀集县第三批"专业技术拔尖人才"（2003年）等等。其间，尽管经历了无数的挫折，但不变的是当年老父亲对自己的朴素期望，不变的是自己那颗追求、攀登的初心。

2011年7月，县政府决定将该校的一个新校区（只有高一年级）创办成一间完全中学，我被任命为新创立的"怀集中学"首任校长，开始了"拓荒"征程。

三、创办学校

成立"怀集中学"的筹备工作是从2011年7月上旬开始的。当时学校，虽号称占地402亩①，但其实大部分面积还只是一片山地——地处城郊，依傍山岭，周边荒草连片，只有一条坑坑洼洼的车道勉强通到学校；校内仅有的几幢大楼零星地伫立着，操场上没脚深的泥洼地上长着杂草，空荡荡的教室无声地诉说着荒凉……

我想，既然组织把任务交给了我，我就只剩下勇往直前了！

作为首任校长，筹备之时因为两所学校还没正式拆分教师，我几乎是"光杆司令"，身边只有两个人——一个是负责整理公文的，另一个是负责后勤的，后来自发地来了几个临时的帮手。

7月下旬，成立怀集中学后，教师和学生与旧校区对半抽签拆分。这个拆分方案一传出，家长们都"炸开了锅"，他们不希望自己的小孩被拆分到怀集中学。

一所还没有开学的新学校马上就被大家看成了一个废弃的"鸡肋"，面临再一次的打击，我的"勇气"就只能靠"砥砺前行"了！

没有退路，只能去想出路！我召集几个临时帮手，开小会、想对策、做方案。大家都认为：要使社会稳定，必须要给家长信心；而要给家长信心，就必须要先改变学校荒凉的面貌！于是，大家啃着干粮、拿着盒饭、喝着凉水，广泛发动亲朋好友对校园进行大扫除；发动社会朋友，带资铺设广场、铺设道路、更换宿舍破旧门窗、种植花草树木；借助政府及兄弟单位的资源，扩大及平整校外道路、清理围墙外杂草以及

---

① 1亩约等于667平方米。

村民占用的土地；借助电视台分阶段宣传学校的实时变化，校长表态发言……

2011年8月2日，在一派热火朝天的场面中，怀集中学如期正式挂牌成立。市教育局、县委县政府四套机构、各镇（乡）政府、各行政部门、教育局及各兄弟学校的主要领导悉数参加，场面简朴而隆重。

再经过大半个月的日夜奋战，学校的面貌终于发生了翻天覆地的变化。

8月24日，学校准备迎来第一批学生——被拆分的1506名高三新生。为了给予学生"归家"的温暖，我们租用了十几辆大巴，披上红绸，带上红花，分两批次集中去原校迎接学生。当第一辆大巴车缓缓开进学校大门时，看着红旗飘扬、彩球高悬、音乐悠扬的崭新广场，一刹那，车上的学生展开了紧绷的脸，绽开了笑容，纷纷拿出手机拍照……这时，我们热泪盈眶，悬着的心终于落下了！

接着陆续迎来了第二批、第三批高一、高二的学生们。学校安稳、社会安定、领导放心！就这样，我们在一片赞誉声中顺利开学了。

我知道，学校的生存靠的不是外部环境，而是教育教学的质量，尤其是新学校。学校的起点高，就能在社会上树立起形象；起点不高，那就要多花时间和精力才能有好声誉。

此时，当年父亲的话语再次在我的耳边响起。我当年不屈不挠地追求极致的拼劲再次被激发了。

我兼任学校的教学副校长，成立教研部门及教学攻坚小组，重点研究教育教学质量，并坚持每天早、晚两个"六点半"到各年级尤其是高三年级蹲点督促，深入学生搞调查，深入老师抓教研。

第一年的高考成绩出来了，我校本科上线人数超原学校33人！地方政府在影剧场举行高考庆功表彰大会，我校拿到了100多万（超原学校1万多元）的奖金时，全场轰动！谁也想不到，一个刚成立一年的学校，居然"超越"了一个百年老校！第二年高考，我校本科上线人数依然超出原学校25人。

新的学校有了新的起点。此后的几年，学校在教育教学质量方面终于与百年老校并驾齐驱。学生认可了，家长信任了，社会肯定了。

从2011年秋至今，我带领着怀集中学经历了困难重重的十几年。也正是这十几年，我们秉承着自强不息、追求极致的臻于至善的精神。学校在边建设边发展中壮大，在边摸索边突破中崛起，从一所社会普遍不看好的新学校，逐步发展成了一所成绩显著、社会瞩目的近万人的区域名校。学校从开校前的只有高一年级的32个教学班发展为覆盖中学所有年级的160个教学班，学生从2100多人发展到8600多人，教职工由143人发展到630人，学校由当初的一个较为荒芜的校区发展为一个环境优美、具有山水学府特色的完全中学。学校先后荣获"全国青少年校园足球特色学校""广东省依法治校示范学校""广东省中小学中华优秀传统文化传承学校""广东省中小学教师校本研修示范学校""肇庆市文明校园""怀集县高考成绩优秀奖"等数十项殊荣，向高等院校输送了20000多名优秀学子，办学水平稳居肇庆市A类高中学校前列。

在这十年，我也陪伴着怀集中学"蹁跹起舞"，成了市级名校长、县优秀校长，成了肇庆市"人民教育家"培养对象，成了肇庆市第十二届、十三届人民代表大会代表，成了肇庆市人民政府教育督学。

教育思想

一、思想的因子

怀集中学从开校到现在，可分为两个发展历程：2011年至2014年，是建校的初级阶段，学校只开办高中部；2014年秋季增设了初中部后，学校步入了提升发展的阶段，学校机构建设、基础建设、设施建设等全面落实，成了一所办学条件日臻完善、教育教学质量稳步提高、办学特色日渐凸显的完全中学。

面对一所刚刚创办的学校，办学的前三年，作为首次担任校长的我，其实只是凭借着一股不屈不挠的拼劲在立足、稳定、观察、摸索中前进，大量的精力都耗在学校的基础建设和设施设备的完善中，未能静下心去思考，也未能凝练一个明确的符合自己教育理想，以及学校办学实际的教育思想和办学方向。2014年秋季，学校增设了初中部，不仅仅只是增添了教学场所、教学设备、教学人员等，而是带来了学校管理方式、管理方法上的巨大冲击。同一所学校、同一个校区的不同教育阶段、不同管理模式，产生了初中部、高中部教师之间、学生之间的许多新矛盾。面对新的问题、新的挑战，我想，作为一校之长，是时候应该确立一个明确的教育思想来统领全校的办学方向、引领学校的全面发展了。

二、思想的升炼

2019年8月，我到北京通州参加了一个关于学校管理的专家讲座。席间，聆听了专家对学校办学思路的阐述后，我深受启发，更陷入了对自己教育思想的反思中。

教育思想，是教育的主体在教学实践及教育思维活动中形成的对"教育应然"的理性认识和主观要求，包括教育宗旨、教育使命、教育目的、教育理想、教育目标、教育要求、教育原则等。作为校长，正确的教育思想的形成，对学校办学思想、办学方向的影响起决定性的作用，因此，我开始静心梳理我的教育历程，从经历的点点滴滴中，串联起我对教育的理解与思考。

回顾我30多年的工作经历，我从一个乡村教师成了一个重点中学教师，从一个初中教师成了一个高中教师，从一个普通教师又成长为一个优秀教师、学校领导、中学校长，其间，经历了无数艰难困苦，也取得了令人耀眼的成绩。激励我、驱动我一路前行的，正是当初父亲"做个有出息的人"的纯朴期望，正是自己不屈不挠的追求极致的事业初心。我想，这不正是我们山区学子、山区学校，尤其一所年轻的学校所要追的动力和精神吗？

在现代,"止于至善"被我国好几所历史悠久的大学引作学校的校训,化作学校长久发展的办学思想。华东交通大学以"日新其德,止于至善"作为校训,他们认为,"至善,也可以理解为'最好的境界,不只是满足于较好、更好,而是努力达到最好、第一流、高水平。做学生,要力争成为最好的学生;做老师,要成为最好的老师;做管理,要达到最佳的管理;办大学,要办成一流的大学"。河南大学首任校长刘季洪以"明德新民,止于至善"作为校训,并将校训镌刻于南大门内侧门楣之上,以此作为河南大学人文精神的体现,并且成为其办学的终极追求。厦门大学将"自强不息,止于至善"正式确定为厦门大学校训,意在表明厦门大学应该始终如一、永无止息地探寻"事理之极致",抵达科学真理和人格精神的最高境界,在启智与道德上达到完美至善,体现了中国文化的人格理想,蕴含着生命对于至善至美理想的追求与践行。江南大学以"笃学尚行,止于至善"作为校训,既传承了江南大学百年办学"论究学术、阐求真理、昌明国粹、融化新知"的文化传统,又融合了现代教育教学理念,成为江南大学教与学的行动指南和至高追求,成为激励、凝聚江大人的永恒的精神财富。

融合以上古今仁人志士对"止于至善"的论述和践行,结合我30多年的奋斗精神和事业追求,我提炼出了"臻于至善"作为我的教育思想。

"臻于至善"的核心内涵是自强不息、追求完美,这不单是我一直以来的教育追求,更是当下年轻的怀集中学砥砺前行、不断进取,追求崇高理想、培养优秀人才的教育目标!

教育实践

2019年8月28日,我在学校行政会议上提出了我的教育思想及办学思路。29日,我在全校教职工大会上宣布了这个由学校党委和行政一致通过的决定,正式确立了"臻于至善"在全校工作中的核心地位。

为实施"臻于至善"这个核心思想,我组织学校相关部门进行反复研究,认真制订了全面推行、全员参与的实施规划。

一、激发学生潜能

(一)实施分层教学

我校初中部招生实行的是免试就近入学政策。学生来自整个城区范围内(含中心城区及县城郊区)的十几所小学,生源具有多元化和复杂性,学生结构存在较大的地域差异、文化差异、基础差异、学力差异,这给学校教育教学工作增加了不少的难度。为体现"臻于至善"的教育思想,让每一个进入校园学习的学生都能被激发最大的潜能、发挥最大的特长,我在学校初中阶段教育上率先推行"分层教学"实施方案。在参照先前开展分层教学的学校良好做法的基础上,结合我校实际情况,我们每班按学生的综合学力将学生分为 A、B、C 三个层次，分别代表学困生、中等生、学优生，比例分别约为 20%、60%、20%。学生的分层将作为编排座位、划分学习合作小组、课堂实施教学、作业布置、能力测试以及综合评估等依据。

我校分层教学的指导思想是：对 A 层次学生以表扬为主，寻找其闪光点，及时肯定他们的点滴进步，调动他们的学习积极性；对 B 层次学生采用激发性评价，既揭示其不足又指明努力的方向；对 C 层次学生采用竞争性评价，坚持高标准、严要求，促使他们更加严谨、不断进取。

通过几年来分层教学的实践，我校初中部各年级三个层次的学生的学习积极性都非常高，他们的学习成绩也得到了迅速地提高。

（二）开展特色课程

由于我校地处城郊，属城乡接合部，从城区到学校要经这几条交通繁忙的道路，学生上下学不便。加上我校属新办学校，因此在学生填报志愿的时候，我校往往是属于学生的第二层次选择。收到的学生多属城乡"学困生"，进入初中后大部分学生表现得自信心不足，自卑心理较为严重，这导致了学校在管理上、教学上出现了很多困难与问题。为了树立学生的信心、激发学生的潜能、发挥学生的个性特长，让他们每一个人都有超越自我的精神、找到成功的感觉，我校初中部决定开设特色课程，走特色教育之路。

开展的特色课程有美术、音乐、体育、生物、科学、文娱六大类共 27 门课程。学生特色课程的学习时间分为课内时间（每周三下午第七、第八两节）和课外时间，学生的参与率达 100%。经过三年的特色课程学习，学生们激发了潜能，发挥了特长，树立了自信心。他们每一个人都感受到不断超越自我、不断追求完美的成功的喜悦。

据统计，我校初中学生在入学之前（小学阶段）得过学校一次以上奖项、表彰的比例是 43.5%，经过三年特色课程的学习后，这个比例上升到了 98.6%，大部分学生尝到了获奖受表彰的味道。其中，我校于 2019 年被评为全国青少年校园足球特色学校，学校女子足球队多次代表市、县参加省级、市级比赛并取得良好名次。2020 年，初中女子足球队获"县长杯""市长杯"冠军。初中田径队连续多年获市级中小学生田径锦标赛冠军。我校是广东省第三批省级中小学艺术教育特色学校，"剪纸艺术"已成功入选广东省第二批中华优秀文化传承学校项目。

（三）体验劳动味道

我校高中招生属"择优"录取方式（划定最低录取分数线），但由于山区经济、文化、信息等方面的限制，全县学生的基础教育底子薄弱，因此，我们作为"重点中学"，每年高一新生招生所设置的"门槛"非常低，在全省应居下游位置。

我校高中学生近 6000 人，其中 82.5% 来自农村，而来自农村的学生当中，又有约 75% 的学生是留守少年。他们是一群缺少父母关爱、亲人监督、学习自觉性和学习能动性的"自由群体"。他们普遍存在不良的学习习惯、较差的学习能力和薄弱的学习基础，再加上他们在城镇读书背负着较沉重的经济压力，因此在学校学习中，往往表现出缺乏勇气、缺乏动力，更缺乏不断超越、不断前行的追求与斗志。

面对这样的群体，我想触动他们的灵魂、激发他们的动能才是他们不断前行的根本。因此，我们正在实施一个"实施劳动角色体验，激发学生学习动能"的"劳动最美"实验项目。通过寻找身边的"劳动美"（用照片、用文字记录劳动者的美），让学生体会劳动者的辛劳、为人父母的艰辛，体会奉献的无私、实干的朴实、勤劳的价值，学会感恩，从而激发他们努力向上、刻苦奋进的斗志和精神。实践最美的"我们"（用照片、用文字记录我们劳动美丽的身影），让"我们"走进全县的中小学社会活动实践基地，种植中草药、蔬菜、花卉，合成加工中草药；让"我们"走进社区，打扫马路、修剪花草、清洁困难家庭环境；让"我们"走进公园，除草、打扫、护理树木、养护草坪、清除沟渠；让"我们"走进农田，犁田、插秧、平地；让"我们"走进商场，做售货员；让"我们"走进车站，做志愿者、验票员；让"我们"走进厨房，炒一道菜、煮一次饭、烧一壶水给父母……通过劳动的亲身体验，领悟到"学习"也是一种劳动，从而激发他们脚踏实地、刻苦努力、奋发有为的积极精神。

我们正在进行这个试验，也取得了初步的效果。随着时间的不断推进，我相信，这些项目一定会让学生焕发出一种新的活力、新的动力，从而为他们的不断追求、不断前行奠定良好的基础。

二、激活教师动能

（一）推行教师等级考核

目前，在我们教师队伍中存在着较为严重的隐性流失的情况。隐性流失主要有三大类型：一是移民型，这类老师主要是学校的教学骨干，每年都有近20个流向经济发达地区；二是考研型，许多年轻教师、骨干教师为了专心复习考研，纷纷舍弃了本该承担的科组、班主任工作；三是无为型，这类老师或年纪不轻，得过且过，工作不上心却常常喜欢充当别人的"人生导师"；或年纪不大，但不思进取、无欲无求。此三类老师，造成了教师作用有效性的丧失或部分丧失，给学校工作带来了非常大的负面影响。

为了激发教师的工作热情，促进教师的良性管理，我们学校实行了教师等级考核制度。按照年级学科组、教师个人完成教育教学质量的情况，先将学科组的考核结果分为一、二、三等次，再根据学科组的获奖等次按不同比例将该组教师考核结果分为A、B、C三个等级，分别对应A等教师、B等教师、C等教师，考核结果向全校公示，并且将等级评定的结果与教师的经济收入、评优评先、职称评定等挂钩。

我们既有学科组集体的考核，又有教师个人的考核；既发挥了集体的团结、合作、帮扶、监督的作用，又最大限度地激发了教师的工作热情。全校形成了组组争优、人人争先的良性竞争氛围，这大大促进了学校教育教学成绩的提高。

(二) 建立名师工作机制

为充分发挥优秀教师的学科引领作用,激发教师的积极创新精神,促进教师专业化成长,建立一支素质优良、专业精湛的教师队伍,扎实有效地推动课堂的教学改革。学校每两年评选并表彰一批教学标兵、教学名师和首席教师,积极打造学校名师工程。

我们根据教师的师德表现、改革创新精神、教育教学效果、年度考核等级、学科引领作用等,通过学科组推荐、评审委员会综合评议、全校公示等程序,最终确定教学标兵、教学名师、首席教师三个等次的人选。评审出结果后,全校召开了隆重的颁奖表彰大会,对入选教师颁发荣誉证书,在学校荣誉墙、校刊、公众号等大力宣传。

学校通过名师工程,首先是留住了优秀的人才,给予了他们经济、政治上晋升的机会;其次是充分发挥了名师的示范引领作用,有效地促进了课堂教学改革;最后是激发了广大教师人人争先的积极性,完善了人才成长的激励机制,推动了学校教育教学质量的快速提升。

(三) 推动校本学科培训

面对教育的改革浪潮,山区中学如何在办学条件有限、师资力量不强、学生学习基础和学习能力较差的情况下,在这场改革中找到适合我们的道路,找到帮助孩子们顺利到高一层次学校学习、适应以后社会生活和职业发展甚至终身发展的道路,实现他们不断追求的至善目标,是学校义不容辞的责任。但根据现有的条件,我们无法像别人那样也来个轰轰烈烈的全面改革,我们只有静下心来,慢慢地思考改革中必须要做的,而且是我们能做到的那一部分核心部分。结合学校的实际、学生的能力,在新的改革中,我们选取了两个方面作为突破口。

1. 重点落实学科核心素养

经过我校 2016 年参加全国统一命题考试以来的几年数据统计,我们发现,随着全国高考改革的不断深入,我们学生应对得越来越吃力。我们组织各学科深入分析、挖掘根源,发现根本原因是我们平时的学科教学、学科备考偏离了新课程标准对学科课程结构的要求。

我以 2015 年 3 月《教育部关于全面深化课程改革落实立德树人根本任务的意见》为蓝本,以教育部 2017 版普通高中《学科课程标准》为依据,认真研读了教育部普通高中学科课程标准对各学科的总体要求,熟悉了各学科的核心素养的核心理念,主持召开了学校的教研大会,分别面向高中、初中教师作了《学科核心素养》《从新高考看新中考》专题学术讲座,详细解读了新课程标准、学科核心素养要求,说明了核心素养在学科教学以及学科应用方面的具体体现,也明确了学校今后必须执行的课改要求:学科的教学重心转移到对学生学科核心素养的培养。

与此同时,我们立即安排教务部门为每一个教师订购各学科新课程标准,教研部门认真落实学校的决定,组织、监督各年级、各学科认真制订学习计划,积极开展示范课、公开课、研讨课,全面落实新一轮的课堂教学改革。此外,学校积极选派各学科学术委员、备课组长到浙江、河北观摩学习，邀请北京、河北教育专家来校开展讲座，与省内佛山、珠海等教育先进地区学校开展结对学习。

2. 重点研究新高考突破口

2019年6月11日，国务院办公厅颁布了《国务院办公厅关于新时代推进普通高中育人方式改革的指导意见》（下称《指导意见》）。《指导意见》是从国家层面对教育部门做出的一个纲领性文件，对"贯彻落实全国教育大会精神，统筹推进普通高中新课程改革和高考综合改革，全面提高普通高中教育质量"具有巨大的积极意义。通过认真地反复研读，我觉得结合我们目前的办学条件以及形势的迫切性，除了逐步推进、分期落实改革的要求，重点选取一个关键点集中突破是一个切实有效的办法。

针对我们山区学生学习基础不牢、学习能力不强，以及我们教师的研究能力、理论水平有限等特点，我选取了《指导意见》第六大点的第十五小点"深化考试命题改革"中的"创新试题形式，加强情境设计，注重联系社会生活实际，增加综合性、开放性、应用性、探究性试题"作为我们学校研究的重点、改革的突破口。

我主持召开了学校的教研大会，面向全体教师详细解读了《指导意见》的全文，并就"深化考试命题改革"这一中心主题提出：成立学校"创设情境，对接生活"总课题组，我亲任项目主持人；全校各学科成立子课题，动员学校各学部各科组踊跃报名。

2020年5月，我主持的广东省教科研"十三五"规划课题"创设情境，对接生活——新高考考试命题改革初探"正式通过立项；同时，14个肇庆市的立项涵盖了全校所有学科的同一研究主题的课题全部转为子课题。

课题通过后，我们定下课题研究的重点为"情境教学"与"情境试题"。我们马上组织学校教研部门修订奖教条例，将课题的研究进展、研究成果纳入考核范围，并在省财政资金支持的基础上加大了学校投入和奖励的力度。学校组织、监督各子课题组详细制订研究计划、落实措施，将课堂教学改革与课题研究有机结合。现在，学校正举全校之力，有步骤、分层次地开展课题研究。我们期望，通过课题组全体成员的努力，以点带面，推动全校，形成具有校本特色的情境教学模式。

2021年4月，我校顺利被评为广东省中小学教师校本研修示范学校。我们将借此东风大力推行学校课改活动，进一步提高教师校本研修水平，全面推动学校教育教学水平的提升。

结束语

在30多年教育的道路上，我踟蹰前行、披荆斩棘，但也勿忘翩跹、奋发图强。是教育的情怀和初心一直激励着我。"山高人为峰，海尽天是岸"，只要我的教育旅程还没结束，我都会在"臻于至善"的道路上继续前行。

教育导航生命，成就价值人生

四会市实验学校　莫健威（第四组）

导读语

莫健威，肇庆封开人。2002年入职四会市实验学校，曾先后担任校办主任、副校长等职务，2017年担任学校校长。20年来，我始终站在教育这块精神的高地上，守望着自己的理想，守望着最初的梦想。

在教育教学工作中，我秉承"教育是为生命导航"的办学理念，坚持"天天努力，人人成功"的办学精神，探究学校的地域文化、历史沿革，凝练出"教育导航生命，成就价值人生"的生命价值教育思想。围绕这一思想，我以玉文化为圆心，以学生、教师、学校的发展为半径，从仁、义、智、勇、洁五方面积极构建生命价值课程体系，形成了关注生命发展、成就生命价值的学校文化，让每一个生命都绽放出生命的光芒。

在我的带领下，学校形成了教师敬业乐教、学生勤奋好学的良好校风，为学生将来生存有本领，生活有品质，生命有价值奠定良好的基础。学校教育教学成绩名列全市前茅，中考重点上线率连续13年居全市第一，一大批学生走进肇庆中学、省实验中学等优质高中，更有学生走向北京大学、美国加州大学等世界名校。学校合唱团、管乐团、舞蹈团、运动队多次荣获市、省、国家、国际级奖项，是我市艺术特色教育的一张闪亮"名片"。学校先后被授予"四会市教书育人先进单位""四会市教学质量一等奖""肇庆市德育示范学校""广东省中小学艺术特色学校""广东省当代优秀民办学校"等光荣称号。本人也多次荣获市级"优秀校长"光荣称号。

成长档案

一、文化滋养心灵

四会是一座拥有千年历史文化底蕴的古城,也是全国闻名的"玉器之乡"。

玉,蕴含着深刻的哲学思想和人生理想,具有深厚的文化底蕴。中国有着悠久的玉文化历史,玉文化也是岭南文化的重要组成部分。广东人特别喜爱玉,历来视玉为宝,认为玉器有瑞意吉祥、定惊避邪和脱难消灾之效。四会是广东的四大玉器市场之一,是岭南玉派艺术文化传承地,也是引领岭南地区和全国玉雕创作的主流阵地。

自古以来,玉就是"纯洁、美好"的代名词,人们把一切美好的东西以玉冠之,如冰清玉洁、金枝玉叶、金玉良言、谦谦君子温润如玉等等。中国传承了几千年的儒家文化有"君子比德于玉"的思想,赋予玉以人格,即认为玉有"五德":"润泽以温,仁之方也"——温和滋润具有光泽,表明玉善施恩泽,富有仁爱之心;"腹理自外,可以知中,义之方也"——玉有较高的透明度,从外部可以看出来其内部具有的特征纹理,表明玉竭尽忠义之心;"其声舒扬,博以远闻,智之方也"——如果敲击玉石,会发出清亮悠扬悦耳的声音,并能传到很远的地方,表明玉具有智慧并传达给四周的人;"不挠而折,勇之方也"——具有极高的韧性和硬度,表明玉具有超人的勇气;"锐廉而不忮,洁之方也"——表明玉自身廉洁、自我约束却并不伤害他人。这五德即我们常说的"仁、义、智、勇、洁"。

小小的石头,蕴藏着巨大的内在价值。就四会这一方热土而言,玉文化的内涵并不仅限于"五德",更意味着"创新"。其实,玉器之乡并不产玉,四会所有的玉器都来自外地,到达四会时,仅是一块块普普通通的石头。而勇于创新的四会人却能找到出路,把一块块普通的石头打造成兼备"五德"、人人喜爱的玉器,赋予新的价值。"玉不琢,不成器;人不学,不知义",学生如璞玉,唯有雕琢,方能成大器;老师如工匠,精雕细刻,方能提升生命的价值。正是因为这20年来我成长在玉器之乡,玉的品德和工匠精神潜移默化地刻进了我的脑海里,这为我从仁、义、智、勇、洁等五方面积极构建生命价值办学理念打下了坚实的基础。

二、导师引领成长

我于2002年入职四会市实验学校(以下简称"实校"),先后担任老师、主任、副校长等职务,2017年担任学校校长一职。

在我的成长中,四会市实验学校这段经历无疑是最宝贵的。在这里,我认识了教育,爱上了教育,倾情奉献于教育。这虽然是一个民办学校,但这里有两个执着于教育的人让这所民办学校焕发着生命的活力,深深地影响了我。

董事长聂文伟先生是四会人。从小历经玉文化的熏陶,耳濡目染,常常比德于玉,以玉之五德作为自己为人处世的规范和准则。他早年在四会市石狗中学、四会中学任教，后来到深圳发展。虽多年身处商海，却一直对教育念念不忘，逐渐认为人生的价值——在于帮助别人，让更多的人受益，成就更多更有价值的人生。这样的使命使然，聂文伟先生回到了家乡四会，2002年秋创办了四会市第一所民办学校——四会市实验学校。为了让人生更有价值，他不仅创办学校，还一直热衷于慈善事业，心系家乡，回馈桑梓。多年来他坚持慈善助学，创造更多机会给更多的优秀学生，让每一个优秀的孩子都有机会成为国家的栋梁。十多年来，学校共计帮助优秀学生455人，合计助学资金达1300多万元。董事长热爱教育、具有家国情怀的决心深深地感染着我，坚定了我扎根实校、扎根教育的信心，奠定了我"为生命创造价值"的思想基础。

办学伊始，李玉女士担任四会市实验学校首任校长。李校长的"教育是为生命导航"的办学理念与聂文伟先生的"成就价值人生"的教育思想不谋而合。学校围绕着"教育是为生命导航"这一理念，确定了诚信、乐学、尚美、超越的校训，文明、博爱、勤奋、进取的校风，民主、严谨、求真、探究的教风，形成了"天天努力，人人成功"的办学精神，铸就了一支朝气蓬勃、进取向上、乐于奉献的教职工队伍，培养了一批又一批对自己生命负责、对国家有价值、对社会有价值的学生。正是在李校长的带领和指导下，我对教育的内涵理解更深刻，对教育的管理模式、规范管理更加娴熟。

三、实校磨砺成熟

学校教育教学成绩在全市名列前茅，中考重点上线率连续13年居全市第一。一大批学生走进肇庆中学、省实验中学等优质高中，更有学生走向北京大学、美国加州大学等世界名校。在这光鲜的背后，却是苦难的堆砌。

办学初期，生源是每个民办学校的伤痛。2002年秋，我们只有361人。学校领导和老师们一起到怀集招生，到街上派招生简章，没有节假日。

2005年秋，我们招收了第一批初中生，对一所办学才三年的民办学校而言，没有办学经历、办学经验、办学业绩，招收的大多是后进生，甚至是家长束手无策的孩子。课堂上，许多同学不学习，无所事事，打闹，睡觉，无视纪律，无视教学。为此，我们积极借鉴他校已实践成形、成功、成熟的课堂教学模式，引用最贴近校情、最适合操作的治校理念和管理机制。我和老师们一起赴肇庆、佛山、深圳，以及江苏、河北等地学习，先后学过洋思模式、生本教学模式、语文主题性学习模式、导学议展评清六步教学模式等等。同时，我们严抓过程管理：提前一周备课，教导主任、教研组长逐一检查，一一量化评分；作业全批全改，每周一晚上进行普查，检查份数、批改是否认真细致，做好记录、量化评分。为了检查备课、作业，老师们常常忙到深夜。

正是在这样的一步步成长中，我们学校的教育教学也一步步好转。在这一过程中，我对教育的内涵有了更深刻的认识，对人生有了更高的追求。

教育思想

在千年古城"玉"文化的熏陶下，在李校长的"教育是为生命导航"的办学理念与聂文伟先生的"成就价值人生"教育思想的影响下，我不断地积累着自己对教育内涵的认识。我根据学校新时期的发展目标，凝练出"教育导航生命，成就价值人生"的生命价值教育思想。

对于"人"来说，生命是指有意识的存在，不仅要有意志、信念、精神，更重要的是要怀有对生命的敬意与感怀。教育导航生命就是通过教育的力量，为学生确立成长的方向，影响每一个学生的生命质量和生命发展，最终实现让每一个学生健康、快乐地成长，成为对社会有用的人。

生命价值，即个体的生命在个体、他人、社会、自然发展中所占的地位和所起的作用，以及个人对他人、社会和环境所负的责任和所做的贡献。生命价值教育是一种"以人为本"的教育。它以生命为教育原点，把生命的本质、特征和需要体现在教育的过程中，使教育尊重生命的需要，完善生命的发展，着眼于创造生命的价值，提升生命的意义，成就有价值的人生。

教育思想的凝练经过了提出、实践，反复探索、思量，最终确立为"教育导航生命，成就价值人生"。

教育实践

学校以"玉"文化为圆心，以学校管理、教育教学、学生、教师的发展为半径，从仁、义、智、勇、洁五方面积极构建生命价值课程体系，探索教育教学模式，搭建学生生命多元发展的平台，打造充满生命活力的教师团队，关注每一个生命，让每一个生命都光彩夺目。

一、玉之仁——丰厚生命底色

仁者，人也，尊重彼此，互亲互爱，仁者爱人，以德立人。学校坚持立德树人，着力构建生命规范养成和生命活动熏陶课程，积极引导学生树立正确的世界观、人生观、价值观，悉心培育学生健全人格，蕴养生命底色，做到"育德"与"增智"彼此交融、促进，努力构筑强大的理想和道德支撑，培养学生成为心灵美、言行美、体态美的新时代少年。

（一）生命规范养成

注重起始时间、起始年级，一月一主题，一周一重点，落实走好路、吃好饭、睡好觉，让学生从着装、坐车、排队、三餐等方面建立起规范的概念；开展《安全歌》《校风歌》校本童谣传唱、主题班会、班级文化设计、队形队列比赛、校园之星评选等活动；推行导师制，师生结对，及时疏导和化解学生心中的烦恼和困惑；落实三级值日检查制度，校园周边重点区域巡查制度，防止校园欺凌，促进学生良好行为习惯的养成。

（二）生命活动熏陶

学校坚持活动育人，让学生在活动中体验感悟，提高道德素质和人文素养。节日、纪念日主题系列教育活动，如"三八感恩""教师节学生征文比赛""清明节网上纪念英烈""国庆节歌咏比赛""中华母亲节"等活动，培养孩子们的家国情怀，尊老助老，回报社会的美德。励志专题教育系列活动，如"让学习成为一种习惯""学会宽容""花样年华，美丽绽放""美丽女生，美好人生"等专题讲座，规范学生行为习惯，感受美好生活，认识生命的珍贵。社会实践系列教育活动，如"观看柔道表演""诗歌朗诵会""到敬老院慰问""参观邓村古法造纸""名校行"等，感受活动过程，理解活动内涵，内化为自己的行动，做一个行为美、心灵美的阳光少年。

二、玉之义——蕴养生命担当

义，公正、正义，表里如一，有责任，有担当。学生发展核心素养中的综合表现为人文底蕴、科学精神、学会学习、健康生活、责任担当、实践创新六大素养。责任担当就是其中之一。年轻一代有理想、有本领、有担当，国家就有前途，民族就有希望。学生是历史使命的继承者，是社会主义事业的合格建设者和可靠接班人，肩负着承接我国未来社会主义事业的建设工作的重任，是未来社会的中坚力量。

（一）对自己的责任担当

学校以学生自主管理为核心的品格教育，把学生的品格教育目标进行细化、学习，依据"学生成长素质评价表"中的"成长目标及细则"，学生每周进行自我评价、同伴互评、老师评价、阶段总评。每两周将评比表反馈给家长，让家长参与对学生的评价。同时，学校坚持开展以社会实践活动为载体的品格教育，开展丰富多彩的社会实践活动。每次社会实践活动后，引导学生写自己的心得与感悟，不断地认识自我、反思自我、感悟自我和完善自我，使品格教育的成长目标最终成为学生生命发展的自我追求与内在动力。

（二）对家庭、对社会文明和谐的责任担当

孩子是家庭的一分子，家庭是孩子社会化的开始。让孩子从日常的待人接物做起，树立担当意识，这不仅能够增进家庭和谐，还有利于家长反省自躬，提高家庭文明素质。我们积极构建学校与家庭、社会"三位一体"的共育机制，开展在家做个好孩子、周末亲子作业、家长会、家长开放日、家校联系手册、致家长的一封信、家访、电访等活动，助力学生健康成长。

（三）对集体的责任担当

团队精神、合作意识，是现代人必不可少的基本素质，而这种素质的培养只有在集体中才能实现。每个学期，学校积极组建学生会，班级组建班委会，让学生参与学

校、班级的管理。同时，学校还利用各种班级活动，如拔河比赛、班歌比赛、篮球比赛等等，培养学生对自己、对他人、对集体的责任感，在集体中认识自我、完善自我、发展自我。为集体贡献一分力量，承担一分责任，不仅是每个人的分内之事，是儿童心理发展的需要，更是一种担当。

三、玉之智——积淀生命智慧

智者，智谋、智慧也。智是教育培养人的目标之一。学校要尊重生命成长规律、遵循教育发展规律，在浸染、熏陶、潜移默化、逐渐渗透的过程中让学生掌握扎实的基本知识与技能、科学的学习方法与思维，促进他们的智力和与学习有关的非智力因素的全面发展。

（一）创新学习方式，激发生命智慧

学校致力于优化课堂教学模式，创新学习方式，构建有生命活力的课堂。教学模式改革是教学质量提升的源头活水。我校积极尝试"导、学、议、展、评、清"课堂教学模式。这是一个使课堂教学过程变成学生自学、探索、实践的过程。在课堂上，学生按教师提示的教学目标及学前指导、看书、练习，针对学生在自学中暴露出来的问题及练习中出现的错误，教师引导学生讨论，"兵"教"兵"，教师只做评定，补充更正；让学生当堂独立完成作业，以"练"突破重难点，以"练"强化训练重难点，形成能力。该课堂模式尊重生命个体，把课堂还给学生，通过自主学习、合作交流、汇报展示等形式完成学习任务，让学生快乐学习，健康成长。

（二）营造书香氛围，润泽美好心灵

书籍是人类进步的阶梯，学校是读书的乐园。学校每年都开展读书活动。

读书月中，我们整体规划活动：一是遵循循序渐进的原则，依据不同阶段学生的不同认知结构与心理特点，分年级制定活动目标。如为一至三年级同学设计的"读一本好书，讲一个故事""好书推荐卡""与家长同读一本书""古诗背诵"等活动，为四、五年级设计"我的小书架"演讲、图画故事书创作等活动，为六至九年级设计的手抄报创作、读书笔记比赛、阅读竞赛、背诵名人名言擂台赛等。二是根据学生实际和教育需要，为全校同学设计共同参与的活动，体现阅读、创作的快乐。如"我的书市"交流、课文背诵比赛、"名言"创作赛，形成了由低到高、循环滚动、纵横交融、不断充实的内容序列。

为调动教师、学生参与课外阅读的积极性，学校对读书月各项活动的成绩进行汇总，班级间评出"书香班级"，同学间评出"阅读之星""故事大王"等称号，购置图书作为奖品发给优秀的同学，同时将精美的作品展示在橱窗中，或是把好的文章、画页刊载在我们的校刊《金种子》上，作为一种肯定和鼓励的方式，进行宣传和报道。以此引领学生热爱读书，激励同学们将阅读作为一种终生的习惯。2010年，学校被评为"广东省书香校园"。

（三）擦亮英语品牌，闪现生命灵性

学校坚定走"高端定位、高度重视、高远发展"的英语品牌铸造之路。以"特色英语课程""课堂""语境""活动""交际"五大板块,构建了学生英语发展蓝图。

学校从一年级开设英语课程,一至二年级突出口语听力教学,以儿歌、游戏、活动为主要教学形式,增强学生语感,丰富其语汇,熟练对话,感受语境。三至六年级学习人教版英语课本和朗文教材,初中学习仁爱版英语和新概念英语,使九年级学生的英语水平达到其他学校高二的水平。不仅如此,学校还聘请外籍老师为学生进行英语口语教学,外籍老师的课堂气氛轻松愉悦,语言幽默有趣,肢体动作生动夸张,发音纯正流利,深受同学们的喜爱。

学校还开展单词默写、课文背诵比赛,组织了英语大放送、万圣节、圣诞英语游园、英语阅读卡制作、国际学校来校交流等系列活动。"英语大放送"活动坚持两周进行一次,做到人人参与、人人放送、人人强化口语。圣诞节活动分为圣诞英语比赛系列活动、圣诞游园活动和圣诞夜活动。在圣诞节前夕,学校开展单词默写、课文背诵等多种英语活动,学生根据自己在活动中的表现获得相应的圣诞游园奖券;圣诞游园活动学校会设置"英语单词背诵""我会说""单词接龙""小歌星"等30多项英语小活动,同学积极参加各项活动赢得规定的圣诞游园奖券,最后用圣诞游园奖券换自己喜爱的奖品。晚上,老师和同学们在教室里一起载歌载舞,学校还会组织老师扮成圣诞老人为学生送上礼物。这些活动让学生在活动中学英语,充分激发了他们学习英语的热情,学生展现出生命的灵性,在国家、省、市级英语比赛中更是屡屡获奖。

(四)开阔生命视野,拓展生命时空

学校在打造国际化人才领域不断探索,重视对学生国际视野、国际理解和综合人文素养的培养。让孩子学习并理解本国历史和传统文化,并且走出本国文化,学习各国值得借鉴的文化智慧,更好地了解世界,同时用国际化的语言和方式做出表达,让世界认识中国。为此,学校开设生命未来课程。学习国际礼节、各国风土人情和国际合作与交流。这些课程均由外教用纯英语进行教学。学生不仅开阔了国际视野,锻炼了英语口语沟通表达的能力,更为将来走向国际化发展奠定了良好的基础。同时,为了多渠道、多方式培养学生对学科课程的兴趣,培养学生将学科知识延伸,将素质进行拓展,我们还进行了学科实践活动课程的探索。所有科目每学期都开展2～3次实践活动课,课程深受学生的欢迎和喜爱,成了学生展示交流、互助合作、运用创新和愉悦的平台。课堂真正呈现出生命的活力!

四、玉之勇——激扬生命自信

学校致力于培养大胆、自信、阳光的少年,坚持做好为学生生存发展考量的教育,尊重学生的自主发展,为学生构建多元发展、创新的平台,让学生张扬个性,展现自我的风采,从而获得生命成长的勇气,激发生命的潜质,塑造生命的风格,润泽生命的美丽。

学校每学期开设跆拳道、手工制作、舞蹈、书法、绘画、棋艺、剪纸、DIY油画、水果拼盘、十字绣等100多种校本活动课程，学生人人参与，走班上课，让每个人学有所长。

每年举办歌咏比赛、校园歌手大赛、艺术节、达人秀、书画展等活动，积极参加市、省、国家级比赛，促进了学生的兴趣发展。

舞蹈队、合唱队是学校艺术教育的金牌团队。学校以合唱、器乐、舞蹈为突破口，以精品团队引领，以普及性的课程和活动推动，形成了"点面结合，百花齐放"的艺术教育新局面。学校合唱团参加市、省、国家、国际大型比赛屡屡获奖，曾获四会市第十届、第十二届、第十三届四会市中小学艺术节展演合唱专场金奖，肇庆市童心向党合唱专场特等奖，肇庆市第六届中小学艺术节合唱专场一等奖，广东省第六届中小学生艺术展演二等奖，海南（21世纪海上丝绸之路）合唱节金奖，2018年泰国曼谷第三届国际合唱艺术节金奖，2019年中韩国际合唱节银奖，2019年在四会市文化艺术中心成功举办"庆祝改革开放四十周年共享全国文明城市创建成果·让我们荡起双桨"专场音乐会。2020年10月，学校合唱团参加第十五届中国国际合唱节荣获"一级团队"荣誉称号。学校舞蹈团参加四会市艺术节展演荣获一等奖，街舞队参加2019年广东省中小学生健美操啦啦操联赛荣获街舞第三名。学校管乐团初次参加"艺术节器乐专场暨三独总决赛"便获全市第一名。学校篮球队、田径队在市比赛中成绩优异，乒乓球队在肇庆市比赛中荣获男子团体将，个人闯入前八名。如今，学校还成立了柔道工作室，拉开了创建柔道特色学校的序幕。

五、玉之洁——激发教师生命活力

"学高为师，身正为范"，在呼唤廉洁的形势下，作为教师，更要强调"廉洁从教"，我们每位教育工作者都要遵守职业道德、坚守高尚情操、发扬奉献精神，自觉抵制社会不良风气的影响。

（一）建立学校精神，增强教师生命自信

"学校精神"是学校文化的内核，是学校的灵魂。它赋予学校的是生命的进取，也是学校文化建设所要达成的目标。学校精神文化要通过创设一种能唤起师生高尚情感、激发他们健康成长的文化环境、教育情境、精神氛围，来感化、陶冶师生以达成深层的教育效果。特别在民办学校，要调动师生、凝聚人心，能体现学校特色、激励师生积极上进的学校精神必不可少。通过学校精神的引领，让教师感悟到职业的幸福感与学校的归属感，增强教师的职业自信和职业发展动力，为建设高素质的教师队伍注入了"源头活水"。

（二）强化师德，树立教师生命正气

教师是立校之本，师德是教育之魂。"学高为师，身正为范"，以高尚的人格感染学生，以丰富的学识引导学生，以博大的胸怀关爱学生。只有这样，学生才会"亲其师""信其道"进而"乐其学"。师德提升是民办学校教师素养培养的基础。

为强化师德建设，学校以《教育法》《教师法》《中小学教师职业道德规范》和

学校《师德"五不"条例》为准绳,通过每周一言、专题讲座、师德讨论、撰写感悟等活动不断加强师德素养的学习和提升。同时,成立"爱生工作"专项评价小组,采用个别谈话、学生问卷调查、教师互评,设立监督信箱、教师人人当导师工作制,电访家长等渠道进行督查,对教师的师德师风进行评价,大力表彰关爱学生的师德模范,对师德不良行为的老师进行教育和惩处。

（三）搭建平台，促进教师生命发展

1. 更新理念，科学发展

观念是行动的先导，先进的教育理念是教育事业科学发展的前提。学校通过学习新课程标准、小组内交流研讨、专业知识考试、"请进来走出去"等形式，对老师进行未来教育和教改方面观念的培训，让老师的教学工作有的放矢，既能把握整体，又能从细处着力，让先进的教学管理和教学理念渗透教师的脑海，让新的思想和理念不断洗涤每个教师的心灵。

2. 磨练内功，提升内涵

基本功是教师素养的重要体现，是教育艺术得以呈现的基本形式。扎实的基本功不仅仅是教育教学的手段，而且是一种示范、一种教育，是一幅幅供学生欣赏的优美的画卷，更重要的是它会起到润物细无声的效果。

学校围绕基本功开展各项比赛，如书法比赛、朗诵比赛、作图比赛、现场备课比赛，通过才艺展示、学会一项才艺等活动，提升老师的专业基本技能；学校在教师中推广阅读活动，为老师们订阅各种教育书籍、报刊，设置阅览室，通过每月一书、读书会、阅读感悟评比等形式，让老师从书中去聆听教育教学改革的声音，去寻找教育教学先进的经验，去感悟教育教学成功的真谛。

3. 以研促教专业成长

学校改革备课方式，实行"三备两研"的集体备课教研制度，由教研组长率领老师对每节课进行独立初备、集体研备和个人复备。通过一研和二研，对教学的课程标准、重点难点、基础感知、探究未知等环节细化设计，确保了教师在课前能对所授知识内容胸有成竹。这样的备课方式实现了经验的共享，集思广益不仅使新教师迅速成长，快速适应学校的教学工作，也让老教师从中收获更多的启示，各方面得到了提升。

加强岗位练兵，提升教师的教学能力。学校定期开展"塑新杯"优质课比赛，这里的"新"既是指新老师的脱颖而出，也是指老教师在教育教学中新的理念、方式的展示，更是新、老教师相互交流、相互学习的平台。学校组织教师观看名师课堂视频，讨论分析名师课堂的优点，撰写名师课堂心得体会，领略名师风采，与名师同行。学校还鼓励教师积极参加校外各级各类教学能力比赛，以比赛为契机，促进教师的教育教学水平提升。从磨炼中感悟，在磨砺中成长，让新老师日臻成熟，更让老教师们日趋完善。

（四）人文关怀，让教师感受生命幸福

在提升教师素质的同时，学校不断改善教师的福利待遇，加强对民办学校教师的人文关怀，做到工作留人、待遇留人、感情留人，努力把学校打造成教师工作的乐园，幸福成长的家园。学校设身处地地为教师着想，解决民办学校教师工作量过大的问题，调整教师的工作时间，增加老师轮休的时间；学校要不断地提升教师的工资待遇，通过提升基本工资、补助教研经费、发放年节慰问金、设置教师子女入学优惠等形式，让民办学校教师的福利待遇得到改善。

结束语

教育导航生命，成就价值人生亦是如此。教育导航的是孩子们的生命、老师们的生命、我的生命；成就的是孩子们人生的价值、老师们人生的价值、我人生的价值。"教育导航生命，成就价值人生"是一场温暖的修行，是用生命温暖生命，是对生命的尊重和唤醒，是对人的内在潜质的激发和延伸。教育路上，我仍在不断求索。